환영합니다 성령님

환영합니다 성령님

손기철

Welcome Holy Spirit

규장

성령님의 인도함을 받는 경이로운 삶의 변화

지금으로부터 40여 년 전 하나님이 없다는 것을 증명하기 위해 교회에 첫 발걸음을 내딛었던 때가 지금도 선명히 기억납니다. 제 이성을 총동원해서 기독교가 가짜라는 것을 밝혀내려고 성경을 열심히 연구하고 성경 주석도 보고 교회의 모든 프로그램에 참석했습니다. 하지만 어느 금요 철야 예배에서 여느 때와 같이 머리로 설교 말씀을 판단하고 있는 도중에 성령님이 저에게 임하시자 가슴이 뜨거워지며 눈물과 콧물이 주룩 흘렀습니다. 그 당시 저는 제 머리와 가슴이 두 조각나는 듯한 경험을 하며 제 이성 너머에 또 다른 세계가 존재하고 있었음을, 하나님이 살아계신다는 것을 어렴풋이 깨닫게 되었습니다. 그렇게 제 신앙의 여정이 시작되었습니다.

그 뒤에도 어느 새벽기도 때 목사님께서 저의 의도와 상관없이 찾아와 제 머리에 안수기도를 해주신 적이 있었습니다. 그때 제 정수리가 타들어 가고 허리가 끊어지는 듯한 체험을 했고, 저도 모르는 이상한 말(방언)을 한 적이 있었습니다. 저의 첫 성령체험이었습니다.

하지만 그때 저는 저를 찾아오신 성령님이 누구신지, 어떤 일을 하시는지, 그분의 인도하심을 받는 삶이 무엇인지에 대해 전혀 몰랐기 때문에, 불교를 열심히 믿었던 것처럼 그때부터 기독교를 믿고 열심히 교회에 다니는 율법주의적 신앙생활을 하게 되었습니다. 열심은 특심이었

5

지만 자기 의로 힘써 하나님의 의에 불복종하는 시간이 10여 년 흘렀을 때쯤 로마서 7장의 사도 바울의 고백처럼 "오호라 나는 곤고한 사람이로다 이 사망의 몸에서 누가 나를 건져내랴"라는 탄식의 절규가 흘러나왔습니다.

그러던 와중 1999년에 성령님께서 저를 강권적으로 찾아와주심으로 제 인생은 완전히 달라졌습니다. 이에 대한 이야기는 《고맙습니다 성령님》(규장, 2007)을 통해 자세히 나눈 적이 있습니다. 그 후로 지난 25년간 저는 성령님의 인도하심을 온전히 받을 수 있도록 성령님을 환영하고 그분께 제 자신을 맡기는 삶을 훈련해왔습니다.

성령의 새바람이 불어온다!

매해 하나님께서는 앞으로 있을 일들에 대해서 감동을 주시는데, 2024년 올해부터는 성령의 새로운 바람이 불어오게 될 것이며, 성령님의 인도하심을 받는 킹덤빌더의 일터 부흥이 일어나게 될 것이라는 감동을 주셨습니다.

그런데 오늘날 기독교의 현실을 보면 하나님나라와 성령충만한 삶에 대해서 말은 하지만, 그 말에 따르는 실제 삶과 능력을 보여주지 못하고 있습니다. 그 가장 큰 이유는 성령 하나님께서 더 이상 역사하지 않기 때문이 아니라 우리가 만든 신학체계의 틀 안에 우리가 갇혀 있기 때문이라는 생각을 지울 수가 없습니다. 설상가상으로 교회는 교회 팽창시대를 지나 교회 수축시대가 도래하였음에도 불구하고, 복음의 본질을 회복하기보다는 시대와 상황의 변화에 대한 판단과 인간적인 방법으로 돌파하고자 하는 교회가 많은 것이 오늘날 한국 교회의 슬픈 자화상입니다. 실제로 성령님이 떠나가시더라도 대부분의 교회가 사역을 하는 데 큰 지장이 없을 것입니다. 왜냐하면 우리의 지혜와 노력으로, 우리 방식대로 하고 있기 때문입니다.

이럴 때일수록 예수 그리스도 안에 있는 자들은 하나님나라의 복음에 기초한 올바른 신앙을 가져야 합니다. 그리스도인들은 마귀가 통치하는 타락한 세상에서 하나님의 자녀로 사는 것이 무엇인지를 보여주어야 합니다. 그리고 말이 아니라 새로운 삶과 하나님의 능력으로 복음을 전해야 하고, 그것을 통하여 불신자들이 하나님 앞으로 돌아오게 해야 합니다.

고전 4:20 하나님의 나라는 말에 있지 아니하고 오직 능력에 있음이라

고후 6:7 진리의 말씀과 하나님의 능력으로 의의 무기를 좌우에 가지고

7

하나님의 자녀가 성령님의 인도하심을 받는 삶

지금까지 국내외에서 성령님에 대한 많은 책들이 출판되었습니다. 저역시 성령님에 관련한 몇 권의 책을 집필했습니다. 그럼에도 불구하고 이 책을 집필하게 된 이유는 지금까지 발간된 성령 관련 책들과 다른 관점에서 집필했기 때문입니다.

이전에 성령 관련 책들은 자신들의 교단, 교파에 따른 교리체계와 믿음체계에 기초하여 집필된 것이 대부분이기에 범용성에 있어서 한계가 있었고, 해당 교단의 신학체계의 틀을 벗어나지 못했습니다. 하지만 이 책은 교단과 교파를 초월해서 하나님나라의 복음과 삼위일체 하나님과 인간의 생명적 교제 관점에서의 성령님에 대해서 말하고자 했습니다.

그것은 하나님의 창조목적의 회복, 확장, 완성의 관점에서 성령님이 누구이신지, 어떤 일을 행하시는지에 대해서 알아보고, 하나님의 자녀가 실제로 어떻게 성령체험을 하고, 성령님의 인도하심을 받는 삶을 살 수 있는지에 대한 것을 알려주는 것입니다. 또한 그러한 일들이 실제적으로 일어날 수 있도록 성령님에 대한 것뿐만 아니라 성령의 역사에 따른 인간 내면의 역동성과 존재적 변화 그리고 소명에 따른 성령님의 나타나심에 대해서 자세히 설명하였습니다. 특별히 성령의 역사에 따른 영혼몸의 변화와 더불어 혼과 심중이 어떤 역할을 하는지에 대해서 '펌프'의 비유를 들어 기술하였습니다. 그리고 책의 후반부에서는 지난 세월 동안 제가 경험한 모든 것을 바탕으로 성령님의 인도하심을 받는 실제적인 삶에 대해서 자세히 알리고자 했습니다.

하나님의 자녀로서 그의 나라와 의를 구하는 삶을 살고자 갈망하는 자라면 누구라도, 이 책을 통해 하나님나라의 관점에서 성령론에 대한 올바른 이해를 가지게 되고, 성령체험을 함으로써 그 혼이 소생케 되어 하나님의 영 안에 거하고, 그 결과로 성령과 말씀을 통하여 자신 안에 있는 하나님나라를 이루어가는 것을 체험하고, 각자의 일터에서 하나님의 사랑과 지혜와 능력이 나타나는 삶을 살게 될 것입니다.

성령과 말씀으로 매일 변화에 도전하라

하지만 성령님의 인도하심을 받는 삶은 하루아침에 얻어질 수 있는 것은 아닙니다. 거대한 습관 덩어리로 이루어진 우리의 삶을 매일 조금씩 성령과 말씀으로 바꾸어나갈 때 비로소 그 삶을 살 수 있게 되는 것입니다.

롬 8:13 너희가 육신대로 살면 반드시 죽을 것이로되 영으로써 몸의 행실을 죽이면 살리니

그 일을 보다 효과적으로 행하도록 하기 위해서 이 책은 다음과 같은

9

특징을 가지고 있습니다.

① 각 일차별 내용 말미에 '질문과 적용'을 통해 해당 일차에서 깨닫게 된 진리를 바탕으로 세 가지 질문에 답해보도록 했습니다. 가능하면 함께하는 지인들과 그 내용을 나누어보시면 좋겠습니다.

② '더보기' 코너에는 해당 일자 내용과 연관된 '헤븐리터치 화요말씀치유집회 말씀 영상'이 QR코드로, 그리고 관련된 저의 다른 저서도 안내되어 있습니다. 이를 통해 더 깊고 풍성한 진리를 깨닫고 누리시면 좋겠습니다.

③ 이 책의 각 일차별 내용을 좀 더 쉽게 파악하고 자신의 삶에 적용하도록 하기 위해서 'HTM 유튜브 채널'에 각 장에 대한 소개, 핵심 내용 설명, 그리고 어떻게 적용할 것인가에 대한 저의 강의 영상이 업로드됩니다. 따라서 이 책을 읽기 전 혹은 후에 그 영상을 시청하시면 일대일 멘토링과 같은 효과를 누릴 수 있게 될 것입니다.

성령님을 환영하고 예수 그리스도 안에서 그분의 인도하심을 받음으로 자신의 생각과 감정에서 벗어나, 그분의 때에 그분께서 말씀하시는 대로 사는 삶만큼 흥미진진하고 경이로운 삶은 없습니다. 이 책 《환영합니다 성령님》을 읽으며, 하나님의 임재와 더불어 놀라운 기적들을 경험하기를 소망합니다.

　마지막으로 이 책의 내용을 함께 구상하고 정리해준 HTM 신학부 송영호 목사에게 감사를 표합니다. 그와 함께 하나님나라의 복음을 나누는 것은 언제나 큰 즐거움입니다. 그리고 집필한 원고를 읽고 여러 가지로 조언해주시고 글을 다듬어주신 미디어 편집장 신주연 사모와 파송훈련 목사님들께도 감사를 드립니다. 특별히 언제나 신선한 아이디어와 격려로 저에게 새 힘을 주는 규장 여진구 대표에게도 감사의 마음을 전합니다.

HTM 센터에서
다가오는 성령의 새바람을 느끼며
손기철 박사

contents

4 성령님의 나타나심

PART

DAY 0 - 오리엔테이션

이 책은 총 30일로 구성되어 있습니다. 저는 독자 여러분이 이 책의 시작부터 끝까지 얼마의 시간이 걸리든지 함께하기를 원하며, 한 걸음 한 걸음 더 깊고 먼 곳으로 나아가기를 소망합니다. 그래서 이 책을 읽을 때는 다음과 같이 준비하시면 좋겠습니다.

❶ 먼저 이 책을 위한 노트를 마련하시고, 노트 상단에 날짜를 적으시고, 해당 일차의 제목과 핵심 말씀을 적으십시오.

❷ 이렇게 기도하십시오.

주님! 저는 누가 뭐래도 하나님의 자녀입니다. 어떤 상황과 처지에 있더라도 저는 하나님의 자녀입니다. 오늘도 오직 예수 그리스도의 은혜를 덧입고 하나님 아버지 앞에 나왔습니다. 이 시간 예수 그리스도 안에서 성령님을 통하여 하나님 아버지와 교제하기를 원합니다. 성령님, 임하셔서 생명의 말씀을 듣게 하시고 깨닫게 하시고 체험하게 하옵소서! 감사드리고 예수 그리스도의 이름으로 기도드립니다.

❸ 해당 일차(Day)의 내용을 읽기 전에 먼저 그 날의 핵심 구절이 왜 필요한지를 묵상해보십시오. 그리고 30-40분 정도 할애하여 해당 일차

전체를 읽어보십시오. 해당 일차 내용을 읽으며 들었던 질문을 가지고 해당 일차의 유튜브 강의 내용을 들으면 좋겠습니다.

❹ 강의 내용을 들으시면서 중요한 내용 그리고 새롭게 알게 된 내용을 적으시고, 자신의 삶에 비추어 성령님께서 감동을 주시는 것도 적어 보십시오.

❺ 유튜브 강의를 들은 후에 다시 책을 천천히 읽어보십시오. 그리고 각 일차 말미에 있는 '질문과 적용'에 있는 질문에 답해보십시오. 더 깊은 내용을 알고 싶다면 '더보기'를 참고하십시오.

❻ 다음 일차를 시작할 때는 이전 일차에 기록했던 내용을 다시 보고, 당신을 변화시킬 중요한 내용을 입으로 선포함으로써 귀로 듣고 심중(heart)에 심으십시오.

❼ 30일이 끝날 때는 이 책 《환영합니다 성령님》을 통해 당신이 하나님과 교제하고 그분께서 당신을 새롭게 한 내용이 담긴 《감사합니다 성령님》이라는 유일무이한 책이 당신의 책상 위에 놓이게 될 것입니다.

Welcome Holy Spirit

성령님과
하나님나라의
복음

왜 이렇게
변화되기가 힘들까요?

우리 모두는 진정으로 자신이 변화되기를 원하고 있습니다. 아마 이 책을 구입하여 읽게 된 계기와 목적도 진정으로 변화되어 성령님의 인도하심을 받기 원해서일 거라 생각합니다. 하지만 모두 다 경험으로 알고 있듯이, 자신을 변화시키는 것이 너무나 힘들다는 것을 뼈저리게 느끼고 있습니다. 하나님에 대한 열심과 사랑이 없는 것도 아닌데, 왜 이렇게 변화되기가 힘들까요? 먼저 우리와 똑같은 경험을 했던 성경 속 두 인물을 통해서 그 이유를 알아보기를 원합니다. 그 주인공은 바로 베드로와 바울입니다. 베드로는 예수님과 삶을 나누었던 사도이고, 바울은 하늘로부터 예수님의 말씀을 들었지만 실제로 삶을 나누지는 않았던 사도입니다(행 9:3-6). 두 사도를 통하여 한편으로는 위로를, 다른 한편으로는 희망을 발견할 수 있을 것입니다.

예수님의 수제자 베드로 이야기

게바라고 알려진 시몬 베드로는 거침없는 성격의 소유자로 열정이 넘치고 의지가 강하며 때로는 충동적인 사람이었습니다. 예수님께서 그를 제자로 부르자 그는 모든 것을 포기하고 예수님을 따랐던 사람입니다. 또한 예수님의 열두 제자 중에서도 야고보와 요한과 함께 최측근 3인방이었습니다.

빌립보 가이사랴에서 베드로는 예수님의 질문에 "주는 그리스도시요 살아계신 하나님의 아들"이라고 답했고 예수님께서 그를 칭찬해주셨습니다(마 16:16-17). 하지만 얼마 지나지 않아 예수님께서 앞으로 있을 고난과 지셔야 할 십자가에 대해서 말씀하실 때 베드로는 인간적인 생각으로 그 일을 막겠다고 항변했습니다. 그때 예수님께서는 "사탄아 내 뒤로 물러가라"라고 그의 행동을 책망하셨습니다(마 16:22-23).

> **마 16:16-17** 16 시몬 베드로가 대답하여 이르되 **주는 그리스도시요 살아 계신 하나님의 아들**이시니이다 17 예수께서 대답하여 이르시되 바요나 시몬아 네가 복이 있도다 이를 네게 알게 한 이는 혈육이 아니요 하늘에 계신 내 아버지시니라

최후의 만찬에서 예수님께서 제자들이 다 도망할 것이라고 말씀하시자 베드로는 주님과 함께 죽을지언정 주님을 부인하지 않겠다고 자신만만하게 고백했습니다. 하지만 그는 그날 밤 다른 제자들과 마찬가지로 도망하였고, 닭이 울기 전에 예수님을 세 번 부인하였습니다(마 26:74-75).

> **마 26:33-35** 33 베드로가 대답하여 이르되 **모두 주를 버릴지라도 나는 결코 버리지 않겠나이다** 34 예수께서 이르시되 내가 진실로 네게 이르노니 오늘 밤 닭 울기 전에 네가 세 번 나를 부인하리라 35 베드로가 이르되 **내가 주**

와 함께 죽을지언정 주를 부인하지 않겠나이다 하고 모든 제자도 그와 같이 말하니라

가장 충격적인 것은 베드로는 십자가에서 죽으시고 부활하신 예수님을 직접 보았는데도 불구하고 다시 디베랴 바다로 돌아가 본업이었던 어부가 되어버렸다는 사실입니다. 예수님과 삼 년 동안 동고동락하며 '예수님의 직강'을 들었던 최측근 제자가 "사람을 낚는 어부"가 되리라는 예수님의 말씀(마 4:18-20)에 반대되는 "고기를 낚는 어부"로 다시 돌아간 것입니다.

마 4:18–20 18 갈릴리 해변에 다니시다가 두 형제 곧 베드로라 하는 시몬과 그의 형제 안드레가 바다에 그물 던지는 것을 보시니 그들은 어부라 19 말씀하시되 나를 따라오라 **내가 너희를 사람을 낚는 어부가 되게 하리라 하시니** 20 그들이 곧 그물을 버려 두고 예수를 따르니라

요 21:1–3 1 그 후에 예수께서 디베랴 호수에서 또 제자들에게 자기를 나타내셨으니 나타내신 일은 이러하니라 2 시몬 베드로와 디두모라 하는 도마와 갈릴리 가나 사람 나다나엘과 세베대의 아들들과 또 다른 제자 둘이 함께 있더니 3 **시몬 베드로가 나는 물고기 잡으러 가노라 하니 그들이 우리도 함께 가겠다 하고 나가서 배에 올랐으나 그 날 밤에 아무 것도 잡지 못하였더니**

더 충격적인 것은 예수님께서는 그런 베드로를 보고 아무런 책망도 하지 않으셨다는 것입니다. 오히려 숯불에 생선과 떡을 구워서 그에게 주시며, "네가 나를 사랑하느냐?"라고 세 번 질문하셨고, 그 질문을

통해 예수님을 세 번 부인했던 베드로의 아픈 기억을 어루만지며 회복시키셨습니다. 그렇게 예수님은 세 번의 용서와 당부를 하셨습니다(요 21:15-17).

> **요 21:15-17** 15 그들이 조반 먹은 후에 예수께서 시몬 베드로에게 이르시되 **요한의 아들 시몬아 네가 이 사람들보다 나를 더 사랑하느냐 하시니 이르되 주님 그러하나이다** … 17 세 번째 이르시되 요한의 아들 시몬아 네가 나를 사랑하느냐 하시니 주께서 세 번째 네가 나를 사랑하느냐 하시므로 베드로가 근심하여 이르되 주님 모든 것을 아시오매 내가 주님을 사랑하는 줄을 주님께서 아시나이다 예수께서 이르시되 내 양을 먹이라

하지만 이대로 가만히 있을 베드로가 아니었습니다. 예수님께서 십자가를 지실 때까지 끝까지 좇아가 함께했던 사도 요한을 향한 열등감 때문에 그의 미래에 대해 참견하다가 또 한 번 예수님의 핀잔을 듣는 베드로의 모습을 볼 수 있습니다.

> **요 21:20-22** 20 베드로가 돌이켜 예수께서 사랑하시는 그 제자가 따르는 것을 보니 그는 만찬석에서 예수의 품에 의지하여 주님 주님을 파는 자가 누구오니이까 묻던 자더라 21 이에 베드로가 그를 보고 예수께 여짜오되 주님 이 사람은 어떻게 되겠사옵나이까 22 **예수께서 이르시되 내가 올 때까지 그를 머물게 하고자 할지라도 네게 무슨 상관이냐 너는 나를 따르라 하시더라**

하지만 예수님은 베드로가 그런 한계에서 벗어나지 못하는 이유를 누구보다 잘 알고 계셨습니다. 예수님은 지혜와 총명의 영이요, 모략과

재능의 영이요, 지식과 여호와를 경외하는 영(사 11:2)이신 성령님 없이는 베드로가 근본적으로 변화될 수 없다는 것을 알고 계셨기 때문입니다. 예수님께서 사람의 아들로서 이 땅에 사셨을 때 성령님에 의해 공생애 사역을 감당하실 수 있었던 것처럼, 오순절에 성령님이 베드로에게 임하시면 그가 모든 것을 깨닫고 행하게 될 것을 아셨습니다.

> 요 14:26 보혜사 곧 아버지께서 내 이름으로 보내실 성령 그가 너희에게 모든 것을 가르치고 내가 너희에게 말한 모든 것을 생각나게 하리라

> 요 14:12-13 12 내가 진실로 진실로 너희에게 이르노니 나를 믿는 자는 내가 하는 일을 그도 할 것이요 또한 그보다 큰 일도 하리니 이는 내가 아버지께로 감이라 13 너희가 내 이름으로 무엇을 구하든지 내가 행하리니 이는 아버지로 하여금 아들로 말미암아 영광을 받으시게 하려 함이라

그토록 변화되지 않던 베드로에게 오순절 성령강림을 통해 성령님께서 임하시자 그는 완전히 다른 사람이 되었습니다. 그는 예수님께서 앞으로 일어날 일에 대해서 말씀하셨던 것이 성령강림을 통해서 이루어졌음을 체험했습니다. 그리고 그 성령님을 통하여 예수님이 누구이신지와 그분이 가르치신 것을 한꺼번에 깨닫게 되었습니다. 오늘날로 표현하자면, 예수님께서 가르치셨던 모든 것이 한순간에 다운로드된 것입니다.

> 요 16:13-14 13 그러나 진리의 성령이 오시면 그가 너희를 모든 진리 가운데로 인도하시리니 그가 스스로 말하지 않고 오직 들은 것을 말하며 장래 일

을 너희에게 알리시리라 14 그가 내 영광을 나타내리니 내 것을 가지고 너희에게 알리시겠음이라

그는 곧바로 예수님의 구원사역에 대해 담대하게 선포하였고, 그의 설교 한 번에 3천 명이 주님께 돌아오는 역사가 일어났습니다(행 2:37-38,41). 또한 베드로는 날 때부터 걷지 못한 사람을 예수 그리스도의 이름으로 걷게 하면서 예수님께서 하신 일을 행하게 되었습니다. 사도행전의 베드로는 사복음서의 베드로와는 180도 다른 사람이 되었고, 그 변화의 핵심에는 오순절 성령강림 사건이 있었습니다.

> **행 4:13-14** 13 그들이 **베드로와 요한이 담대하게 말함을 보고 그들을 본래 학문 없는 범인으로 알았다가 이상히 여기며 또 전에 예수와 함께 있던 줄도 알고** 14 또 병 나은 사람이 그들과 함께 서 있는 것을 보고 비난할 말이 없는지라

핍박자에서 전도자가 된 사도 바울 이야기

한편 사도 바울은 당대 최고의 율법학자였던 가말리엘 문하에서 유대교 전통을 교육받은 율법 학자였습니다. 그는 자신이 배운 전통을 바탕으로 예수 믿는 자를 핍박하는 것이 하나님을 위한 일이라고 굳게 믿었습니다. 사도행전 7장을 보면, 스데반이 전한 복음을 들었지만 그의 영적 눈이 닫혀 있었기 때문에 그는 복음을 부끄러워했고(롬 1:16) 그러한 복음을 전한 스데반이 돌에 맞아 죽는 것을 당연하다고 여겼습니다.

행 7:54-59 54 그들이 이 말을 듣고 마음에 찔려 그를 향하여 이를 갈거늘 55 스데반이 성령 충만하여 하늘을 우러러 주목하여 하나님의 영광과 및 예수께서 하나님 우편에 서신 것을 보고 56 말하되 **보라 하늘이 열리고 인자가 하나님 우편에 서신 것을 보노라 한 대** 57 그들이 큰 소리를 지르며 귀를 막고 일제히 그에게 달려들어 58 **성 밖으로 내치고 돌로 칠새 증인들이 옷을 벗어 사울이라 하는 청년의 발 앞에 두니라** 59 그들이 돌로 스데반을 치니 스데반이 부르짖어 이르되 주 예수여 내 영혼(헬, 프뉴마)을 받으시옵소서 하고

지긋지긋한 예수쟁이들을 없애겠다는 열정에 사로잡힌 그는 예루살렘에서 240킬로미터가량 떨어진 다메섹까지 가는 것을 마다하지 않을 정도로 유대교에 대한 특심이 있었습니다.

행 9:1-2 1 사울이 주의 제자들에 대하여 여전히 위협과 살기가 등등하여 대제사장에게 가서 2 다메섹 여러 회당에 가져갈 공문을 청하니 이는 만일 그 도를 따르는 사람을 만나면 남녀를 막론하고 결박하여 예루살렘으로 잡아오려 함이라"

다메섹으로 가던 중 하늘로부터 임한 강력한 빛이 그를 강타하였고, 땅에 엎드러진 그의 귀에 음성이 들렸습니다. "사울아, 사울아 네가 어찌하여 나를 박해하느냐?" 당황한 그가 누구냐고 묻자 "나는 네가 박해하는 예수라"는 음성이 들려왔습니다. 이 순간 사울은 예수님을 만났고 그분의 음성을 들었습니다. 이 사건으로 인해 사울은 앞을 보지 못하게 되었고 그동안 그가 굳게 믿어왔던 유대교 전통이 뿌리째 흔들렸습니다.

3 사울이 길을 가다가 다메섹에 가까이 이르더니 홀연히 하늘로부터 빛이 그를 둘러 비추는지라 4 땅에 엎드러져 들으매 소리가 있어 이르시되 **사울아 사울아 네가 어찌하여 나를 박해하느냐** 하시거늘 5 대답하되 주여 누구시니이까 이르시되 **나는 네가 박해하는 예수라**

사울이 사흘간 금식하며 자신이 겪은 사건에 대해 고민하던 차에, 하나님께서는 다메섹에 있는 아나니아라는 제자를 사울에게 보내셨고, 아나니아가 그에게 안수할 때 사울은 처음으로 성령님을 체험하게 되었습니다. 그러자 그동안 닫혀 있던 영적 눈이 열리게 되었고 연이어 그의 눈에서 비늘 같은 것이 벗겨지며 다시 볼 수 있게 되었습니다. 다메섹 도상에서 빛 되신 예수님을 보고 그분의 음성을 들었지만 엄청난 혼동 가운데 있던 사울이 실제적으로 변화되기 시작한 것은 아나니아의 안수를 통해 성령님을 체험했을 때였습니다. 흥미로운 사실은 아나니아는 사도도, 그들이 임명한 집사도 아니고 주님을 신실하게 따르는 성도였다는 사실입니다.

행 9:17-18 17 아나니아가 떠나 그 집에 들어가서 **그에게 안수하여 이르되 형제 사울아 주 곧 네가 오는 길에서 나타나셨던 예수께서 나를 보내어 너로 다시 보게 하시고 성령으로 충만하게 하신다 하니** 18 즉시 사울의 눈에서 비늘 같은 것이 벗어져 **다시 보게 된지라 일어나 세례를 받고**

사도 바울은 성령체험을 한 후, 그동안 배웠던 구약 성경의 말씀들을 예수 그리스도 안에서 새롭게 깨닫게 되었고, 예수님이 하나님의 아들이심을 전파하는 사람이 되었습니다. 예수 그리스도의 핍박자에서 전도자로 완전히 탈바꿈하게 된 것입니다.

> **행 9:19-22** 19 음식을 먹으매 강건하여지니라 사울이 다메섹에 있는 제자들과 함께 며칠 있을새 20 **즉시로** 각 회당에서 **예수가 하나님의 아들**이심을 전파하니 21 듣는 사람이 다 놀라 말하되 이 사람이 예루살렘에서 이 이름을 부르는 사람을 멸하려던 자가 아니냐 여기 온 것도 그들을 결박하여 대제사장들에게 끌어 가고자 함이 아니냐 하더라 22 사울은 힘을 더 얻어 **예수를 그리스도**라 증언하여 다메섹에 사는 유대인들을 당혹하게 하니라

진정한 변화의 비밀

베드로는 예수님의 공생애 동안 함께했지만 진정한 제자라고 보기 힘든 면이 있었고(사복음서에서의 베드로), 사도 바울은 예수님과 함께하지 않았을 뿐더러 예수를 믿는 자를 핍박했던 유대교를 신봉하던 자였습니다(다메섹 도상 이전의 사울). 두 사람 다 소위 말하는 '과거'가 있는 사람이지만, 오늘날 베드로와 바울 둘 다 예수 그리스도를 증거하고 복음을 전했던 위대한 사도로 불립니다. 그렇다면 어떻게 해서 그런 반전이 일어났을까요? 그것은 바로 성령 하나님께서 그들에게 임했기 때문입니다.

예수 그리스도를 믿는 자에게 하나님의 영이 임하시고, 성령체험을 통해서 그 혼과 몸이 하나님의 통치를 경험하면, 새로운 피조물로서 예수님께서 전하신 하나님나라의 복음을 체험하게 되고, 예수 그리스도를 증거하는 삶을 살 수 있게 됩니다.

행 1:8 오직 성령이 너희에게 임하시면 너희가 권능을 받고 예루살렘과 온 유대와 사마리아와 땅 끝까지 이르러 내 증인이 되리라 하시니라

진정한 변화는 우리가 노력함으로써 더 나은 그리스도인이 될 때 이루어지는 것이 아니라, 성령 하나님께서 우리의 혼과 몸을 통치하실 때 가능한 것입니다. 이 책을 통해 당신은 성령님을 체험하고 그분의 통치함을 받음으로써 진정한 변화를 경험하게 될 것입니다. 그 결과 성령님의 인도하심을 받는 하나님의 자녀로서 그분을 나타내는 삶을 살게 될 것입니다.

질문과 적용

다음 질문에 답하면서 오늘 내용을 자신에게 적용해보세요.

1. 혹시 당신도 베드로처럼 자신만만하게 결단했다가 실패한 경험이 있지 않나요? 그 일을 통해 어떠한 깨달음을 얻었나요?

2. 당신의 삶에도 두 사도와 같은 극적인 변화가 있었는지요? 만약 있었다면 어떤 일이었나요? 만약 이런 극적인 변화가 아니더라도 예수님을 믿고 난 뒤 어떤 변화가 있었는지 적어보세요.

3. 이 책을 통해 당신의 삶에 어떤 변화가 있기를 원하나요? 두 가지 이상 적어보세요.

더보기

영상 – 인간의 진정한 변화는 언제 일어나는가?

도서 – 《알고 싶어요 성령님》
　　　　1장 성령님을 인정하고 인격적으로 교제하라(16–35p)

Welcome Holy Spirit

성령님을
얼마나 알고 있나요?

그리스도인이라면 성령님에 대해 들어보지 못한 사람은 없을 것입니다. 하지만 자신이 속한 교단과 출석하는 교회에서 배운 대로 성령님에 대해 이해하는 경우가 많습니다. 당신에게 다음과 같은 질문을 드려보고 싶습니다. "성령님은 당신에게 어떤 분이시며, 당신은 그분을 얼마나 알고 있나요? 당신은 평소에 성령님과 어떻게 교제하고 계신가요?" 잠시 시간을 내어 이 질문에 대한 답을 적어보시길 바랍니다.

삼위일체를 모르면 성령님을 제대로 알 수 없다

우리는 '하나님' 하면 성부 하나님을 떠올리지만, 기독교의 하나님은 이슬람의 알라처럼 단일신론적 유일신이 아닌 삼위일체적 유일신이신 하나님이십니다. 그 하나님을 체험하기 위해서는 신앙의 가장 근본이고 중요한 삼위일체 하나님을 알아야 합니다. 그런데 우리는 삼위일체 하나님에 대해 깊이 알고 체험하는 것의 중요성을 간과할 때가 너무 많습니다.

왜 그럴까요? 다양한 이유가 있겠지만, 인간의 이성이 성경의 권위보다 더 높아지게 된 계몽주의 이후에 그동안의 신학체계는 삼위일체 하나님을 체험하기보다는 관념적으로 이해하려고 애써 왔습니다. 그 결과 역사적으로 수많은 논의를 통해 성경에 기초하여 삼위일체론을 정립하는 데는 성공하였지만, 그 삼위일체 하나님을 생명적, 영적, 관계적으로 체험하는 데에는 큰 어려움을 겪었습니다. 그래서 암묵적으로 삼위일체 하나님을 체험하는 것은 '신비'의 영역으로 남겨두게 된 것입니다. 아무리 성경적인 삼위일체론을 세웠다고 해도 그것은 인간의 언어와 논리로는 쉽게 설명될 수 없을 뿐만 아니라 삼위일체 하나님을 체험하는 것 또한 쉽지 않다보니, 어느새 이해도 체험도 되지 않는 삼위일체 하나님을 필요 이상으로 강조하지 않게 되어버렸습니다.

그러다보니 삼위일체 하나님 중 삼위 하나님이신 성령 하나님을 일상에서 생생하게 경험되는 하나님으로 여기지 않게 되었습니다. 실제로 많은 경우 성령님을 인격적인 삼위 하나님이 아니라 하나님으로부터 나오는 '영향력' 또는 구원받은 자를 '돕는 능력'이나 '에너지' 정도로 생각합니다. 그래서 성령님을 우리의 신앙생활에 필요한 은사나 열매를 주시는 분으로 이해할 뿐, 성령님과 인격적인 관계를 가지는 것이 무엇인지를 체험하지 못하고 있습니다. 성령의 열매와 성령의 은사는 하나님의 임재로 하나님이 나타나시는 당연한 결과이지, 우리가 추구해야 할 하나님의 성품이나 하나님의 능력이 아닌데도 말입니다.

삼위일체 하나님은 언제나 함께하신다

삼위일체 하나님은 성부, 성자, 성령이라는 세 위격(位格)으로 구별되시지만 온전한 연합(상호내주)을 통해 한 분이신 하나님이십니다. 그래서 모든 일을 언제나 함께하십니다. 그것은 영원 전에도, 창조 때도, 인간의 모든 역사에 개입하실 때도, 예수님의 공생애 사역 때도, 현재의 신약시대에도, 천년왕국 때도, 영원 후에도 마찬가지입니다. 천지창조 때를 생각해봅시다.

> **창 1:2-3** 2 땅이 혼돈하고 공허하며 흑암이 깊음 위에 있고 하나님의 영은 수면 위에 운행하시니라 3 하나님이 이르시되 빛이 있으라 하시니 빛이 있었고

성부 하나님께서는 마음에 품으신 것을 성령 하나님을 통해 말씀하셨습니다. 그때 성부 하나님의 입을 통해 나오는 모든 말씀이 바로 성자 하나님이십니다. 성육신하시기 전에 성자 하나님이신 예수님께서는 '말씀'이셨습니다(요 1:1). 그리고 성령 하나님은 하나님의 영이십니다. 영에 해당하는 히브리어 단어 '루아흐'와 헬라어 단어 '프뉴마' 모두 "바람, 호흡, 생기" 등의 의미를 포함합니다. 하나님께서 말씀하신다는 것은 호흡을 통해서, 즉 성령을 통해서 말씀하시는 것입니다. 따라서 창세기 1장 3절에서 "하나님이 이르시되 빛이 있으라 하시니"라는 말 안에는 삼위일체 하나님께서 함께하신다는 것을 알 수 있습니다.

성부, 성자, 성령은 인격과 역할에 있어서는 구별되시지만, 본성에 있어서는 한 분 하나님이십니다. 따라서 성부, 성자, 성령 세 위격 모두를 균형 있게 알지 못한다면, 삼위일체 하나님을 안다고 할 수 없습니다.

> **요 14:9** 예수께서 이르시되 빌립아 내가 이렇게 오래 너희와 함께 있으되 네가 나를 알지 못하느냐 **나**(성자)를 본 자는 **아버지**(성부)를 보았거늘 어찌하

여 아버지를 보이라 하느냐

요 10:30 **나**(성자)와 **아버지**(성부)는 하나이니라 하신대

요 16:14 그(성령)가 내(성자) 영광을 나타내리니 내 것을 가지고 너희에게 알리시겠음이라

요 14:17 그(성령)는 진리의 영이라 세상은 능히 그를 받지 못하나니 이는 그를 보지도 못하고 알지도 못함이라 그러나 너희는 그를 아나니 그는 너희와 함께 거하심이요 또 너희 속에 계시겠음이라

성자로 말미암지 않고는 성부와 관계를 맺을 수 없는 것처럼, 성령으로 말미암지 않고는 성자와 관계를 맺을 수 없으며, 그 반대도 마찬가지입니다. 따라서 우리가 성경을 통하여 성부와 성자에 대해서 배우지만, 실제로 우리는 성령님을 통하여 예수 그리스도를 알게 되고(요 16:14), 예수 그리스도 안에서 성령님을 통하여 하나님 아버지를 알게 되고(고전 2:9-10), 삼위일체 하나님과 교제하게 되는 것입니다(요 17:20-23). 언제나 삼위일체 하나님의 한 위격은 다른 두 위격에 의해서 자신을 드러내시고 역사하십니다. 다른 말로, 한 위격의 단독 역사란 없다는 것입니다. 따라서 우리가 삼위일체 중 어떤 위격을 부인하거나 부정적으로 보는 것은 다른 두 위격도 부인하거나 부정하는 것이 됩니다. 왜냐하면 하나님은 삼위일체이시기 때문입니다. 우리는 이 사실을 늘 기억해야 합니다.

성령님은 성부로부터 나와 성자를 통하여 하나님을 나타내신다

우리가 어떻게 예수 그리스도를 알 수 있습니까? 그것은 바로 성령님을 통하여 말씀이 주어질 때입니다(요 16:7-11). 그리고 예수 그리스도를 통하여 구원을 얻은 자에게 하나님 아버지께서 성령님을 보내주셔서 우리로 하여금 하나님 아버지를 알게 하십니다(엡 1:17). 성령님께서 우리의 혼과 몸을 통치하심으로 인하여 내가 누구인지를 알게 하시고(롬 8:16 ; 벧전 2:25), 그 결과로 심중[1]을 새롭게 하셔서 나를 통해서 이루시고자 하는 일이 무엇인지, 어떻게 살아야 할지를 알게 하시고(엡 1:18-20), 궁극적인 구원의 완성이 무엇인지를 알게 하심으로(벧전 1:9) '영원한 현존에서 현재'라는 차원적인 삶을 살게 하십니다(마 6:10).[2]

결국 성부 하나님께서는 성자 하나님 안에 있는 우리에게 성령 하나님을 통해서 하나님 아버지를 알게 하시고, 아버지의 사랑을 체험하게 하시고, 이 땅에서 그분의 자녀로서 그분의 창조목적대로 살게 하십니다.

엡 1:17-19 17 우리 주 예수 그리스도의 하나님, 영광의 아버지께서 지혜와 계시의 영을 너희에게 주사 하나님을 알게 하시고 18 너희 마음의 눈을 밝히

---

1 심중(헬, 카르디아)이란 무엇을 의미할까요? 심중은 자아를 형성하는 기억들, 다른 말로 내 혼과 몸이 생각하고 느끼는 것들의 기초가 되는 경험과 지식들이 있는 곳을 의미합니다. 이해를 돕기 위해 오늘날 심리학 용어로 표현하면, 심중(heart)과 혼을 합친 것을 '잠재의식'이라고 할 수 있으며, 마음(mind)과 혼을 합친 것을 '표면의식'이라고 할 수 있습니다. 우리의 삶을 움직이는 것은 표면의식이 아니라 잠재의식입니다. 즉 우리는 우리의 심중에 들어 있는 것대로 생각하고 느끼고 말하게 됩니다. 그리고 심중에 들어 있는 것을 만족시키기 위해 행동합니다.

2 구원의 완성에 대해 알고 싶으신 분은 《수수께끼 같던 영혼몸의 비밀이 풀린다》(규장, 2021)를 참고하세요. 심중을 새롭게 하는 구체적인 방법을 알고 싶으신 분은 《킹덤빌더의 영성》(규장, 2022)을 참고하세요. 영원한 현존에서 현재라는 차원적인 삶에 대해 알고 싶으신 분은 《킹덤 시크릿》(규장, 2023)을 참고하세요.

사 그의 부르심의 소망이 무엇이며 성도 안에서 그 기업의 영광의 풍성함이 무엇이며 19 그의 힘의 위력으로 역사하심을 따라 믿는 우리에게 베푸신 능력의 지극히 크심이 어떠한 것을 너희로 알게 하시기를 구하노라

그래서 성령 하나님을 인정하지 않으면, 하나님을 알 수도 없고, 하나님 자녀의 정체성을 체험할 수도 없고, 하나님의 사랑을 경험할 수도 없으며, 하나님의 영으로써 몸의 행실을 죽이지도 못하며, 하나님의 영의 인도하심을 받는 삶을 살 수도 없다는 것입니다. 왜냐하면 성령 하나님을 통해 영원하신 하나님 아버지께서 예수 그리스도 안에 있는 그분의 자녀들과 함께 거하시기 때문입니다(요 17:20-23). 성령님은 하나님의 영이자 그리스도의 영으로서 삼위일체 하나님과 우리를 온전히 연합하게 합니다.

마 10:20 말하는 이는 너희가 아니라 너희 속에서 말씀하시는 이 곧 **너희 아버지의 성령**이시니라

갈 4:6 너희가 아들이므로 하나님이 **그 아들의 영**을 우리 마음 가운데 보내사 아빠 아버지라 부르게 하셨느니라

엡 4:3-6 3 평안의 매는 줄로 성령이 하나 되게 하신 것을 힘써 지키라 4 몸이 하나요 성령도 한 분이시니 이와 같이 너희가 부르심의 한 소망 안에서 부르심을 받았느니라 5 주도 한 분이시요 믿음도 하나요 세례도 하나요 6 하나님도 한 분이시니 곧 만유의 아버지시라 만유 위에 계시고 만유를 통일하시고 만유 가운데 계시도다

사도 바울의 가장 놀라운 변화의 핵심은 여호와 하나님이 한 분이라는 유대교의 단일신론을 믿었던 것에서 기독교의 삼위일체 하나님을 믿게 된 것입니다. 바울이 삼위일체 하나님을 어떻게 표현하고 있는지는 고린도후서 마지막 인사에 담겨 있습니다.

> **고후 13:13** 주 예수 그리스도의 은혜와 하나님의 사랑과 성령의 교통하심이 너희 무리와 함께 있을지어다

예수 그리스도의 은혜는 하나님의 사랑이 표현된 것이며, 그것은 성령님을 통하여 우리에게 주어지는 것입니다. 이것은 성부, 성자, 성령이 세 위격으로 역사하시는 한 하나님이심을 너무나도 명확하게 잘 표현하고 있습니다.

성경에 나타난 성령 하나님은 어떤 분이신가?

1 성령님은 무소부재하시고(초월성), 임재하시는 분이시다(내재성)

무소부재(omnipresence)는 "이 세상 어디든지 안 계신 곳이 없다"라는 말입니다. 하나님은 창조자이시며, 존재의 근원이시기에 그가 창조하신 만물에는 그의 손길이 미치지 않은 곳이 없으며, 그분은 스스로 창조하신 만물과 항상 함께 계십니다.

> **시 139:7-8** 7 내가 주의 영을 떠나 어디로 가며 주의 앞에서 어디로 피하리이까 8 내가 하늘에 올라갈지라도 거기 계시며 스올에 내 자리를 펼지라도

거기 계시니이다

롬 1:20 창세로부터 그의 보이지 아니하는 것들 곧 그의 영원하신 능력과 신성이 그가 만드신 만물에 분명히 보여 알려졌나니 그러므로 그들이 핑계하지 못할지니라

그분은 어떤 방식으로도 나뉠 수 없는 분이십니다. 저에게도, 지금 이 글을 읽고 있는 당신에게도 그분의 전부가 함께하십니다. 동시에 저와 당신 사이의 공간에도 그분 전부가 함께하십니다. 아무리 작게 쪼개고 나누어도 그분 전부가 그 속에 계십니다.

또한 그분은 무소부재하실 뿐만 아니라, 구하는 자에게 임재를 체험하도록 하십니다. 임재한다는 것은 그분이 함께하신다는 것을 뜻합니다. 오순절 성령강림 사건 이전에는 하나님께서 특정한 때와 장소 그리고 특정한 사람에게 성령님을 보내주셨습니다. 오순절 사건 이후에는 예수 그리스도를 믿고 거듭난 자 안에 성령님이 내주하시지만 그분과 동행하기를 원하는 사람에게만 그 임재를 경험케 하시고, 그 사람을 통치하시고, 그 삶을 인도하십니다. 현재적 하나님나라가 도래한 이후에 하나님의 임재의 체험은 하나님께 달려 있는 것이 아니라 예수 그리스도를 믿는 자의 자기 포기와 갈망에 달려 있습니다.

계 3:20 볼지어다 내가 문 밖에 서서 두드리노니 누구든지 내 음성을 듣고 문을 열면 내가 그에게로 들어가 그와 더불어 먹고 그는 나와 더불어 먹으리라

우리가 어디에 있든, 어떤 상황이든, 성령님은 무소부재하시기 때문에 예수 그리스도 안에서 그분을 구할 때 성령님은 우리에게 임재하시고, 우리로 하여금 하나님의 자녀로서 하나님의 뜻을 나타내는 삶을 살 수 있게 하십니다.

❷ 성령님은 시간, 공간, 물질을 초월하여 영원히 현존하시는 분이시다

그분은 시간과 공간뿐만 아니라 물질을 초월하는 분이십니다. 그 말은 과거, 현재, 미래가 없으시며, 여기와 저기에 함께 존재하시면서, 물질 안에도 밖에도 존재하신다는 뜻입니다. 따라서 성령님의 역사하심은 시공간을 초월하여 일어나기도 하며, 때로는 물질을 통해서 일어나기도 합니다.

구약에서 대표적인 예로 엘리사의 뼈를 생각해보십시오. 엘리사가 죽고 해가 바뀌었지만, 시체가 엘리사의 뼈에 닿자 죽은 자가 살아나는 성령님의 역사가 일어났습니다.

> **왕하 13:21** 마침 사람을 장사하는 자들이 그 도적 떼를 보고 그의 시체를 엘리사의 묘실에 들이던지매 시체가 엘리사의 뼈에 닿자 곧 회생하여 일어섰더라

신약의 예로는 사도 바울이 손수건을 통해서 다른 사람을 치유하는 역사를 볼 수 있습니다.

> **행 19:11-12** 11 하나님이 바울의 손으로 놀라운 능력을 행하게 하시니 12 심지어 사람들이 바울의 몸에서 손수건이나 앞치마를 가져다가 병든 사람에

게 없으면 그 병이 떠나고 악귀도 나가더라

또한 사도행전에는 빌립이 에디오피아 내시에게 침례를 베풀고 물에서 올라올 때 성령님께서 빌립을 공간 이동시키는 장면이 나옵니다.

> **행 8:38-39** 38 이에 명하여 수레를 멈추고 빌립과 내시가 둘 다 물에 내려가 빌립이 세례를 베풀고 39 둘이 물에서 올라올새 주의 영이 빌립을 이끌어간지라 내시는 기쁘게 길을 가므로 그를 다시 보지 못하니라

❸ 성령님은 전지전능하시다

전지(omniscience)하다는 것은 모든 것을 다 알고 계신다는 뜻이고, 전능(omnipotence)이라는 뜻은 어떤 일이든지 못하는 것이 없다는 뜻입니다. 성령님은 성자를 통하여 성부를 나타내시는 분으로서 전지전능하십니다. 따라서 그분은 모든 것을 알고 계십니다. 하나님의 모든 말씀의 역사는 성령님을 통해서 나타납니다.

> **고전 2:10-11** 10 오직 하나님이 성령으로 이것을 우리에게 보이셨으니 성령은 모든 것 곧 하나님의 깊은 것까지도 통달하시느니라 11 사람의 일을 사람의 속에 있는 영 외에 누가 알리요 이와 같이 하나님의 일도 하나님의 영 외에는 아무도 알지 못하느니라

> **사 46:10** 내가 시초부터 종말을 알리며 아직 이루지 아니한 일을 옛적부터 보이고 이르기를 나의 뜻이 설 것이니 내가 나의 모든 기뻐하는 것을 이루리라 하였노라

시 139:1-3 1 여호와여 주께서 나를 살펴 보셨으므로 나를 아시나이다 2 주께서 내가 앉고 일어섬을 아시고 멀리서도 나의 생각을 밝히 아시오며 3 나의 모든 길과 내가 눕는 것을 살펴 보셨으므로 나의 모든 행위를 익히 아시오니

롬 8:11 예수를 죽은 자 가운데서 살리신 이의 영이 너희 안에 거하시면 그리스도 예수를 죽은 자 가운데서 살리신 이가 너희 안에 거하시는 그의 영으로 말미암아 너희 죽을 몸도 살리시리라

4 성령님은 하나님의 인격이시고 능력이시다

성령님은 예수 그리스도 안에 있는 자를 통해서 하나님의 성품과 능력을 나타내시는 분이십니다. 우리는 그것을 성령의 열매와 은사(능력)라고 부릅니다. 이러한 성품과 능력은 우리가 구해서 얻어내는 것이 아닙니다. 하나님의 자녀로서 그분을 나타내고자 할 때 성령님께서 우리를 통치하시고, 하나님의 본성을 나타내시는 것입니다.

갈 5:22-24 22 오직 성령의 열매는 사랑과 희락과 화평과 오래 참음과 자비와 양선과 충성과 23 온유와 절제니 이같은 것을 금지할 법이 없느니라 24 그리스도 예수의 사람들은 육체와 함께 그 정욕과 탐심을 십자가에 못 박았느니라

고전 12:7 각 사람에게 성령을 나타내심은 유익하게 하려 하심이라

5 성령님은 보혜사이시다

예수님께서는 지상사역을 마친 후 부활승천하시고 천상사역을 하실 때 또 다른 보혜사를 보내주시겠다고 말씀하셨습니다. 그분이 바로 성령 하나님이십니다. 이때 보혜사(헬, 파라클레토스)는 도와주고 보호하고 은혜를 주시는 자를 의미합니다.

> **요 14:16-18** 16 내가 아버지께 구하겠으니 그가 또 다른 보혜사를 너희에게 주사 영원토록 너희와 함께 있게 하리니 17 그는 진리의 영이라 세상은 능히 그를 받지 못하나니 이는 그를 보지도 못하고 알지도 못함이라 그러나 너희는 그를 아나니 그는 너희와 함께 거하심이요 또 너희 속에 계시겠음이라 18 내가 너희를 고아와 같이 버려두지 아니하고 너희에게로 오리라

성경에는 가르치는 자(Teacher), 도우시는 자(Helper), 위로자(Comforter), 변호자(Advocator), 상담자(Counselor), 간구자/중보자(Mediator), 계시자(Revelator)로 나타나 있습니다 (롬 8:26-27 ; 고전 2:9-10 ; 계 2:7).

> **요 14:26** 보혜사 곧 아버지께서 내 이름으로 보내실 성령 그가 너희에게 모든 것을 가르치고 내가 너희에게 말한 모든 것을 생각나게 하리라

당신에게 성령님은 어떤 분이신가?

시공간을 초월하여 영원히 현존하시고 무소부재하신 성령 하나님께서는 오순절 성령강림 사건 이후 구원을 얻은 당신과 지금 이 시간 함

께하신다는 사실을 받아들여야 합니다. 그분은 이미 우리 안에 내주하고 계시지만, 우리가 자신의 생각에 묶여 있기 때문에 그분의 임재를 체험하지 못하는 것뿐입니다. 그분의 임재는 우리의 노력으로 취할 수 있는 것이 아니라 우리 자신을 포기할 때 그분께서 우리를 사로잡으심으로 체험되는 것입니다. 그분이 우리에게 임재하시는 것을 체험하게 해달라고 기도하십시오. 성경에 나와 있는 성령님의 모든 역사가 오늘날에도 이루어진다는 것을 믿음으로 받아들일 때, 당신도 그 삶을 누릴 수 있게 됩니다.

질문과 적용

다음 질문에 답해보면서 오늘 내용을 자신에게 적용해보세요.

1. 당신은 삼위일체 하나님의 세 위격 모두와 친밀한 교제를 나누셨나요? 혹시라도 한쪽으로 치우쳐 있었다면 그 이유는 무엇이라고 생각하시나요?

2. "당신은 성령님을 얼마나 아시나요?"라는 질문에 오늘 함께 나눈 내용을 바탕으로 새롭게 알게 된 것들을 적어보세요.

3. 당신은 당신 안에 내주하시는 성령님의 임재를 얼마나 자주 느끼시나요? 만약 자주 느끼지 못한다면, 그 이유가 무엇인지 당신의 생각을 적어보세요. 그리고 성령님을 더 자주 느끼기 위해서는 무엇이 필요할지도 적어보세요.

더보기

영상 – 당신 안에 계신 성령님은 누구이신가?
도서 – 《알고 싶어요 성령님》
　　　1장 성령님을 인정하고 인격적으로 교제하라(36–47p)

DAY

3

—

구약과 신약시대의
성령 역사의 차이는 무엇일까요?

이는 그리스도 예수 안에서 아브라함의 복이 이방인에게 미치게 하고 또 우리로 하여금 믿음으로 말미암아 성령의 약속을 받게 하려 함이라 갈 3:14

구약과 신약시대 성령의 역사의 차이를 아는 것은 매일 우리의 삶에서 성령님의 인도하심을 받는 데 있어 매우 중요합니다. 또한 이 차이를 명확히 알고 성경을 읽을 때 예수 그리스도 안에서 구약과 신약을 볼 수 있고, 신약시대를 살고 있는 우리에게 올바른 적용을 할 수 있습니다. Day 3에서는 이 부분에 대해 함께 알아보겠습니다.

구약시대 성령님의 역사

구약의 이스라엘 백성은 인간이 타락했을 때 떠나셨던 하나님의 영이 아직 임하지 않은 하나님의 백성이었습니다. 따라서 성령님의 내주 없이 동물의 피의 제사를 통해서 일시적으로 죄사함을 받고 율법을 지킴으로써 축복과 형통을 누리는 삶을 살 수밖에 없었습니다. 하나님께서 백성들과 새언약을 맺기 전인 구약에서는 하나님의 주권적 역사에 의해서 특별한 사람(선지자, 제사장, 왕)에게 기름부어주셔서 하나님께서 위임하신 일을 행하도록 하셨습니다. 그러나 그 사람이 하나님께서 위임하신 일을 온전히 행하지 못할 때는 사울 왕의 경우처럼 그 기름부으심을

거두어 가셨습니다. 구약에서 성령님의 기름부으심을 경험한 대표적인
예를 살펴보면 다음과 같습니다.

■ 선지자 모세와 70인 장로

민 11:16-17　16 여호와께서 모세에게 이르시되 이스라엘 노인 중에 네가 알
기로 **백성의 장로와 지도자가 될 만한 자 칠십 명**을 모아 내게 데리고 와 회
막에 이르러 거기서 너와 함께 서게 하라 17 내가 강림하여 거기서 너와 말하
고 **네게 임한 영을 그들에게도 임하게 하리니** 그들이 너와 함께 백성의 짐을
담당하고 너 혼자 담당하지 아니하리라

■ 제사장 아론

출 29:4,6-7　4 너는 **아론**과 그의 아들들을 회막 문으로 데려다가 물로 씻
기고 6 그의 머리에 관을 씌우고 그 위에 거룩한 패를 더하고 7 **관유를 가져
다가 그의 머리에 부어 바르고**

■ 왕 다윗

삼상 16:13-14　13 사무엘이 **기름 뿔병을 가져다가 그의 형제 중에서 그에게
부었더니 이 날 이후로 다윗이 여호와의 영에게 크게 감동되니라** 사무엘이
떠나서 라마로 가니라 14 여호와의 영이 사울에게서 떠나고 여호와께서 부리
시는 악령이 그를 번뇌하게 한지라

창조목적의 관점으로 본 구약과 신약

일반적으로 성경을 구분할 때 구약과 신약으로 나누어봅니다. 그렇

다면 우리는 구약과 신약을 어떻게 봐야 할까요? 그것을 위해서는 선지자를 통해 이스라엘 민족에게 준 하나님의 말씀(구약)과 예수 그리스도를 통해서 주시고 사도들과 교사들에 의해 백성들에게 전달된 하나님의 새말씀(신약) 사이의 공통점(연속성)과 차이점(불연속성)을 제대로 이해해야 합니다.

흔히 모세를 통하여 이스라엘 백성들에게 준 율법을 그들이 지킬 수 없기 때문에 하나님께서 예수 그리스도를 통하여 새언약을 주셨다고 이해합니다.

> **갈 3:19** 그런즉 율법은 무엇이냐 범법하므로 더하여진 것이라 천사들을 통하여 한 중보자의 손으로 베푸신 것인데 약속하신 자손이 오시기까지 있을 것이라

즉 율법을 지키지 못하는 것이 죄를 짓는 것이기 때문에 예수님께서 이 땅에 오셔서 우리의 죄를 사해주시기 위해서 십자가를 지셨다고 보는 것입니다. 따라서 예수 그리스도를 믿음으로 죄사함을 얻을 뿐만 아니라 율법으로부터 자유함을 얻고 구원을 받고, 성령님의 도우심으로 온전한 신앙생활을 할 수 있게 된다는 식으로 구약과 신약을 이해하는 것이 일반적입니다. 이는 성경 이야기를 언약에 기초한 구속사로 보기 때문에 성경을 율법과 새언약으로 나누고, 이스라엘과 이방인으로 나누고, 구약과 신약의 연속성과 불연속성에 대해 다음과 같은 잘못된 믿음을 가지게 됩니다.

■ 예수 그리스도를 믿는 자는 그분이 율법을 폐하셨기 때문에 더 이상 이스

라엘 백성들에게 주어진 율법을 지킬 의무가 없다.

■ 이제는 예수 그리스도를 믿고 구원을 얻었기 때문에 새언약의 말씀대로 살아야 하며 더 이상 죄를 짓지 말아야 한다.

하지만 이러한 관점은 단지 타락한 인간의 관점에서 하나님의 경륜을 피상적으로 본 것일 뿐입니다. 그러나 하나님의 창조와 창조목적의 회복, 확장, 완성의 관점에서 성경 이야기를 보면 새로운 관점으로 구약과 신약을 볼 수 있게 됩니다.

하나님께서는 인간을 창조하시되 하나님의 형상을 따라 모양대로 지으셨습니다(창1:26-27). 그 말은 창세기 2장 7절의 말씀으로 이해할 수 있습니다.

> **창 2:7** 여호와 하나님이 땅의 흙으로 사람을 지으시고 생기를 그 코에 불어넣으시니 사람이 생령(히, 네페쉬 하야 : 생혼, a living soul)이 되니라

그리고 그분의 자녀에게 위임된 통치권을 주셔서 이 땅을 다스리도록 하셨습니다. 또한 아담과 하와가 생육하고 번성함으로 에덴동산이 온 땅으로 확장되기를 원하셨습니다. 그 결과 하나님께서 온 땅에 그분의 거처를 정하시고 모든 자녀들로부터 영광 받으시는 것이 하나님의 창조목적의 완성입니다.

하지만 마귀의 시험에 속은 인간은 하나님의 말씀대로 말하는 것이 아니라3 하나님의 말씀에 대한 자신의 생각을 말함으로써 하나님께 불

---

3 인간은 본래 이 땅에 하나님을 나타내는 존재로 지음을 받았습니다. 하나님께서는 생명이시고

순종했고, 마귀의 말에 속아 죄를 짓게 되었습니다. 그 결과 하나님의 영이 떠나게 되었고, 마귀의 통치를 받게 되었으며, 땅은 인간으로 말미암아 저주를 받게 되었습니다(창 3:17). 하지만 하나님께서는 그분께서 창조하신 피조세계와 자녀를 포기하신 적이 없고, 그분의 창조목적을 이루시는 것도 포기하신 적이 없으십니다. 그 말은 동시에 자녀를 통한 하나님의 창조목적을 이루지 못하게 한 마귀를 멸하는 것 역시 포기하신 적이 없다는 뜻입니다.

성경의 이야기는 바로 하나님께서 창조하신 피조세계에서 그분의 자녀들을 통하여 그분의 창조목적을 이루어가는 이야기입니다. 성부 하나님께서 계획하신 그 일을 성자 하나님과 성령 하나님을 통해서 어떻게 이루어가시는지가 창세기부터 요한계시록까지 나타나 있습니다.

신약시대 성령님의 역사

그렇다면 하나님께서 그분의 창조목적을 이루어가시기 위해서 하셔야 할 가장 중요한 일이 무엇일까요? 바로 타락 때 죄로 인해 떠나셨던 하나님의 영이 다시 그분의 자녀들에게 임하시는 것입니다.

구약의 선지자들이 말한 새언약을 생각해보십시오.

겔 36:26-28 26 또 새 영을 너희 속에 두고 새 마음을 너희에게 주되 너희 육신에서 굳은 마음을 제거하고 부드러운 마음을 줄 것이며 27 또 내 영을 너희

말씀이십니다. 따라서 인간은 본래 하나님의 말씀대로 생각하고 느끼고 말하는 존재였습니다. 이것은 말씀이 육신이 되어 이 땅에 오신 예수님께서 어떻게 하셨는지를 보면 알 수 있습니다(마 4:1-11 ; 요 12:49-50)

속에 두어 너희로 내 율례를 행하게 하리니 너희가 내 규례를 지켜 행할지라 28 내가 너희 조상들에게 준 땅에서 너희가 거주하면서 **내 백성이 되고 나는 너희 하나님이 되리라**

또한 예수님께서 공생애 사역 동안 무엇을, 그리고 어떻게 행하셨는지를 생각해보십시오. 그것은 바로 성령충만함을 받고 마귀의 시험에서 승리하신 것입니다. 성령 하나님을 통해 성부 하나님과 교제하신 것입니다. 성령님의 능력으로 주의 뜻을 이루신 것입니다. 마지막으로 예수님께서 죽으시고 부활승천하시고 오순절 성령강림 사건을 통하여 하나님의 영이 예수 그리스도를 믿는 자들에게 임하신 것을 생각해보십시오.

예수 그리스도께서 보내주시기로 약속하신 보혜사 성령님이 임하심으로 하나님의 생명 안에서 거듭나 하나님의 자녀가 되어 다시 하나님의 창조목적을 이루어갈 수 있게 된 것입니다.

갈 3:14 이는 **그리스도 예수 안에서** 아브라함의 복이 이방인에게 미치게 하고 또 우리로 하여금 믿음으로 말미암아 **성령의 약속을 받게 하려 함이라**

엡 1:13 그 안에서 너희도 진리의 말씀 곧 **너희의 구원의 복음을 듣고** 그 안에서 또한 믿어 **약속의 성령으로 인치심을 받았으니**

구약과 신약의 연속성과 불연속성

하나님의 본래 계획은 구약과 신약, 이스라엘과 이방인, 율법과 새언약의 말씀으로 나누는 것이 아니라 모두가 한 성령 안에서 한 백성이 되도록 하는 것입니다. 그것을 알게 하는 것이 바로 하나님나라의 복음입니다. 다른 말로, 하나님의 생명이 없는 백성들(하나님과 교제하기를 싫어하는 백성)이 율법을 준수하는 시대는 끝났다는 것입니다. 그렇지만 이제는 하나님의 영 안에서 그분의 영에 인도하심을 받음으로써 그리스도의 율법(고전 9:21 ; 롬 13:10, cf. 갈 5:14)을 이루어가야 한다는 것입니다. 이것을 위해서 신약의 말씀을 주신 것입니다. 하나님의 생명이 없는 백성들은 율법을 듣고 배우고 지키고 행하는 삶을 살아야 하지만, 하나님의 영이 임한 예수 그리스도 안에 있는 자들은 이미 예수님께서 완전케 하신 그 율법을 자신의 행위로 나타내도록 하기 위해서 새언약의 말씀을 믿어야 한다는 것입니다. 사도 바울이 율법을 어떻게 보고 있는지를 생각해보십시오.

고전 15:55-56 55 사망아 너의 승리가 어디 있느냐 사망아 네가 쏘는 것이 어디 있느냐 56 사망이 쏘는 것은 죄요 죄의 권능은 율법이라

롬 7:4-6 4 그러므로 내 형제들아 너희도 그리스도의 몸으로 말미암아 율법에 대하여 죽임을 당하였으니 이는 다른 이 곧 **죽은 자 가운데서 살아나신 이에게 가서** 우리가 하나님을 위하여 열매를 맺게 하려 함이라 5 우리가 육신에 있을 때에는 율법으로 말미암는 죄의 정욕이 우리 지체 중에 역사하여 우리로 사망을 위하여 열매를 맺게 하였더니 6 이제는 우리가 얽매였던 것에 대하여 죽었으므로 율법에서 벗어났으니 이러므로 **우리가 영의 새로운 것으로 섬길 것이요** 율법 조문의 묵은 것으로 아니할지니라

이 말씀의 핵심은 '율법 그 자체'가 아니라 '율법을 지키는 주체'에 대한 것입니다. 즉 하나님의 영이 없는 자와 예수 그리스도 안에서 성령님의 인도하심을 받는 자의 비교입니다.

롬 8:2-3 2 이는 그리스도 예수 안에 있는 생명의 성령의 법이 죄와 사망의 법에서 너를 해방하였음이라 3 율법이 육신으로 말미암아 연약하여 할 수 없는 그것을 하나님은 하시나니 곧 죄로 말미암아 자기 아들을 죄 있는 육신의 모양으로 보내어 육신에 죄를 정하사

한마디로 자기 힘과 노력으로 율법을 준수하는 대신 하나님의 영 안에서 그분의 인도하심을 받는 것이 율법을 성취하시는 하나님의 방식입니다. 이제 율법의 의로운 요구는 성령님의 인도하심을 따라 행하는 자들 안에서 성취된다는 것입니다. 이것이 바로 구약과 신약의 연속성입니다.

갈 5:18 너희가 만일 성령의 인도하시는 바가 되면 율법 아래에 있지 아니하리라

롬 8:4 육신을 따르지 않고 **그 영을 따라 행하는 우리에게 율법의 요구가 이루어지게 하려 하심이니라**

신약에서 성령님은 예수 그리스도를 영접한 자, 즉 물과 성령으로 거듭난 자에게 내주하십니다. 그리고 예수 그리스도께서 말씀하신 것들을 가르치고 생각나게 하시며, 우리를 통하여 예수 그리스도의 성품과

능력을 나타내십니다(막 16:17-20). 그리고 그분은 구약과 달리 우리 안에 영원히 함께하시며, 하나님 자녀가 그분의 인도하심을 받는 삶을 살도록 도우십니다.

> **요 14:16-18** 16 내가 아버지께 구하겠으니 **그가 또 다른 보혜사를 너희에게 주사 영원토록 너희와 함께 있게 하리니** 17 그는 진리의 영이라 세상은 능히 그를 받지 못하나니 이는 그를 보지도 못하고 알지도 못함이라 그러나 **너희는 그를 아나니 그는 너희와 함께 거하심이요 또 너희 속에 계시겠음이라** 18 내가 너희를 고아와 같이 버려두지 아니하고 너희에게로 오리라

> **요 14:26** 보혜사 곧 아버지께서 내 이름으로 보내실 성령 그가 너희에게 모든 것을 가르치고 내가 너희에게 말한 모든 것을 생각나게 하리라

하나님의 창조와 창조목적의 회복의 관점, 즉 하나님의 통치의 관점에서 볼 때, 구약과 신약은 모세에게 준 율법과 예수 그리스도를 통한 말씀의 대비가 아닙니다. 하나님과 교제하기를 싫어하는 백성(하나님의 영이 없고 타락한 혼을 가진 백성)에게 준 율법과 하나님과 다시 교제할 수 있는 백성(하나님의 영이 임함으로 다시 혼이 소생케 되는 백성)의 대비입니다. 즉 하나님의 생명이 없는 백성에게 예수 그리스도를 통하여 하나님의 영, 즉 성령님이 다시 임하게 되었다는 것입니다. 그 이유는 타락한 자녀들이 다시 하나님의 자녀가 되어 마귀의 일을 멸하고, 하나님의 창조목적을 이루어가도록 하기 위해서입니다. 이것이 바로 구약과 신약의 불연속성입니다.

그 변화의 핵심 열쇠는 예수님께서 약속하신 보혜사 성령님이십니다.

하나님의 생명이 없는 백성들이 죄를 짓지 않는 것에서 하나님의 생명이 있는 백성들이 하나님의 의를 나타내는 것으로의 변화입니다. 하나님의 영이 다시 임하시는 것이 그토록 중요한 이유는 그것이 타락하여 마귀의 자식이 되어버린 인간이 다시 하나님의 자녀로 회복되어 하나님과 교제하며, 마귀의 일을 멸하고, 하나님의 창조목적을 이루어갈 수 있는 유일한 길이기 때문입니다.

결론적으로 구약에서 성령님의 역사는 하나님의 주권에 의한 강림의 역사이지만, 신약에서 성령님의 역사는 예수 그리스도를 믿는 자에게 은혜로 주어지는 내주의 역사입니다. 구약에서는 성령강림의 역사가 특별한 사람에게 주어졌지만 위임된 통치권을 온전히 사용하지 못할 때는 거두어가셨습니다. 하지만 신약에서 성령내주의 역사는 예수 그리스도를 믿는 모든 자에게 주어지며 성령님을 통하여 그 육체가 새로워짐으로써 주님의 뜻을 이루는 삶을 살도록 하십니다. 구원받은 그리스도인이 자신 안에 계신 성령님을 근심시키거나 소멸시킬 수 있는데 그럴 때에도 성령님께서는 사랑으로 인내하시고 회개하기를 기다리십니다. 하지만 성령님을 근심시키거나 소멸시키는 것을 넘어서는 성령 모독죄를 범하거나 성령님을 훼방할 때는 성령님이 떠나가실 수도 있습니다.[4]

마 12:31-32 31 그러므로 내가 너희에게 이르노니 사람에 대한 모든 죄와 모독은 사하심을 얻되 성령을 모독하는 것은 사하심을 얻지 못하겠고 32 또

---

4 예수님 당시 일부 바리새인은 예수님이 성령의 능력으로 눈 멀고 말 못하는 사람을 고쳐주셨다는 것을 알면서도 성령님의 역사를 사탄(바알세불)의 역사로 폄하했습니다. 이것이 성령 모독죄 또는 성령 훼방죄입니다. 이 죄는 무지 가운데 의도 없이 지을 수 없습니다. 하나님의 역사인 것을 분명히 알면서도 시기심과 적개심 때문에 의도적으로 짓는 죄입니다.

누구든지 말로 인자를 거역하면 사하심을 얻되 누구든지 말로 성령을 거역하면 이 세상과 오는 세상에서도 사하심을 얻지 못하리라

질문과 적용

다음 질문에 답하면서 오늘 내용을 자신에게 적용해보세요.

1. 여전히 많은 그리스도인들이 자신의 힘과 노력으로 율법을 준수하는 구약시대의 삶을 살고 있습니다. 그 이유가 무엇이라고 생각하시나요? 율법과 말씀의 차이는 무엇이라고 생각하는지요?

2. 특별한 사람에게만 성령강림의 역사가 있었던 구약시대와 달리 오늘날 예수 그리스도를 믿는 우리 모두에게 항상 내주하시는 성령님과 함께 어떤 삶을 살아가기 원하시나요?

3. 당신은 지금 성령님의 인도하심을 받는 삶을 살고 있다고 생각하나요? 그렇지 않다면 왜 그렇게 생각하는지 이유를 적어보세요.

더보기

영상 – 당신 안에 계신 성령님은 누구이신가?

DAY

4

예수님이 십자가를 지신
진짜 이유를 아시나요?

Welcome Holy Spirit

내가 아버지께 구하겠으니 그가 또 다른 보혜사를 너희에게 주사 영원토록 너희와 함께 있게 하리니 요 14:16

예수님께서 십자가를 지신 이유가 무엇이라고 생각하시나요? 대부분이 우리의 죄를 사해주시기 위해서, 또는 우리를 구원하시기 위해서라고 자동적으로 답할 것입니다. 아마 "예수님께서 이 땅에 오신 이유는 무엇일까요?"라는 질문에도 거의 비슷한 답을 할 것입니다. 곰곰이 생각해보면 이것은 모두 인간의 관점에서 답한 것입니다.

예수님께서 이 땅에 오셔서 십자가를 지신 이유는 단순히 우리의 죄를 사하시고 우리를 구원해주시기 위한 것만이 아닙니다. 하나님 중심적인 관점(하나님의 창조와 창조목적의 완성의 관점)에서 이 질문에 답한다면 "하나님 아버지의 뜻을 이루기 위해서"입니다.

그렇다면 예수님을 이 땅에 보내서서 십자가를 지게 하신 하나님 아버지의 뜻은 무엇일까요? 타락으로 인해 좌절되었던 하나님의 창조목적이 다시 회복되고 확장되어 완성되는 것입니다. 그렇다면 하나님께서 그분의 창조목적을 이루어가시기 위해서 가장 중요한 것이 무엇일까요? 앞서 알아본 것처럼 하나님의 영이 다시 임하시는 것입니다. 그런데 우리는 왜 성령님이 다시 임하시는 것의 중요성을 예수님의 십자가와 연관지어 생각하지 못했을까요? 그것은 구원을 부분적으로만 이해하기 때문입니다.

이신칭의가 구원의 전부가 아니다

우리는 오랫동안 구원의 핵심인 이신칭의가 마치 복음의 전부인 것처럼 여겨왔습니다. 즉 예수님께서 우리의 죄를 사하시고 구원하시기 위해서 십자가에서 죽으시고 부활하셨으며 우리가 그것을 믿을 때 구원을 받게 된다는 것입니다. 이러한 이해는 '창조주 하나님의 창조목적을 이루기 위한 구원'이라는 엄청난 우주적 사건을 단순히 "우리가 예수 그리스도를 믿음으로 구원받았다"라는 개인적인 사건으로 축소시키는 것입니다. 서두에 언급했듯이 하나님 중심적인 관점이 아니라 인간 중심적인 관점에서 구원을 바라보는 것입니다.

성경은 분명히 구원의 시제를 다음과 같이 세 가지로 표현합니다.

엡 2:8 너희는 그 은혜에 의하여 믿음으로 말미암아 **구원을 받았으니** 이것은 너희에게서 난 것이 아니요 하나님의 선물이라(과거 시제)

빌 2:12 그러므로 나의 사랑하는 자들아 너희가 나 있을 때뿐 아니라 더욱 지금 나 없을 때에도 항상 복종하여 두렵고 떨림으로 너희 **구원을 이루라** (현재 시제)

딤후 4:18 주께서 나를 모든 악한 일에서 건져내시고 또 그의 천국에 들어가도록 **구원하시리니** 그에게 영광이 세세무궁토록 있을지어다 아멘 (미래 시제)

성경이 말하는 온전한 구원은 과거, 현재, 미래 시제의 구원을 모두 포함합니다. 이는 마치 삼각형의 세 꼭짓점 중 하나만 없어도 삼각형이 아닌 것처럼 세 가지 시제의 구원 중 어느 하나만 빠져도 온전한 구원이 아닙니다. 온전한 구원의 '세 꼭짓점'을 성경은 다양한 측면으로 설명하고 있습니다. '죄'의 측면에서, '의'의 측면에서, '영혼몸'의 측면에서 온전한 구원을 표현하면 다음과 같습니다.

1 받은 구원 (과거 시제)

죄의 측면 : 죄의 형벌(the penalty of sin)로부터의 해방 → 죄의 삯인 사망으로부터의 구원받음

의의 측면 : 의의 선물(롬 5:17)

영혼몸의 측면 : 영의 구원(고후 5:17)

롬 5:17 한 사람의 범죄로 말미암아 사망이 그 한 사람을 통하여 왕 노릇 하였은즉 **더욱 은혜와 의의 선물을 넘치게 받는 자들은** 한 분 예수 그리스도를 통하여 생명 안에서 왕 노릇 하리로다

2 이루어가야 할 구원 (현재 시제)

죄의 측면 : 죄의 세력(the power of sin)으로부터 승리

의의 측면 : 의의 열매(고후 9:10 ; 빌 1:11 ; 약 3:18)

영혼몸의 측면 : 혼의 구원(벧전 1:9)

고후 9:10 심는 자에게 씨와 먹을 양식을 주시는 이가 너희 심을 것을 주사 풍성하게 하시고 **너희 의의 열매를 더하게 하시리니**

3 받을 구원(미래 시제)

죄의 측면 : 죄의 존재(the presence of sin)로부터의 자유 → 예수 그리스도와

　　　　　함께 왕노릇함

의의 측면 : 의의 소망(갈 5:5)

영혼몸의 측면 : 몸의 구원(고전 15:51-53) (예수님의 재림 때 부활의 몸을 입음)

갈 5:5　우리가 성령으로 믿음을 따라 **의의 소망을 기다리노니**

　온전한 구원의 관점에서 보면 구원받는 것 못지않게 중요한 것이 구원을 이루어가는 것입니다. 끝까지 믿음의 선한 싸움을 싸우며 구원을 이루어감으로써 받을 구원에 참여할 때 온전한 구원이 이루어지는 것이기 때문입니다. 먼저 영의 구원을 받은 자가 현재적 하나님나라에서 혼의 구원을 이루어갈 때 예수님께서 재림하시는 그날 최종적으로 부활의 몸(몸의 구원)을 입게 되는 것입니다.

　혼의 구원을 온전히 이루어가기 위해서는 성령님을 통해 하나님 자녀의 정체성이 회복되고 체험되어야 합니다. 우리는 성령님을 통해서 성부 하나님과 성자 하나님을 알게 됩니다. 그리고 성령님을 통하여 예수 그리스도를 믿게 되고, 하나님의 자녀가 된 것을 알게 됩니다. 예수 그리스도 안에서 성령님을 통하여 하나님 아버지를 나타내는 삶이 바로 구원을 이루어가는 삶입니다.

　그런데 우리가 구원을 이신칭의의 개념으로만 보기 때문에 첫째, 삼위일체 하나님의 역사를 성자 하나님의 역사로 국한시키고 있습니다. 둘째, 예수 그리스도 안에서 성령님의 인도하심을 받아 성부 하나님을 나타내는 삶, 즉 구원을 이루어가는 삶의 중요성을 간과하고 있습니

다. 셋째, 하나님의 창조목적을 이루어가기 위한 구원 사건을 단순히 인간의 죄사함과 축복받는 삶으로 변질시키고 있습니다.

이것은 한마디로 삼위일체 하나님께서 그분의 창조목적을 이루어가시기 위한 하나님나라의 복음을 예수 그리스도를 통한 인간의 구원의 복음으로 축소시킨 것입니다. 성경 전체에 나타난 하나님의 창조목적의 회복, 확장, 완성의 이야기를 단순히 "타락한 인간이 하나님께서 보내신 예수 그리스도를 믿음으로써 구원받고, 성령님을 통하여 죄를 짓지 않고 거룩한 삶을 살 수 있게 된다"는 복음으로 축소시키는 것입니다. 한마디로 하나님의 이야기를 인간의 이야기로 변질시킨 것입니다.

성경은 타락한 인간이 어떻게 구원받고 예수 그리스도를 통하여 하나님의 자녀가 되어가는가에 대한 우리의 이야기가 아니라, 하나님께서 어떻게 타락한 인간을 다시 하나님의 자녀로 회복시켜 그의 창조목적을 이루어가시는지에 대한 '하나님의 이야기'입니다.

하나님께서 성경을 주신 이유는 궁극적으로 타락한 인간이 타락한 인간의 삶을 보고 거기서 벗어나기 위해서 하나님을 찾도록 하는 것이 아니라(구약적 관점), 하나님나라의 복음을 듣고 하나님의 자녀가 된 자가 타락한 인간의 삶을 보고 예수 그리스도 안에서 날마다 새롭게 되는 삶을 살도록 하기 위함입니다(신약적 관점). 따라서 성경을 인간의 역사적 관점에서 보는 것이 아니라 하나님의 나타나심의 관점에서 보아야 합니다.

결국 복음은 하나님께서 우리의 죄를 사하시고 우리를 구원시켜 자녀 삼아 주어 천국에 가도록 하는 것이 아니라 하나님께서 우리를 다시 자녀 삼아 신약시대(현재적 하나님나라)와 천년왕국 시대(미래적 하나님나라) 동안 그분의 창조목적을 이루어 마침내 새하늘과 새땅(영원한 하나님나라)을 이루시고자 하는 것입니다.

새언약의 핵심

새언약의 성취인 하나님나라 복음의 관점에서 구원의 핵심은 인간이 죄에서 자유함을 얻는 데 있지 않고, 하나님의 통치를 이루어가시기 위하여 하나님의 영이 우리에게 임하심에 있습니다. 그런 관점에서 볼 때 우리는 예수님께서 전하신 하나님나라의 복음을 제대로 알 수 있고, 성경의 이야기를 새롭게 깨달을 수 있고, 지금 우리가 어떻게 살아야 할지를 알게 됩니다.

하나님나라 복음의 핵심은 무엇일까요? 그것은 바로 타락 전처럼 구원받을 때 하나님의 영이 다시 우리에게 임하심으로써 하나님의 창조 목적이 회복되고 확장될 수 있게 되었다는 것입니다. 하나님의 영이신 성령님께서 거듭난 우리 안에 오셨기 때문에 우리가 그분을 나타낼 수 있게 되었습니다. 그것이 바로 하나님의 임재, 함께하심입니다. 언제나 어디서나 무엇을 하든지 간에 하나님께서 함께하신다는 것입니다. 하나님께서는 예수 그리스도 안에서 성령님을 통해서 우리에게 임재하십니다.

하나님나라의 관점에서 볼 때 성령의 열매나 은사보다 더 중요한 것은 하나님의 임재, 즉 함께하심, 하나됨입니다(요 17:21-23). 성령의 열매와 성령의 은사는 하나님의 임재로 인해 자연스럽게 나타나는 것입니다.

구약에서 예언된 새언약의 핵심은 하나님의 영이 다시 임한다는 것입니다. 물론 구약에서도 하나님의 임재가 있었습니다. 특별한 장소(제단,

성막, 성전)와 특별한 사람(선지자, 왕, 제사장)에게 조건적으로 임하였습니다. 그러나 새언약에서의 임재는 예수 그리스도를 믿는 모든 자 안에 내주하십니다.

> **고전 3:16** 너희는 너희가 하나님의 성전인 것과 하나님의 성령이 너희 안에 계시는 것을 알지 못하느냐

> **고전 6:19** 너희 몸은 너희가 하나님께로부터 받은 바 너희 가운데 계신 성령의 전인 줄을 알지 못하느냐 너희는 너희 자신의 것이 아니라

동시에 예수 그리스도 안에 있는 하나님의 자녀들이 하나님 아버지를 나타내는 곳과 함께 모인 공동체에 임재하십니다. 한마디로 온 땅에 그분의 거처를 두기 원하시는 것입니다.

예수님께서 십자가를 지신 이유는?

새언약의 성취인 하나님나라의 복음은 예수 그리스도로 인하여 하나님의 영이 다시 임하셔서 우리가 다시 하나님의 친백성이 되도록 한 것인데, 우리는 단지 예수 그리스도로 인하여 우리가 죄사함을 받았다는 식으로 이해하고 있습니다. 언약에 기초한 구속사로 볼 때는 예수 그리스도를 통한 인간의 죄사함이 중요하지만, 하나님의 창조목적의 회복으로 볼 때는 하나님의 영이 다시 우리에게 임하게 하는 것이 중요합니다. 하나님 아버지의 뜻을 이루기 위해 이 땅에 오셔서 십자가를 지심으로써 그 뜻을 이루신 분이 바로 예수 그리스도이십니다.

그렇다면 성령님께서 우리 안에 오신 이유는 무엇일까요? 물과 성령으로 거듭난 하나님의 자녀가 말씀을 통하여(예수 그리스도를 통하여) 혼의 구원을 이루어감으로써 날마다 새로운 육체를 경험하도록 하기 위함입니다.

정리하자면 예수님께서 십자가를 지신 진짜 이유는 우리 죄가 사함받음으로써 하나님의 영이 다시 임하여 우리가 하나님의 자녀로 거듭나 하나님의 창조목적을 이루어가도록 하기 위함입니다. 이것이 곧 예수님을 이 땅에 보내셔서 십자가를 지게 하신 아버지의 뜻이었습니다. 이제는 이신칭의만을 지나치게 강조하는 십자가 대속의 복음을 뛰어넘어 하나님의 창조목적의 회복, 확장, 완성을 보게 하는 하나님나라 복음을 깨닫고 체험하는 자가 되어야 합니다.

질문과 적용

다음 질문에 답하면서 오늘 내용을 자신에게 적용해보세요.

1. 그동안 예수님께서 십자가를 지신 이유가 무엇이라고 생각해왔나요? 오늘 내용을 통해 어떠한 패러다임의 전환이 일어났나요? Before & After로 적어보세요.

2. 하나님의 창조목적을 회복하시고 다시 이루어갈 수 있도록 하기 위해 내 안에 오신 성령님과 이를 위해 십자가를 지신 예수님께 감사의 마음을 글로 표현해보세요.

3. 죄사함과 이신칭의만을 지나치게 강조하는 십자가 대속의 복음과 하나님의 창조목적의 회복, 확장, 완성을 강조하는 하나님나라 복음의 가장 큰 차이가 무엇이라고 생각하나요?(온전한 구원의 관점에서 답변해보세요)

더보기

영상 – 하나님의 사랑과 성령 하나님

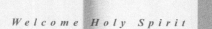

성령님 없는
신앙생활이 가능할까요?

당신은 지금 성령님과 얼마나 동행하고 있나요? 당신의 신앙생활에서 성령님의 역할을 백분율(%)로 나타낸다면 몇 퍼센트나 되나요? 성령님 없는 신앙생활 자체가 불가능함에도 불구하고, 적지 않은 그리스도인이 성령님 없이 신앙생활을 잘하는 '기적'을 보여주고 있습니다. Day 5의 내용을 통해 성령님 없는 신앙생활은 불가능하며 그것은 '종교생활'일 뿐임을 깨닫게 되실 것입니다.

다시 임한 성령님이 하시는 일 : 혼을 소생케 함

우리는 Day 4를 통해 하나님나라의 관점에서 예수님께서 십자가에 못 박혀 돌아가신 궁극적인 이유는 단순히 우리의 죄사함만을 위한 것이 아니라 하나님의 영이 다시 임하도록 하기 위함이라는 것을 알게 되었습니다. 그렇다면 예수님께서 하나님의 영이 다시 우리에게 임하시도록 한 이유가 무엇일까요? 새로운 피조물이 된 후에 자유의지를 가진 우리의 혼이 소생케 되어 다시금 성령님의 인도하심을 받도록 하기 위해서입니다.

시 23:3 내 **영혼**(히, 네페쉬 : 혼)을 소생시키시고 자기 이름을 위하여 의의 길로 인도하시는도다

즉 예수 그리스도 안에 있는 우리의 혼이 다시 하나님의 영에 인도하심을 받도록 함으로써 우리로 하여금 본래 지은 바대로 하나님을 의식하고 하나님의 본질을 이 땅에 나타내도록 하기 위해서입니다. 그것이 성령 하나님께서 하시는 일이며 이 일을 통해 우리는 다시 한번 하나님의 창조목적을 이루어갈 수 있는 하나님 자녀의 특권을 누리는 것입니다.

그동안 우리는 막연하게 성령님을 우리에게 좋은 영향력을 주셔서 죄 안 짓고 말씀대로 살게 해주시는 분, 우리에게 성령의 열매와 은사를 주시는 분 정도로 제한해왔습니다. 그러나 우리의 영이 새롭게 되었다 할지라도 우리의 혼과 몸은 '이미'와 '아직'(현재적 하나님나라의 신학적 표현), 즉 법적으로는 이미 온전케 되었지만, 현실적으로는 타락의 영향력에서 아직 벗어나지 못한 상태입니다. 한마디로 성령님은 우리의 혼을 새롭게 하고 본래대로 기능함으로써 몸도 새로워지도록 하는 역할을 하시는 것입니다.

벧전 2:25 너희가 전에는 양과 같이 길을 잃었더니 이제는 너희 **영혼**(헬, 프쉬케)의 목자와 감독 되신 이에게 돌아왔느니라

롬 8:13 너희가 육신대로 살면 반드시 죽을 것이로되 영으로써 몸의 행실을 죽이면 살리니

성령님 없는 신앙생활이 불가능한 이유

1 성령님 없이는 진정한 나의 정체성을 깨달을 수 없다

성령님은 나의 정체성을 알고 체험하게 하십니다. "주와 합하는 자는 한 영이니라"(고전 6:17)라는 말씀처럼 우리의 영은 하나님의 영과 온전히 연합하여 하나가 되었고, 이를 통해 우리는 그리스도 안에서 새로운 피조물이 되어 다시 하나님의 자녀로 회복되었습니다. 그것은 바로 성령의 내주하심으로 인하여 주어진 것입니다. 그러나 하나님의 영이 우리 영 안에 임했다는 것을 내 혼이 의식할 수도 없고, 그것이 곧바로 내 삶을 변화시키는 것도 아닙니다. 대부분 구원받을 때 우리의 혼과 몸에 큰 변화가 일어나지 않는 경우가 많기 때문에 구원받기 전과 후의 큰 차이가 없어 보입니다.

당신이 세례를 받았을 때를 생각해보십시오. 구원의 확신에 기초하여 세례를 받았다고 해서 당신의 존재가 변화되었다고 느꼈나요? 당신의 몸에 어떤 변화가 있었나요? 세례받았다는 사실만 알 뿐 세례받기 전이나 후나 당신의 몸은 동일하다고 느꼈을 것입니다. 그렇지만 우리는 하나님의 말씀에 따라 하나님의 자녀가 되었다는 것을 믿어야 합니다.

성령님께서 우리의 혼과 몸을 통치하시는 경험을 하면 어떻게 될까요? 대부분 세례 후 스스로 최선을 다하는 삶을 살다가 벽에 부딪혀 자기를 포기할 수밖에 없을 때 성령체험을 하게 됩니다. 성령체험이란, 성령님께서 위로부터 임하셔서 우리의 혼과 몸을 통치하는 것을 경험하는 것입니다.

그럴 때 우리의 혼이 하나님의 영에 사로잡히는 것을 체험함으로써 비로소 자기자신이 스스로 존재하는 자가 아니라는 사실을 의식하게

됩니다. 내 혼이 생각을 통해서 개념적으로 이해한 것이 아니라 하나님의 생명이 내 혼을 통치함으로 인하여 느껴지는 것입니다. 그때부터 혼은 몸의 종노릇에서 벗어나기 시작하고, '하나님의 의' 의식을 가짐으로써 자신이 하나님의 자녀라는 것을 조금씩 더 체험하게 됩니다.

> **롬 8:15-16** 15 너희는 다시 무서워하는 종의 영을 받지 아니하고 양자의 영을 받았으므로 우리가 아빠 아버지라고 부르짖느니라 16 성령이 친히 우리의 영과 더불어 우리가 하나님의 자녀인 것을 증언하시나니

② 성령님 없이는 하나님의 사랑을 체험할 수 없다

성령 하나님께서는 예수 그리스도 안에서 성부 하나님의 사랑을 우리에게 부어주십니다. 우리의 혼이 생각을 통하여 그 사랑이라는 감정을 몸으로 느끼는 것이 아니라 하나님의 생명의 본질인 사랑이 우리 심중에 임함으로 인하여 우리의 혼이 영으로부터 주어지는 사랑을 체험하게 되는 것입니다.

> **롬 5:5** 소망이 우리를 부끄럽게 하지 아니함은 우리에게 주신 성령으로 말미암아 **하나님의 사랑이 우리 마음**(헬, 카르디아 : 심중)**에 부은 바 됨이니**

하나님의 사랑은 하나님 자녀의 삶에 있어서 가장 소중한 것입니다. 믿음, 소망, 사랑 중 제일은 사랑입니다. 왜냐하면 하나님의 사랑을 경험할 때 모든 것을 참고, 이기고, 소망을 가지고, 주님께서 행하신다는 믿음을 가질 수 있기 때문입니다. 사랑만이 자신을 포기하게 만들고, 사랑만이 주의 열정을 가지게 하고, 사랑만이 서로 하나 되게 하고, 사

랑만이 기적을 일으킵니다. 이러한 하나님의 사랑을 체험하는 유일한 방법은 성령님을 통해서입니다. 5

3 성령님 없이는 하나님 아버지와 교제할 수 없다

성령님은 우리 혼이 하나님과 교제할 수 있게 해주시는 분이십니다. 하나님과 우리가 교제하는 것은 영을 통해서이고, 그것을 받아내는 것이 혼입니다. 혼은 영을 의식하는 존재이며 몸을 통해서 자신의 존재를 드러냅니다. 자신의 생각과 감정이 자신이라고 믿는 거짓자아로 옳고 그름을 판단할 때는 절대로 하나님 아버지와 생명적으로 관계할 수 없습니다. 성령님께서 역사하셔서 우리의 혼이 소생케 될 때 우리는 예수 그리스도 안에서 성령님을 통하여 하나님 아버지와 교제할 수 있습니다.

> **고전 2:9-10** 9 기록된 바 하나님이 자기를 사랑하는 자들을 위하여 예비하신 모든 것은 눈으로 보지 못하고 귀로 듣지 못하고 사람의 **마음**(헬, 카르디아 : 심중)으로 **생각하지도**(헬, 아나바이노)못하였다 함과 같으니라 10 오직 하나님이 성령으로 이것을 우리에게 보이셨으니 성령은 모든 것 곧 하나님의 깊은 것까지도 통달하시느니라

> **요일 4:13** 그의 성령을 우리에게 주시므로 우리가 그 안에 거하고 그가 우리 안에 거하시는 줄을 아느니라

---

5 하나님의 사랑을 체험하는 것에 대해서는 Day 24 "하나님의 무조건적인 사랑을 체험해야 합니다"에서 좀 더 자세히 살펴볼 것입니다.

4 성령님 없이는 로고스(기록된 말씀)가 레마(하나님께서 나에게 주시는 말씀)가 될 수 없다

성령님은 진리의 영으로서 하나님의 기록된 말씀을 하나님께서 나에게 주시는 생명의 말씀이 되게 하십니다.

> **요 6:63** 살리는 것은 영이니 육은 무익하니라 내가 너희에게 **이른**(헬, 랄레오 : 말하다, 이야기하다) **말**(헬, 레마)은 영이요 생명이라

우리가 거짓자아로 살아가면, 타락한 혼은 어떤 언어를 들었을 때 그것을 개념과 이미지로 받아들입니다. 그래서 우리가 진리의 말씀을 들었을 때 그 말을 이해하고 동의하더라도 혼은 자신의 방식대로 해석한 개념과 관념으로 받아들일 수밖에 없습니다. 진리를 말한다고 할지라도 타락한 혼이 받아들인 것은 그 말에 대한 자신의 경험과 지식에 기초한 생각이고, 그것은 정보와 지식일 뿐입니다.

그러나 우리의 혼이 하나님의 영 안에 거할 때 비로소 성령님께서는 생명의 말씀을 우리의 심중에 부어주십니다. 그때 우리의 혼은 과거처럼 자신의 방식대로 사고하고 느끼는 것이 아니라 그 말씀대로 생각하고 느끼고 말할 수 있게 되는 것입니다. 그때 그 말씀은 레마가 되는 것입니다.

> **약 1:21** 그러므로 모든 더러운 것과 넘치는 악을 내버리고 너희 **영혼**(헬, 프쉬케)을 능히 구원할 바 **마음**(심중)에 심어진 말씀을 온유함으로 받으라

5 성령님 없이는 종교생활에서 벗어날 수 없다

성령님은 우리의 신앙생활뿐만 아니라 삶의 모든 영역에 관여하십니다. 성령님께서는 우리가 삶과 세상을 보는 방식을 하나님의 관점으로 바꿔주셔서, 교회 내에서만이 아닌 삶의 모든 영역에서 그분의 인도하심을 받을 수 있게 하십니다. 자신의 노력으로 외부(환경이나 사람)에 대한 자신의 태도를 일부분 바꿀 수 있지만, 우리의 믿음체계와 사고체계를 바꿀 수는 없습니다. 그러나 성령님께서 역사하시면 주의 말씀으로 우리의 믿음체계와 사고체계가 새롭게 되어감으로써 일상의 모든 일에 하나님의 사랑과 지혜와 능력이 나타나게 됩니다. 그것은 일상의 삶에서 내 능력 이상의 것이 나타나는 탁월함입니다.

> **갈 5:16** 내가 이르노니 너희는 성령을 따라 행하라 그리하면 육체의 욕심을 이루지 아니하리라

> **갈 5:24-25** 24 그리스도 예수의 사람들은 육체와 함께 그 정욕과 탐심을 십자가에 못 박았느니라 25 만일 우리가 성령으로 살면 또한 성령으로 행할지니 (Since we are living by the Spirit, let us follow **the Spirit's leading in every part of our lives.** NLT)

6 성령님 없이는 하나님의 말씀이 역사하지 않는다

우리가 하나님의 말씀대로 말할 때 성령님께서는 그 말씀을 이루시는 분이십니다. 삼위일체 하나님은 우리와 늘 함께하시며 우리 안에서 역사하십니다. 그래서 우리가 예수 그리스도 안에서 하나님의 말씀을 말할 때 성령님께서 그 말씀대로 역사하십니다. 우리는 입술을 열어 호

흡합으로써 말하게 됩니다. 우리가 정말로 믿어야 할 사실은 하나님께서 이루신다는 믿음을 가지고 말씀대로 말할 때 성령 하나님께서 역사하신다는 사실입니다. 예수님께서 하나님 아버지의 뜻을 어떻게 이루셨는지는 다음 구절에 잘 나타나 있습니다.

마 8:16 저물매 사람들이 귀신 들린 자를 많이 데리고 예수께 오거늘 **예수께서 말씀으로 귀신들을 쫓아내시고 병든 자들을 다 고치시니**

우리는 단순히 말씀으로 귀신들을 쫓아내시고 병든 자들을 고쳤다고 생각하지만, 예수님께서 하나님의 말씀을 말씀대로 말하실 때 성령님께서 역사하신 것입니다.

7 성령님 없이는 예수 그리스도의 성품과 능력을 나타낼 수 없다

성령님께서는 우리를 통하여 하나님의 인격과 능력이 나타나기를 원하십니다. 성령님을 체험하고, 하나님의 말씀을 믿고 순종하면 성령 하나님께서 우리를 통하여 하나님의 영광을 드러내십니다. 그 삶을 보여주신 분이 인자로 오신 예수 그리스도이십니다. 예수 그리스도의 성품이 나타나는 것이 성령의 열매라면, 하나님의 능력이 나타나는 것이 성령의 은사입니다. 우리는 양자택일을 하는 것이 아니라 성품과 능력 모두를 나타내야 합니다.

고후 6:6-7 6 깨끗함과 지식과 오래 참음과 자비함과 성령의 감화와 거짓이 없는 사랑과 7 진리의 말씀과 하나님의 능력으로 의의 무기를 좌우에 가지고

성령의 열매는 심중에 자기의 경험과 지식에 기초한 믿음체계와 사고체계를 없애고, 생명의 말씀에 기초한 새로운 믿음체계와 사고체계를 만들어줍니다. 그리고 우리의 혼은 그것대로 반응함으로써 그리스도의 인격과 성품을 나타냅니다. 곧 하나님의 사랑, 하나님께 전적인 의탁 그리고 하나님의 영광의 나타남입니다. 또한 보이는 세계의 현실이 그렇지 않더라도 보이지 않는 세계(심중)에서 말씀대로 이루어진 것을 상상하고 이루어진 것을 느끼고 말할 때, 성령의 능력으로 보이는 세계에 말씀의 실체가 나타납니다. 그것은 바로 하나님나라의 질서가 이 땅에 나타나는 것입니다.

질문과 적용

다음 질문에 답하면서 오늘 내용을 자신에게 적용해보세요.

1. "타락한 혼이 소생케 되면 우리는 새로운 육체를 경험할 수 있다"라는 것이 무엇인지 묵상하시고, 자신만의 답을 적어보세요.

2. 성령님께서 우리로 하여금 말씀대로 살게 하는 분이심을 알았다면 앞으로 신앙생활에서 성령님의 역할이 몇 퍼센트가 되어야 한다고 생각하나요? 그렇게 되기 위해서는 당신에게 어떠한 변화가 있어야 할까요?

3. 오늘 배운 성령님의 역할 7가지 중에서 지금 자신의 삶에서 경험되지 않는 것이 있다면 적어보시고, 그 부분을 경험하기 위해서는 무엇이 필요한지 생각해보세요.

더보기

영상 – 부정적인 생각과 감정에서 벗어나 성령의 인도함 받는 법

Welcome Holy Spirit

성령세례와
성령체험

성령세례와 성령체험은
어떻게 다를까요?

예수께서 세례를 받으시고 곧 물에서 올라오실새 하늘이 열리고 하나님의 성령이 비둘기 같
이 내려 자기 위에 임하심을 보시더니 하늘로부터 소리가 있어 말씀하시되 이는 내 사랑하는
아들이요 내 기뻐하는 자라 하시니라 **마 3:16-17**

오순절 사건을 통해 구원받은 하나님의 자녀에게 다시 임한 성령님께
서 행하신 다양한 일들이 특별히 사도행전과 서신서에 기록되어 있습니
다. 그중 오늘날 자주 사용되는 용어는 '성령세례'와 '성령충만'입니다.

행 1:5 요한은 물로 세례를 베풀었으나 너희는 몇 날이 못 되어 **성령으로
세례를 받으리라** 하셨느니라

고전 12:13 우리가 유대인이나 헬라인이나 종이나 자유인이나 다 한 **성령으
로 세례를 받아** 한 몸이 되었고 또 다 한 성령을 마시게 하셨느니라

행 2:4 그들이 다 **성령의 충만함**을 받고 성령이 말하게 하심을 따라 다른
언어들로 말하기를 시작하니라

엡 5:18 술 취하지 말라 이는 방탕한 것이니 오직 **성령으로 충만함을 받으라**

교단과 신학적 노선에 따라 '성령충만'이 무엇인지에 대한 견해차는

그리 크지 않지만, '성령세례'가 무엇인가에 대한 견해차는 상당합니다. Day 6에서는 '성령세례'와 '성령충만'이 무엇인지, 그리고 '성령체험'이 무엇인지 하나님나라 복음의 관점에서 살펴보도록 하겠습니다.

성령세례, 성령체험, 성령충만이란?

성령님께서 하나님의 자녀에게 행하시는 사역에 대한 성경적 용어를 하나님나라 복음의 관점에서 정리하면 다음과 같습니다.

'성령세례'는 예수 그리스도를 믿을 때 성령님께서 우리 안에 임하시는 것을 의미합니다. 성령님이 믿는 자의 영과 연합하여 그 안에 거하시기 때문에 성령세례를 흔히 성령의 내주(indwelling)라고 말하기도 합니다.

'성령체험'은 성령님께서 임하심으로 인하여 우리의 혼과 몸을 통치하는 것을 경험하는 것을 의미합니다. 이것은 성경에 직접적으로 나오진 않지만 성경에 기초한 현상적, 의미적 표현이라고 볼 수 있습니다. 성령체험에는 보통 다양한 현상들이 동반되는데, 그 이유는 성령님이 우리의 혼과 몸을 통치할 때 잠시 동안이지만 우리의 혼이 자신의 몸의 종노릇에서 벗어나기 때문입니다. 즉 자기 의지로 자신을 통제할 수 없는 상태가 되는 것입니다. 성령체험은 우리가 성령세례를 받기 전에 또는 받을 때 또는 받은 후에 경험할 수 있습니다. 그러나 대부분은 성령세례 후 자기를 부인하고 자기 십자가를 지는 일, 즉 자신을 온전히 주님께 드릴 때 성령체험을 하게 됩니다.

'성령충만'은 단회적인 사건이라기보다는 지속되는 어떤 상태를 말한다고 볼 수 있습니다. 즉 성령체험의 결과로 자유의지를 가진 혼이 몸의 종노릇에서 벗어나 하나님의 영 안에 거하는 상태에서 몸(생각, 감정, 신체)이 온전히 성령님의 인도하심을 받는 상태를 말합니다(Day 12에서 살펴볼 기름부으심을 받고 하나님의 창조목적을 이루어가는 상태를 의미합니다).

성령님의 역사에 대한 신학적 논쟁

개혁복음주의 진영에서는 우리가 예수 그리스도를 믿고 세례를 받을 때 성령님께서 내주하신다고 말하며, 그것을 성령세례라고 봅니다. 한편 오순절 은사주의 진영에서는 세례를 받을 때 경험하는 성령님의 내주하심과 달리 위로부터 임하시는 성령님을 체험하는 것을 성령세례라고 봅니다. 즉 전자는 성령님의 내주와 성령세례를 동일하게 보는 반면 후자는 서로 다르게 보는 것입니다. 하나님나라 복음의 관점에서 볼 때 오순절 은사주의 진영에서 말하는 성령세례는 성령체험으로 보는 것이 더 성경적입니다.

개혁복음주의는 주로 내주하시는 성령님을 통한 인격적 변화와 윤리 도덕적 삶에 초점을 둡니다. 그들이 주장하고 믿는 내주하시는 성령님의 역사는 감정적이지도 체험적이지도 않기 때문에 그들은 성령님의 다른 역사에 대해서 회의적이거나 부정적인 견해를 가지고 있는 경우가 많습니다. 반면 오순절 은사주의자들은 성령체험을 통한 능력사역에만 초점을 맞추는 경향이 있습니다. 능력사역은 여러 가지 체험을 수반한 현상과 기사와 표적이 나타나기도 합니다. 따라서 초자연적인 능력이 나타나지 않는 성령님의 역사에 대해서 회의적인 입장을 취합니다. 즉 내주하시는 성령님의 사역은 우리로 하여금 죄를 이기고 예수님의 성품을 가지게 하는 영적 성숙을 위한 것이지만, 성령체험은 우리에게 능력과 은사를 주심으로써 주님의 일을 온전히 행하게 하신다고 보는 것입니다. 두 진영 모두 어느 한쪽만을 강조하지만, 우리가 예수 그리스도 안에 있는 하나님의 자녀라면 예수님의 성품도, 예수님의 능력도 함께 나타나는 것이 당연합니다. 그럼에도 불구하고 두 진영 다 이상하게 한쪽만을 지나치게 강조하고 있습니다.

개혁복음주의자들은 오순절 은사주의 쪽에서 말하는 이차적 은혜 혹은 축복으로 불리는 성령체험을 부인합니다. 왜냐하면 오순절 성령강림은 일회적인 사건이고, 성령님이 이미 오순절에 이 땅에 임하셨으며, 우리가 구원받을 때 이미 성령세례를 받는다고 생각하기 때문입니다. 따라서 믿음으로 거듭나 의롭다 함을 받고(칭의), 그리스도와의 교제를 통해 지속적으로 성화되어 간다고 보는 것입니다. 결과적으로 성령님에 의한 능력사역에 대해서는 매우 모호한 입장(은사신중론)을 취하거나 기적종식론(은사중지론)을 주장합니다.

한편 오순절 은사주의 교리는 성령의 내주와 성령세례를 다르게 봅니다. 구원을 받을 때 성령의 내주가 일어나며, 그 후 성령세례(본서에서의 성령체험)를 받아야 한다고 보는 것입니다. 그들은 성령세례를 즉각적이고 결정적인 두 번째 은혜의 역사라고 보는데, 일부에서는 이것을 경험한 증거가 방언이라고 보기도 합니다.

그런데 만약 앞의 두 견해가 모두 옳다면 심각한 문제에 봉착하게 됩니다. 예를 들어 개혁복음주의 견해에 따르면 중생할 때 필연적으로 오순절 은사주의가 말하는 성령체험도 함께 하게 됩니다. 그렇다면 왜 많은 그리스도인에게 성경에 나타난 성령님의 역사가 나타나지 않는 것일까요? 반면에 오순절 은사주의 관점을 따른다면 성령님의 내주를 경험하고 뒤이어서 성령체험을 경험한 그리스도인들이 방언을 말하고 은사를 받았지만 왜 온전한 그리스도의 성품을 나타내지 못할까요? 성령님의 능력이나 역사는 제쳐두고라도 오늘날 주류를 이루는 개혁복음주의에서도 삶에서 성령님의 온전한 인도하심을 받지 못하고 그리스도의 성품이 잘 나타나지도 않는 것은 왜일까요?

그 이유는 십자가의 죽음을 온전히 경험하지 못했기 때문이고, 우리 가운데 이미 와 계신 성령님께 민감하게 순종하지 못하기 때문일 것입니다. 그렇다면 왜 그리스도인들이 십자가의 죽음을 온전히 경험하지 못할까요? 왜 성령님께 자신을 내어드리고 그분의 인도하심을 받는 삶을 살지 못할까요? 자신 안에 성령님이 분명히 계신데도 불구하고 말입니다.

그것은 성령님이 우리 영 안에 내주하시지만, 우리의 혼과 몸을 통치하는 성령체험과 성령체험을 통해 우리의 혼이 그리스도의 영에 온전히 인도하심을 받는 성령충만을 경험하지 못했기 때문입니다. 성경과 신앙의 수많은 선배들의 간증을 토대로 할 때 바로 이 성령체험이 우리로 하여금 새로운 피조물인 것을 체험하게 하고, 그리스도를 나타내는 삶을 살 수 있게 만듭니다.

이상 살펴본 바와 같이 개혁복음주의든 오순절 은사주의든 어느 견해도 성령님의 역사를 온전히 설명하지 못합니다. 성령세례와 성령체험을 성령님의 다른 역사와 목적으로 분리하는 잘못된 신학으로 인하여 교회는 지금까지 너무나 많은 고통과 손실을 겪어왔습니다. 우리의 심중을 새롭게 하심으로써 그리스도의 성품을 나타내게 하시는 분도 성령님이시며, 우리에게 능력과 은사를 주셔서 하나님나라의 실재를 보여주시는 분도 성령님이십니다. 성령세례와 성령체험에 따른 성령님의 역할은 나눌 수도 없으며 나눠서도 안 됩니다. 하나님의 창조목적을 이루어가기 위해 우리의 영혼몸에 역사하시는 분은 한 성령님이시기 때문입니다.

성령체험이 절대적으로 필요한 이유

우리가 예수 그리스도를 믿을 때 성령님이 우리 안에 임하심으로 예수 그리스도의 구원사역이 법적으로 이루어졌습니다. 그러나 예수 그리스도의 구원사역이 내 안에서 '법적으로'(de jure) 완성된 것과 내 삶에서 '현실적으로'(de facto) 경험되는 것은 또 다른 문제입니다. 그것은 성령세례를 통하여 하나님의 영이 우리 영 안에 내주하는 것과 성령체험을 통해서 하나님의 영이 우리의 혼과 몸을 통치하는 것은 서로 다르기 때문입니다.

비록 내 안에 예수 그리스도의 구원사역이 법적으로 완성되었다 할지라도(롬 8:9), 성령님의 인도하심과 통치를 받지 않는다면 여전히 내 육신에 기초한 자기의식(죄의식)으로 신앙생활을 할 수밖에 없습니다(롬 8:14). 성령님께서 우리 안에 계시지만 그분과 생명적 관계가 없다면 결국 우리는 하나님의 뜻을 이루기 위해서 성령님의 인도하심을 받는 것이 아니라 자신의 믿음에 기초한 노력과 의지로 신앙생활을 할 수밖에 없기 때문입니다.

그러나 우리가 성령체험을 할 때 마침내 우리의 혼과 몸이 그분의 통치 아래 있는 것을 경험하게 됩니다. 이 경험을 통하여 비로소 성령님의 인도하심을 받는 새로운 자기의식(하나님의 의 의식)의 문이 열리고, 성령님의 인도하심을 받는 새로운 차원의 삶을 살아갈 수 있게 됩니다. 예수님을 믿을 때 구원받고 성령세례를 경험하지만, 구원을 이루어가는 삶을 위해서는 성령체험이 절대적으로 필요합니다.

오순절 은사주의는 성령체험을 단지 능력과 은사를 받기 위한 과정으로 생각했기 때문에 그리스도의 성품을 나타내기 위한 길을 스스로 닫아버린 꼴이 되었습니다. 또한 성령체험의 징표를 방언이라고 주장하

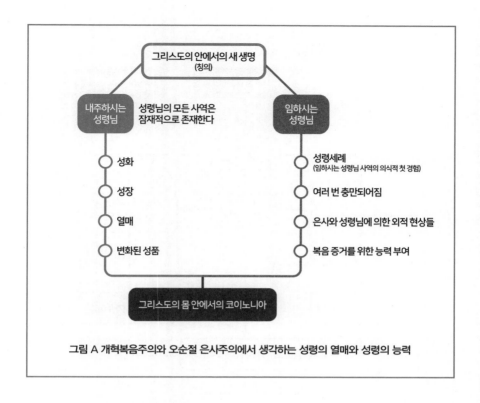

그림 A 개혁복음주의와 오순절 은사주의에서 생각하는 성령의 열매와 성령의 능력

거나 은사나 능력이 나타나는 정도에 따라 암묵적으로 능력 있는 신자와 열등한 신자로 구분을 지어 교회 내에서 분열과 갈등을 초래하였습니다. 더욱이 주님께서 우리를 통하여 그분의 일을 행하시도록 하기 위하여 성령체험과 성령충만을 구하는 것이 아니라 자신의 축복과 형통을 위한 수단으로 변질시키는 일도 발생했습니다.

　　반면에 개혁복음주의는 성령체험을 부정하고 성령세례를 성령체험과 동일시함으로써(성령님에 의한 혼과 몸의 통치를 스스로 제한했기 때문에) 성령의 은사와 능력을 부정했을 뿐만 아니라 그리스도의 성품이 나타나는 것도 하나님의 영이 아닌 자신의 의와 노력으로 주님을 닮아가기 위해 애써야만 가능한 것으로 왜곡시켜버렸습니다.

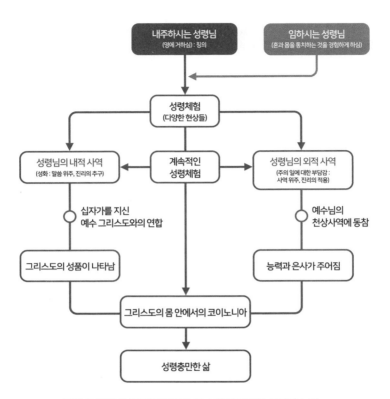

그림 B 하나님나라의 관점에서 본 성령의 열매와 성령의 능력

기존의 개혁주의 진영에서는 성령세례만을 인정하고 성령체험을 인정하지 않았지만, 오늘날에는 개혁주의 진영에서도 많은 수가 성령체험을 인정하고 있습니다. 그럼에도 불구하고 여전히 그림 A에서 보는 것처럼 성령세례는 예수 그리스도와 인격적 교제를 위한 것이고 성령체험은 성령의 은사를 부여받기 위한 것이라고 생각합니다. 그러나 하나님나라 복음의 관점에서 볼 때는 성령의 열매와 성령의 은사 모두 성령님이 혼과 몸을 통치하는 성령체험을 경험한 후 나타나기 시작한다는 것입니다. 말씀으로 심중을 지속적으로 새롭게 할 때 성령의 열매가 나타나는 것이며, 말씀대로 이루어진 것을 믿음으로 취함으로써 성령의 능력이 나타나는 것입니다. 이는 동시에 일어나는 성령님의 한 역사입니다. 본질적으로 성령님의 통치가 우리 안에서 일어난다면, 성령의 열매와 능력을 분리시키는 것은 불가능한 일임을 알아야 합니다.

개혁주의 관점에서는(언약신학의 관점에서는) 성령의 내주(본서에서 말하는 성령세례)와 오순절 은사주의가 말하는 성령세례(본서에서의 성령체험)를 동일하게 볼 수 있지만, 하나님나라의 관점에서 볼 때는 성령의 세례와 성령체험은 동일한 것이 아닙니다. 우리가 하나님나라에서 하나님 자녀의 삶을 살기 위해서는 반드시 성령체험을 해야 합니다.

가장 중요한 진리는 성령의 열매와 성령의 능력(은사), 즉 예수 그리스도의 성품이 나타나는 것과 예수 그리스도의 능력이 나타나는 것 모두 성령체험 후에 이루어지는 일이라는 것입니다. 성령체험 때 하나님의 영이 우리의 혼과 몸을 통치함으로써 사람에 따라 잠시 혹은 일정 시간 스스로 자신을 통제할 수 없는 경험을 하게 됩니다. 그야말로 긍정적 그리고 자발적 자아상실을 경험하는 것입니다. 그때 비로소 우리의 혼은 하나님의 영에 의해서 몸의 종노릇에서 벗어나는 것을 경험하게 됩니다. 그 체험은 다양한 현상들을 수반하기도 합니다. 우리의 혼이 하나님의 영 안에 거할 때부터 그 혼이 죄의식에서 하나님의 의 의식으로 전환되고, 하나님의 사랑, 말씀, 생명이 우리의 심중에 임하시는 것을 허용함으로써 하나님의 본성과 능력이 우리의 몸을 통해서 나타납니다.

질문과 적용

다음 질문에 답하면서 오늘 내용을 자신에게 적용해보세요.

1. 당신은 지금 어느 교단에서 신앙생활을 하고 있나요? 출석교회에서 성령세례와 성령체험에 대해서 어떤 가르침을 받아 믿고 있나요? 만약 당신이 지금 출석하는 교회의 가르침과 전혀 다른 견해를 가진 교단에서 처음 신앙생활을 시작했다면 성령세례와 성령체험에 대해서 지금도 동일한 견해를 가질 것이라고 생각하나요?

2. 오늘 내용을 통해 알게 된 성령세례와 성령체험 그리고 성령충만에 대해 본인의 언어로 정리해보세요.

3. 그림 A와 B를 비교해보며 성령님의 열매와 은사를 분리시킬 수 없는 이유에 대해 적어보세요. 자신의 삶에서는 열매와 은사 중 어떤 부분에서 더 두각을 나타내는지, 그리고 둘 사이의 균형을 잡지 못한다면 그 이유가 무엇인지 기록해보세요.

더보기

영상 – 성령님이 이끄시는 능력있는 신앙생활

도서 – 《알고 싶어요 성령님》
　　　 2장 성령님의 주권적인 역사하심을 고대하라(64–68p)

Welcome Holy Spirit

어떻게 성령체험 하고
어떻게 살아야 하나요?

우리는 구원을 받았을 때 분명히 성령님이 내주한다는 사실을 알고 믿습니다. 그렇지만 실제 삶을 보면 구원을 받기 전이나 구원을 받은 후나 별다른 차이가 없음을 발견하게 됩니다. 물론 주님을 사랑하고 말씀대로 살려고 애를 쓰지만, 그럼에도 불구하고 해오던 습관대로 사는 자신을 발견하게 됩니다. 더욱이 자신을 깊이 살펴보면 똑같은 자신(거짓자아로)이 믿음의 대상만 바꾸어 열심히 살아간다는 것을 깨닫게 됩니다. 하나님을 사랑하고 열심히 살고자 노력함에도 불구하고 왜 이럴까요? 바로 성령체험을 경험하지 못했기 때문입니다. Day 7에서는 어떻게 하면 성령체험을 할 수 있는지와 성령체험 이후에 해야 할 일에 대해서 알아보고자 합니다.

간절한 자에게 주어지는 성령체험

우리는 회개와 믿음으로 구원받고 거듭나 하나님의 자녀가 되었습니다. 거듭남(중생)은 성령님이 임하심으로써 그분의 내주하심을 통해 이루어진 것입니다. 그러나 실제적인 하나님나라의 삶을 살기 위해서는 성령체험이 절대적으로 필요합니다. 성령체험을 하지 못하면 거짓자아의 의지로 하나님의 자녀가 되었음을 믿기는 하지만 실제적으로 자녀의 정체성을 의식하지 못하며, 하나님의 영에 인도하심을 받는 삶을 살 수는 없기 때문입니다. 하나님의 영이 우리 안에 계심에도 불구하고 하나님의 영에 인도하심을 받지 못하는 사람을 성경에서는 '육신에 속한 자'라고 말합니다.

> **고전 3:1** 형제들아 내가 신령한 자들을 대함과 같이 너희에게 말할 수 없어서 **육신**(헬, 사르키노스)**에 속한 자 곧 그리스도 안에서 어린 아이들을 대함과 같이 하노라**

> **롬 8:7-8** 7 육신의 생각은 하나님과 원수가 되나니 이는 하나님의 법에 굴복하지 아니할 뿐 아니라 할 수도 없음이라 8 **육신에 있는 자들은 하나님을 기쁘시게 할 수 없느니라**

열심 있는 대부분의 그리스도인들은 구원을 받은 후 자신의 의지로 최선을 다하여 주님을 섬기고자 애쓰지만 로마서 7장에 나오는 겉과 속이 다른 모순적인 삶을 뼈저리게 경험하게 됩니다.

> **롬 7:19** 내가 원하는 바 선은 행하지 아니하고 도리어 원하지 아니하는 바 악을 행하는도다

> **롬 7:23-24** 23 내 지체 속에서 한 다른 법이 내 마음의 법과 싸워 내 지체 속에 있는 죄의 법으로 나를 사로잡는 것을 보는도다 24 오호라 나는 곤고한

사람이로다 이 사망의 몸에서 누가 나를 건져내랴

만약 당신이 성령체험을 하기 원한다면, 다음과 같은 마음을 절실히 느껴야 합니다.

- 하나님의 자녀로서 그분의 창조목적대로 살고 있지 못함을 깨달아야 합니다.
- 존재가 변했음에도 불구하고 여전히 거짓자아로 육체에 기초한 삶을 살아가는 자신을 발견하고, 거짓자아를 포기하고 싶은 마음이 들어야 합니다.
- 자신의 혼과 몸을 하나님께 내어 맡기고 하나님의 영에 의해 자신의 혼과 몸이 통치받기를 원하는 마음이 간절해야 합니다.

성령체험 하는 법

1 성령체험을 하기 위한 가장 좋은 방법은 하나님의 임재가 있는 집회나 세미나에 참석하는 것입니다. 그곳에서 성령체험을 하기 원하는 마음을 가지고 간절함으로 찬양하거나 기도할 때 또는 말씀을 들을 때 위로부터 임하시는 성령을 체험하게 됩니다.

- 예수님께서 말씀하신 대로 오순절에 성령님이 임하시자 마가의 다락방에 모여 간절히 기도하는 모든 사람들이 성령체험을 했습니다.

눅 24:49 볼지어다 내가 내 아버지께서 약속하신 것을 너희에게 보내리니 너희는 위로부터 능력으로 입혀질 때까지 이 성에 머물라 하시니라

행 1:5 요한은 물로 세례를 베풀었으나 너희는 몇 날이 못되어 성령으로 세례를 받으리라 하셨느니라

행 1:13,15 13 들어가 그들이 유하는 다락방으로 올라가니 … 마음을 같이하여 오로지 기도에 힘쓰더라 15 모인 무리의 수가 약 백이십 명이나 되더라 …

행 2:1-4 1 오순절 날이 이미 이르매 그들이 다같이 한 곳에 모였더니 2 홀연히 하늘로부터 급하고 강한 바람 같은 소리가 있어 그들이 앉은 온 집에 가득하며 3 마치 불의 혀처럼 갈라지는 것들이 그들에게 보여 각 사람 위에 하나씩 임하여 있더니 4 그들이 다 성령의 충만함을 받고 성령이 말하게 하심을 따라 다른 언어들로 말하기를 시작하니라

■ 종교 지도자들이 겁박하였지만 이에 굴하지 않고 함께 모여 간절히 기도할 때 모두가 성령체험을 하고 성령충만도 경험했습니다.

행 4:29-31 29 주여 이제도 그들의 위협함을 굽어보시옵고 또 종들로 하여금 담대히 하나님의 말씀을 전하게 하여 주시오며 30 손을 내밀어 병을 낫게 하시옵고 표적과 기사가 거룩한 종 예수의 이름으로 이루어지게 하옵소서 하더라 31 빌기를 다하매 모인 곳이 진동하더니 무리가 다 성령이 충만하여 담대히 하나님의 말씀을 전하니라

■ 베드로가 고넬료의 집에 가서 말씀을 전할 때는 그들이 아직 세례도 받지 못했음에도 불구하고 성령체험을 했습니다.

행 10:30-33 30 고넬료가 이르되 내가 나흘 전 이맘때까지 내 집에서 제 구시 기도를 하는데 갑자기 한 사람이 빛난 옷을 입고 내 앞에 서서 31 말하되 고넬료야 하나님이 네 기도를 들으시고 네 구제를 기억하셨으니 32 사람을 욥바에 보내어 베드로라 하는 시몬을 청하라 그가 바닷가 무두장이 시몬의 집에 유숙하느니라 하시기로 33 내가 곧 당신에게 사람을 보내었는데 오셨으니 잘하였나이다 이제 우리는 주께서 당신에게 명하신 모든 것을 듣고자 하여 다 하나님 앞에 있나이다

행 10:44-46 44 베드로가 이 말을 할 때에 성령이 말씀 듣는 모든 사람에게 내려오시니 45 베드로와 함께 온 할례 받은 신자들이 이방인들에게도 성령 부어 주심으로 말미암아 놀라니 46 이는 방언을 말하며 하나님 높임을 들음이러라

2 성령의 기름부으심을 받은 자의 안수를 통해서도 성령체험을 할 수 있습니다.

■ 사도 요한과 베드로가 사마리아에 가서 안수할 때 성령세례와 성령체험이 동시에 일어났습니다.

행 8:14-17 14 예루살렘에 있는 사도들이 사마리아도 하나님의 말씀을 받았다 함을 듣고 베드로와 요한을 보내매 15 그들이 내려가서 그들을 위하여

성령 받기를 기도하니 16 이는 아직 한 사람에게도 성령 내리신 일이 없고 오직 주 예수의 이름으로 세례만 받을 뿐이더라 17 이에 두 사도가 그들에게 안수하매 성령을 받는지라

■ 사도 바울이 에베소에서 안수할 때 성령세례와 성령체험이 동시에 일어났습니다.

행 19:1-6 1 아볼로가 고린도에 있을 때에 바울이 윗지방으로 다녀 에베소에 와서 어떤 제자들을 만나 2 이르되 너희가 믿을 때에 성령을 받았느냐 이르되 아니라 우리는 성령이 계심도 듣지 못하였노라 3 바울이 이르되 그러면 너희가 무슨 세례를 받았느냐 대답하되 요한의 세례니라 4 바울이 이르되 요한이 회개의 세례를 베풀며 백성에게 말하되 내 뒤에 오시는 이를 믿으라 하였으니 이는 곧 예수라 하거늘 5 그들이 듣고 주 예수의 이름으로 세례를 받으니 6 바울이 그들에게 안수하매 성령이 그들에게 임하시므로 방언도 하고 예언도 하니

성령체험 이후 해야 할 일

성령체험은 하나님의 영이 우리의 혼과 몸을 통치하는 것을 경험하는 것입니다. 성령체험 이후 해야 할 가장 중요한 일은 우리의 심중에 들어있는 것을 청소하는 일입니다. 성령체험을 통해 우리의 혼은 자신의 몸의 종노릇에서 벗어나 다음 네 가지를 경험하게 됩니다.

- 자신의 진정한 정체성을 의식하게 됩니다.
- 점점 더 성령의 소욕에 이끌림을 받게 됨으로써 하나님의 영 안에 거하고 싶어집니다.
- 타락한 혼의 죄 의식은 하나님의 영 안에 거하면 거할수록 의 의식으로 변화되어 갑니다. 하나님 자녀의 의 의식은 예수님께서 지상에 계실 때 가지셨던 그리스도의 의식과 동일한 것이며, 하나님을 의식하고 하나님을 나타내는 의식입니다.
- 우리의 혼이 하나님의 영 안에 거할 때 비로소 하나님의 말씀이 우리의 심중에 기록될 수 있으며, 그 결과로 우리의 내면이 하나씩 청소되기 시작합니다.

한꺼번에 내면을 청소하는 것은 좋은 방법이 아닙니다. 가나안 땅을 정복할 때도 하나님께서는 왕벌을 보내어 한 번에 가나안 땅의 족속들을 쫓아내실 수도 있었지만, 그렇게 하지 않으셨습니다. 한 번에 다 쫓아내면 땅의 많은 부분이 버려진 채 황폐하게 되어 들짐승이 번성하여 이스라엘 민족을 해할까 염려하셨기 때문입니다.

출 23:29-30 29 그러나 그 땅이 황폐하게 됨으로 들짐승이 번성하여 너희를 해할까 하여 일 년 안에는 그들을 네 앞에서 쫓아내지 아니하고 30 네가 번성하여 그 땅을 기업으로 얻을 때까지 내가 그들을 네 앞에서 조금씩 쫓아내리라

이 말씀을 영적 원리로 설명하자면, 보이지 않는 세계에는 중간지대가 없습니다. 빛 아니면 어두움입니다. 내면의 쓰레기를 치운 공간에 말

씀과 새로운 믿음, 성령충만함으로 채우지 않으면 곧바로 다시 쓰레기가 쌓이고 악한 영들이 나타납니다.

> **마 12:43-45** 43 더러운 귀신이 사람에게서 나갔을 때에 물 없는 곳으로 다니며 쉬기를 구하되 쉴 곳을 얻지 못하고 44 이에 이르되 내가 나온 내 집으로 돌아가리라 하고 와 보니 그 집이 비고 청소되고 수리되었거늘 45 이에 가서 저보다 더 악한 귀신 일곱을 데리고 들어가서 거하니 그 사람의 나중 형편이 전보다 더욱 심하게 되느니라 이 악한 세대가 또한 이렇게 되리라

　내면의 청소, 즉 새로운 심중을 가지기 위해서는 멘토나 사역팀에 조언을 받고 중보기도로 보호를 받으며 단계별로 양육을 받는 것이 가장 좋습니다. 성령님의 인도하심을 받는 혼이 그리스도 안에서 용서와 회개함으로 심중의 쓰레기를 조금씩 비우고 비운 만큼 말씀으로 채워야 합니다. 그리고 다른 상처를 드러내고 말씀으로 채우고 회복시키는 것을 반복해 나가야 합니다. 또한 알지 못하는 깊은 내면의 감정적, 정신적, 영적 문제가 생길 때마다 영적 멘토나 검증된 사역팀에게 적절한 도움을 받아야 합니다. 그것은 잠재의식 내 들어 있는 상처나 쓴뿌리를 찾아내어 치유하거나 내면의 어린아이와 타협하는 것이 아니라 그것들이 죄임을 알고 예수님께 드림으로써 회개하고 자유함을 누리는 것입니다.

　그러나 내면의 상처가 치유되었다고 해서 한번에 새로운 삶으로 바뀌지 않습니다. 자신의 심중에 진리의 말씀을 심음으로써 과거의 모든 습성들이 사라지고, 성령님의 인도하심을 받는 삶에 익숙해지려면 시간이 걸립니다. 씨앗을 심고 열매를 얻기까지 필요한 노력과 시간을 생각해보십시오.

갈 6:7-9 7 스스로 속이지 말라 하나님은 업신여김을 받지 아니하시나니 사람이 무엇으로 심든지 그대로 거두리라 8 자기의 육체를 위하여 심는 자는 육체로부터 썩어질 것을 거두고 성령을 위하여 심는 자는 성령으로부터 영생을 거두리라 9 우리가 선을 행하되 낙심하지 말지니 포기하지 아니하면 때가 이르매 거두리라

이 시간은 그동안 해온 말씀의 의식화 작업(의식적으로 말씀을 믿고 묵상하고 실천하려는 노력들)이 성령님에 의해서 말씀대로 이루어진 것이 내 심중에 기록되어 완전한 내면화 작업(심중에 완전히 뿌리를 내려 믿으려고 노력하지 않아도 믿어지는 것)으로 들어가는 시간입니다. 또한 자기를 부인하고 자기 십자가를 짐으로써 생각, 감정, 신체를 온전히 예수 그리스도께 복종시키는 시간입니다.

엡 4:22-24 22 너희는 유혹의 욕심을 따라 썩어져 가는 구습을 따르는 옛 사람을 벗어 버리고 23 오직 너희의 심령이 새롭게 되어 24 하나님을 따라 의와 진리의 거룩함으로 지으심을 받은 새 사람을 입으라

유 1:20 사랑하는 자들아 너희는 너희의 지극히 거룩한 믿음 위에 자신을 세우며 성령으로 기도하며

다시 한번 말하자면, 우리의 내면에서 일어나는 진정한 영적 전쟁은 성령체험 후에 본격적으로 시작됩니다. 이 전쟁은 우리의 혼이 몸의 종노릇에서 벗어나 그리스도의 영 안에 거하는 것이며 자신의 몸이 경험한 것들에 사로잡히지 않고 있는 그대로 허용하는 것을 체험하는 것입니

다. 그리고 말씀대로 이루어진 것을 자신의 심중에 심는 것입니다.

> **약 4:8** 하나님을 가까이하라 그리하면 너희를 가까이하시리라 죄인들아 손을 깨끗이 하라 **두 마음**(헬, 딥쉬코스 : 두 혼)을 품은 자들아 **마음**(헬, 카르디아 : 심중)을 성결하게 하라

> **벧전 4:19** 그러므로 하나님의 뜻대로 고난을 받는 자들은 또한 선을 행하는 가운데에 그 **영혼**(헬, 프쉬케 : 혼)을 미쁘신 창조주께 의탁할지어다

> **약 1:21** 그러므로 모든 더러운 것과 넘치는 악을 내버리고 너희 **영혼**(헬, 프쉬케 : 혼)을 능히 구원할 바 마음에 심어진 말씀을 온유함으로 받으라

예수님도 성령충만을 받으신 후 성령님에 이끌려 40일 동안 마귀에게 시험을 받으셨습니다. 예수님께서는 말씀에 대한 예수님의 생각이 아니라 말씀대로 말씀하심으로 승리하셨습니다. 또 시험이 끝난 후에 마귀는 잠깐만 물러갔을 뿐입니다. 성령충만한 삶은 마귀의 공격이 없는 삶이 아니라 계속되는 마귀의 공격을 알고 이기는 삶입니다.

> **눅 4:1-2,12-13** 1 예수께서 성령의 충만함을 입어 요단 강에서 돌아오사 광야에서 사십 일 동안 성령에게 이끌리시며 2 마귀에게 시험을 받으시더라… 12 예수께서 대답하여 이르시되 주 너의 하나님을 시험하지 말라 하였느니라 13 마귀가 모든 시험을 다 한 후에 얼마 동안 떠나니라

우리가 성령체험을 한 후에 어려움을 겪는 가장 큰 이유는 말씀을 알

지 못하기 때문입니다. 말씀은 영이고, 생명입니다. 그리고 성령님은 진리의 영이십니다. 우리의 혼이 하나님의 영 안에 거할 때 비로소 영이고 생명인 말씀이 우리의 심중에 기록되므로 그때부터 새로운 생각과 감정을 가질 수 있고 그에 따른 새로운 삶을 살 수 있습니다. 즉 성령님께서 우리의 혼과 몸(생각, 감정, 신체)을 통치하신다는 것은 생명의 말씀이 우리의 심중에 기록될 때 우리의 혼이 그에 따라 생각하고 느끼고 말함으로써 마음(생각과 감정)과 신체를 깨끗케 하고 새롭게 하신다는 것입니다. 따라서 성령 없는 말씀뿐만 아니라 말씀 없는 성령도 온전하지 않습니다. 말씀은 '진리', 성령은 '체험'이라는 식으로 분리한다면 하나님 나라의 복음과 하나님 자녀의 삶이 무엇인지를 모르는 것입니다.

정리하자면 하나님 자녀의 삶을 살기 위해서는 반드시 성령체험을 해야 합니다. 그렇다고 성령체험을 한다고 모든 것이 해결되는 것은 아닙니다. 성령체험 후에 오히려 더 힘들다고 느껴지는 것은 지극히 정상입니다. 실제적인 영적 전쟁을 하고 있다는 뜻이기 때문입니다. 그래서 반드시 성령체험 후에 성령의 도우심과 말씀으로 자신의 심중을 청소해나가야 합니다. 힘들 때 믿을 만한 영적 멘토 또는 검증된 사역팀을 찾아 도움을 받으면 더할 나위 없이 좋습니다. 그리고 매일의 삶 가운데 자기를 부인하고 자기 십자가를 짐으로써 성령의 소욕에 따라 혼이 하나님의 영 안에 거하는 훈련과 심중에 성령님께서 계시하시는 말씀대로 생각하고 느끼고 말하는 훈련을 해야 합니다.

다음 질문에 답하면서 오늘 내용을 자신에게 적용해보세요.

1. 성령체험을 하신 적이 있나요? 만약 했다면 그 경험이 당신의 신앙에 어떠한 영향
   을 주었나요? 만약 하지 못했다면 지금 간절한 마음으로 성령님께 자신의 혼과 몸
   을 통치해달라고 기도하십시오.

2. 성령체험은 성령님의 내주하심인 성령세례처럼 일회성으로 끝나는 것이 아닙니다.
   우리는 기회가 허락될 때마다 성령체험을 해야 합니다. 성령체험을 더 자주 하기
   위해 당신에게 필요한 것이 무엇인지 적어보세요.

3. 성령체험 후 내면의 청소가 왜 중요한지 적어보세요. 당신은 과거에 내면의 청소와
   심중에 하나님의 말씀을 심는 일을 해본 적이 있나요? 해본 적이 있다면 그것이 당
   신에게 어떠한 유익을 주었는지 생각해보세요. 해본 적이 없다면 오늘 성령님과 함
   께 그 일을 해보세요.

더보기

영상 – 성령님이 이끄시는 능력있는 신앙생활
         부정적인 생각과 감정(상처와 쓴뿌리) 제거하기 핵심요약본

도서 – 《알고 싶어요 성령님》 3장 성령체험을 간절히 사모하고 간구하라(74-91p)
         《킹덤빌더의 영성》 11,12,15장

Welcome Holy Spirit

—

성령체험 전후
당신의 내면은 어떤 상태일까요?

구원 전후와 성령체험 전후의 인간 존재 및 내면의 변화는 펌프의 비유를 통해 쉽게 이해할 수 있습니다. Day 8에서는 자신 안에 있는 펌프에 대해 알아보고 그 펌프의 상태를 점검해보도록 하겠습니다.

법적인 측면과 현실적 측면의 이해

Day 6에서 살펴본 것처럼 언약신학적 관점에서는 성령세례와 성령체험을 같은 것으로 보지만 하나님나라 복음의 관점에서는 결코 같은 것일 수 없습니다. 그 이유는 예수 그리스도를 믿음으로써 물과 성령으로 거듭난 것과 현재적 하나님나라의 삶을 사는 것은 별개의 일이기 때문입니다. 또한 우리가 성령세례뿐만 아니라 성령체험을 해야 하는 이유를 Day 7에서 자세히 알아보았습니다. 하나님나라의 관점에서 예수 그리스도의 구원 사역은 법적으로 영혼몸 전부가 구원받은 것이지만, 현실적으로는 영은 구원을 받았어도 혼과 몸은 여전히 세상 신의 영향력 아래에 있습니다.

롬 8:10 또 그리스도께서 너희 안에 계시면 몸은 죄로 말미암아 죽은 것이나 영은 의로 말미암아 살아 있는 것이니라

하나님나라 복음의 관점에서 '성령세례'(물과 성령으로 거듭나는 것)는 하나님의 영이 우리의 영에 임하심으로 인하여 우리가 예수 그리스도 안에서 새로운 피조물, 즉 영적 존재가 되었다는 것을 의미합니다. 즉 존재적 변화가 일어난 것입니다. 그러나 성령체험, 즉 하나님의 영이 우리의 혼과 몸을 통치하는 것을 경험하지 못하면 대부분은 구원 전과 동일한 거짓자아로 자신이 하나님의 자녀라는 것을 머리로만 믿을 뿐입니다. 그리고 자신의 행위와 공로 여부에 따라 죄인과 의인 사이를 반복하는 삶을 살 수밖에 없습니다. 다른 말로 진정한 하나님 자녀의 정체성을 체험하지 못하기 때문에 하나님의 의를 나타내는 삶을 살 수 없습니다.

그러나 성령체험을 하면 우리의 혼과 몸이 하나님의 영에 통치함을 받는 것을 경험하게 됩니다. 그것은 거짓자아가 사라지는 체험을 하는 것이며, 하나님께서 주인 되시는 삶과 자신의 진정한 존재가 누구인지를 경험하는 것입니다. 그럴 때부터 거짓자아가 주체가 된 삶이 아니라 자기를 부인하고 자기 십자가를 짐으로써 자신의 몸을 통하여 주님께서 나타나시는 삶이 무엇인지를 깨닫고 체험하고 싶어집니다. 그때부터 하나님의 영에 인도하심을 받는 삶이 시작될 수 있는 것입니다.

롬 8:13-14 13 너희가 육신대로 살면 반드시 죽을 것이로되 영으로써 몸의 행실을 죽이면 살리니 14 무릇 하나님의 영으로 인도함을 받는 사람은 곧 하나님의 아들이라

인간 안에 있는 펌프

Day 6과 7을 통해 배운 것을 인간의 존재와 함께 '펌프'의 비유로 알아보겠습니다. 과거 집마당에는 땅속에서 물을 끌어올리는 펌프라는 장치가 있었습니다. 펌프는 본래 수원지에 파이프를 박고 몸통에 붙은 손잡이를 위아래로 움직여서 물을 길어 올리는 것입니다. 물을 길으려면 우선 펌프질을 할 때 위에서 붓는 물인 마중물이 있어야 하고 계속 손잡이를 위아래로 움직여야 합니다.

타락 전 하나님이 창조하신 인간은 하나님의 보좌로부터 흘러나오는 생명수가 우리의 영으로 흘러들어와 우리의 혼과 몸을 통해 이 땅에 하나님을 나타내는 삶을 살았습니다(그림 1). 혼은 하나님 의식을 가지고 자신 안에 있는 그분을 나타냄으로 하나님의 창조목적을 이루어가는 상태였습니다.

하지만 마귀의 시험에 속아 죄를 짓고 타락했을 때 하나님의 영이 인간에게서 떠났습니다. 이 타락한 인간의 상태를 예레미야 2장 13절에서는 다음과 같이 표현합니다.

렘 2:13 내 백성이 두 가지 악을 행하였나니 곧 그들이 **생수의 근원 되는 나를 버린 것과** 스스로 웅덩이를 판 것인데 그것은 그 물을 가두지 못할 터진 웅덩이들이니라

마귀의 유혹에 넘어가 죄를 지었다는 것은 생수의 근원이 되는 하나님을 버린 것과 같습니다. 비유로 하자면 땅속에 있는 수원지에서 파이프를 빼내 물이 없는 곳에 꽂은 것입니다(그림 2). 이것은 아담과 하와가 죄를 지었을 때 하나님의 영이 떠나고 에덴동산에서 쫓겨난 것과 같

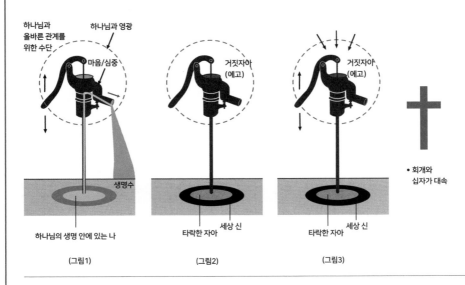

**하나님이 창조하신
인간의 기본적 마음 상태**

• 온전함
• 풍성함
• 의, 평강, 희락

**타락한 인간의
기본적 마음 상태**

• 죄책감/두려움
• 무가치함
• 공허함
• 결핍, 부족, 욕구

거짓자아의 속성

• 제한된 동일시
• 심리적 시간과 상상
• 자기중심적 사고
• 지금 이순간을 부정하고 저항함

하나님과
올바른 관계를
위한 수단

하나님과 영광

마음/심중

거짓자아
(에고)

거짓자아
(에고)

생명수

• 회개와
  십자가 대속

하나님의 생명 안에 있는 나

세상 신

타락한 자아

세상 신

타락한 자아

(그림1)

(그림2)

(그림3)

• 하나님의 영 안에 있고
  혼은 하나님 의식을 가짐
• 하나님의 자녀는
  피조세계에서 창조목적을 이룸

• 하나님의 영광이 떠남
• 마음이 변질됨
• 마음이 나라고 생각함 : 거짓자
  아(에고)

• 혼적 육적으로 외부에서 채워 넣고자 함: 욕구
• 세상에 영향을 미치는 자가 아니라
  세상과 환경의 영향을 받는 자로 속고 있음
• 자신을 의식하고자 끊임없이
  생각하고 느낌(고통의 실체)

습니다.

생수의 근원이신 하나님의 영이 떠나자 인간은 더 이상 하나님으로
부터 주어지는 생수를 마실 수 없었고, 항상 내면에서 올라오는 죄책감
과 두려움, 결핍과 부족, 공허함과 상실감을 없애기 위해서는 무언가로
자신을 채워야 하는 처지가 되었습니다. 그러나 외부로부터 아무리 무

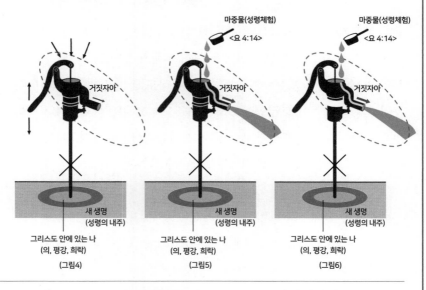

물과 성령으로 거듭난 자

- 성령의 내주에도 불구하고 성령의 인도하심을 받지 못함
- 여전히 혼이 몸(경험, 느낌, 환경)의 종노릇하는 육체에 기초한 삶

성령체험을 했음에도 육체에 기초한 삶

- 성령체험을 했음에도 불구하고, 여전히 거짓자아로 살아감
- 하나님의 영에 인도하심을 받지 못하는 삶

성령체험 후 노력하지만 생수를 맛보지 못하는 삶

- 견고한 진, 상처와 쓴뿌리가 펌프의 몸통을 막고 있어 생수가 올라오지 못함

마중물(성령체험)
<요 4:14>

마중물(성령체험)
<요 4:14>

거짓자아

거짓자아

거짓자아

새 생명
(성령의 내주)

새 생명
(성령의 내주)

새 생명
(성령의 내주)

그리스도 안에 있는 나
(의, 평강, 희락)

(그림4)

그리스도 안에 있는 나
(의, 평강, 희락)

(그림5)

그리스도 안에 있는 나
(의, 평강, 희락)

(그림6)

- 자기 의로 하나님을 나타내고자 함
- 육적 생각으로 최선을 다함
- 남보다 뛰어날 수 있지만 자기 능력 이상의 삶을 살지 못함

- 스스로 하나님과 생명적 교제를 하지 못함
- 제단의 불을 꺼트린 상태
- 기름부으심 받은 자에게 의존하는 삶

- 애쓰면 애쓸수록 답답해짐
- 예수 그리스도 안에서 용서와 회개가 필요함

언가를 부어 넣어도 밑 빠진 독에 물 붓는 것처럼 채워지지 않았습니다. 예레미야서 2장 13절은 하나님께서 주신 모든 것을 잃어버리고, 결핍과 부족에 시달림으로써 끝없는 욕구를 채우기 위해서 살아가는 인간의 타락한 모습을 가장 정확하게 묘사하고 있습니다.

이것은 마치 펌프의 파이프가 수원지가 아닌 곳에 박혀 아무리 펌프를 작동해도 물이 올라오지 않는 것과 같습니다(그림 3). 타락한 존재의 삶은 수원지에서 물이 올라오는 것이 아니라 외부에서 펌프의 몸통에 물을 부어 넣는 것과 같습니다. 아무리 부어도 일시적이며 진정한 만족을 주지 못합니다. 이것은 오늘날 결핍과 부족으로 공허한 자신의 마음을 채우기 위해서 욕망으로 가득 찬 인간의 삶을 나타냅니다. 세상의 것을 아무리 채워도 진정한 만족을 누리지 못하면서도 밖에서 안으로 무언가 넣는 것을 멈출 수가 없습니다. 곧바로 공허한 마음이 되기 때문입니다. 거짓자아로 끊임없이 생각하고 느끼고 행동함으로써 자신의 마음에 끊임없이 무언가를 채워 넣고자 하는 것입니다. 성경에서는 이런 사람을 '육에 속한 사람'이라고 말합니다.

> **고전 2:14** **육(헬, 프쉬키노스)에 속한 사람**은 하나님의 성령의 일들을 받지 아니하나니 이는 그것들이 그에게는 어리석게 보임이요, 또 그는 그것들을 알 수도 없나니 그러한 일은 영적으로 분별되기 때문이라

> **엡 2:3** 전에는 우리도 다 그 가운데서(지금 불순종의 아들들 가운데서 역사하는 영) **우리 육체의 욕심을 따라 지내며 육체와 마음의 원하는 것을 하여** 다른 이들과 같이 본질상 진노의 자녀이었더니

그러나 예수님께서는 회개하고 그분을 믿는 자의 죄를 사하시고 하나님의 영을 보내주십니다. 그리고 믿는 자로 하여금 다시 생수의 근원으로 돌아오게 하십니다. 이것은 예수님이 우리의 구원자이시고 살아계신 하나님의 아들이심을 믿을 때 우리의 원죄가 사함을 받을 뿐만 아니라 성령님을 통해 다시 태어나게 된다는 것을 의미합니다.

슥 9:11 또 너로 말할진대 네 언약의 피로 말미암아 내가 **네 갇힌 자들을 물 없는 구덩이에서 놓았나니**

요 4:10 예수께서 대답하여 이르시되 네가 만일 하나님의 선물과 또 네게 물 좀 달라 하는 이가 누구인 줄 알았더라면 네가 그에게 구하였을 것이요 **그가 생수를 네게 주었으리라**

우리가 물과 성령으로 거듭났다는 것은 예수 그리스도 안에서 새로운 피조물이 되었다는 것이며, 성령세례는 마치 펌프의 파이프를 다시 수원지에 박은 것과 같습니다(그림 4). 그러나 파이프가 땅속 수원지에 연결되어 있어도 마중물이 없으면 펌프의 손잡이를 아무리 움직여도 물은 올라오지 않습니다. 즉 펌프가 본래의 기능을 하기 위해서는 위에서 붓는 마중물이 필요합니다. 그 마중물이 있을 때 비로소 수원지로부터 물이 올라오게 됩니다.

요 4:14 **내가 주는 물을 마시는 자는** 영원히 목마르지 아니하리니 내가 주는 물은 그 속에서 **영생하도록 솟아나는 샘물이 되리라**

어떻게 해서든 생수가 다시 올라오기를 기대하고 스스로 애쓰며 살아가는 사람들은 '육신대로 살아가는 자' 또는 '성령님의 인도하심을 받지 못하는 자'입니다. 즉 구원을 얻었지만 하나님의 생명과 연결되지 못하고 생명수가 자신의 몸을 통치하지 못함으로 인해 거짓자아로 애쓰며 살아가는 자를 말합니다.

롬 8:13-14 13 너희가 육신대로 살면 반드시 죽을 것이로되 영으로써 몸의 행실을 죽이면 살리니 14 무릇 하나님의 영으로 인도함을 받는 사람은 곧 하나님의 아들이라

마중물을 붓는 것은 성령님께서 우리의 혼과 몸을 통치하는 것과 같으며 이것이 바로 성령체험입니다(그림 5). 그때부터 우리는 드디어 속에서 영생하도록 솟아나는 생수를 마심으로써 새로운 삶을 살 수 있는 길이 열리게 됩니다. 그러나 안타깝게도 대부분 성령체험이 한 번의 경험으로 끝나고 맙니다. 그런 사람은 성령체험을 통하여 자기 자신을 통제할 수 없는 상태를 경험했지만, 하나님의 창조목적이 무엇인지도, 자신이 누구인지도 알지 못한 채 여전히 스스로 주인이 되어 살아갑니다. 또 거짓자아로 자신의 문제해결을 받고 자신의 평안과 자유만을 추구하며 자기 방식대로 삽니다.

실제로 성령체험을 통하여 스스로 하나님의 통치 안에 거하기보다는 다른 사람에게 기도받기만을 원하고 자신의 문제해결에만 초점을 두고 신앙생활을 하는 신자들이 너무 많습니다. 자신이 예수 그리스도 안에서 새로운 피조물임에도 불구하고(펌프의 파이프가 수원지에 박혀 있음에도 불구하고), 성령체험을 했음에도 불구하고(마중물을 받았음에도 불구하고) 수원지에서 물이 올라오는 것이 아니라 거짓자아로 자신의 육체에 기초한 삶을 살아가는 것입니다(그림 5). 즉 새사람이 되었음에도 불구하고, 하나님의 영에 인도하심을 받는 속사람으로 살기보다는 여전히 거짓자아가 주체인 겉사람의 삶을 사는 것입니다. 이러한 신자를 성경에서는 '육신에 속한 자'라고 부릅니다.

고전 3:1 형제들아 내가 **신령한 자들을** 대함과 같이 너희에게 말할 수 없어서 **육신(헬, 사르키노스)에 속한 자 곧 그리스도 안에서 어린 아이들을 대함과 같이 하노라**

그렇다면 성령체험을 했음에도 불구하고, 하나님의 영에 인도하심을 받는 것이 어려운 이유는 무엇일까요? 우리의 심중에 있는 견고한 진과 상처와 쓴뿌리 때문입니다(그림 6에서 펌프의 몸통이 막혀 있는 것을 보십시오). 그것들에 의해서 우리의 혼이 몸의 종노릇을 하고 거짓자아에 붙들려 있기 때문입니다. 그럴 경우에는 성령님께 의지하여 영이요 생명이신 말씀을 계속 심중에 심어야 하며 생수의 강이 계속 심중에 흘러들어가 넘치도록 해야 합니다. 그렇지만 상처와 쓴뿌리가 깊게 박혀 있으면 대부분 그곳에 악한 영이 똬리를 틀고 있기 때문에 내적치유나 축사사역을 통해서 악한 영과 상처와 쓴뿌리를 제거해야 합니다(그림 6). 자신 안에 있는 견고한 진과 상처와 쓴뿌리를 먼저 제거하고 말씀을 심중에 심음으로 생수의 강이 넘치도록 해야 합니다.

질문과 적용

다음 질문에 답하면서 오늘 내용을 자신에게 적용해보세요.

1. 펌프의 비유를 가지고 타락 전, 타락 후, 성령세례, 성령체험, 육체에 속한 사람을 설명해보세요. 펌프의 비유로 말하자면 지금 당신은 어떤 상태인가요?

2. 많은 그리스도인들이 다른 사람의 기도를 통해 마중물만 붓는 신앙생활을 하는데 그 이유가 무엇이라고 생각하시나요? 이처럼 문제해결만 추구하는 신앙생활이 왜 위험할까요?

3. 생수가 올라오는 것을 막고 있는 것이 무엇이라고 생각하나요? 생수를 체험하기 위해 자신이 변화되어야 할 부분이 무엇인지 적어보세요.

더보기

영상 – 부정적인 생각과 감정(상처와 쓴뿌리) 제거하기 핵심요약본

도서 – 《킹덤빌더의 영성》

15장 과거 상처와 쓴뿌리로 인한 고통과 괴로움을 제거하라

Welcome Holy Spirit

혹시 성령체험이
두려우신가요?

처음 성령님이 임재하시고 역사하시는 집회에 참석하거나 기도받을
기회가 있으면 의심과 두려움으로 긴장될 수 있습니다. '이 집회가 하나
님이 친히 주관하시는 걸까?', '하나님이 주관하신다면 왜 이렇게 어수
선하지?', '집회 인도자는 검증된 사람일까?', '혹시 성령 대신 악령을 받
지는 않을까?', '사람들에게 나타나는 여러 가지 현상이나 행동을 어떻
게 받아들여야 할까?' 등 수많은 생각들이 교차하기 때문입니다.

하지만 성령님은 영이시기 때문에 거짓자아로는 전혀 이해할 수 없는
분이십니다. 그리고 영이신 그분은 거짓자아가 활동하는 관념세계를
초월하는 영적세계에서 운행하십니다. 만약 인간의 이성 영역에서 다
이해되는 하나님이라면 그것은 분명히 자신이 만들어낸 하나님일 것입
니다. 따라서 성령체험을 하기 위해서는 자신의 존재를 포기하고 그분
께 자신을 맡기는 믿음이 필요합니다. Day 9에서는 성령체험을 두려워
하는 이유를 내면적인 측면과 외면적인 측면으로 나누어 살펴보도록
하겠습니다.

내면적인 측면

1 내면적인 측면에서 성령체험이 두려운 첫 번째 이유는 인간은 자신이 새로운 것을 경험하거나 받아들이기 전에 스스로 납득이 되고 완전히 이해해야 한다는 사고체계를 가지고 있기 때문입니다. 그렇지 못할 경우 스스로를 통제하지 못하게 되어 엄청난 불안감과 두려움에 휩싸이게 될 것이라 믿기 때문입니다. 거짓자아는 이런 상태를 죽음을 의미하는 것으로 받아들입니다. 이것이 거짓자아가 영의 세계에 존재하시는 성령님이 임하는 것을 두려워하는 가장 큰 이유입니다. 안타까운 사실은 우리가 성령님의 내주는 믿으면서도 성령님께서 자신의 혼과 몸을 통치하시는 것은 허용하지 않는다는 것입니다. 즉 내 생각과 감정이 아니라 하나님의 생각과 감정으로 변화되는 것을 두려워합니다. 한마디로 자신이 원하는 대로의 삶을 포기하고 싶지 않다는 것입니다.

> **마 13:15** 이 백성들의 **마음**(헬, 카르디아)이 완악하여져서 그 귀는 듣기에 둔하고 눈은 감았으니 이는 눈으로 보고 귀로 듣고 **마음**(헬, 카르디아)**으로 깨달아 돌이켜 내게 고침을 받을까 두려워함이라 하였느니라**

성령님께서 자신 안에 계신다는 사실을 믿는다면 비록 합리적으로 이해할 수 없다고 할지라도 무턱대고 옳지 않게 여기거나 거부해서는 안 됩니다. 누군가 전기의 실체를 규명한 적이 있나요? 아직도 파동설과 입자설 등 이론이 난무하지만 '전기'가 있다는 것을 의심하며 사용하기를 꺼리는 사람은 없습니다. 우리는 요리, 빨래, 청소, 이동 수단 등 삶의 다양한 영역에서 전기의 혜택을 누리고 있습니다. 성령님은 실체를 규명해야 할 대상이 아닙니다. 내 안에 모셔서 내 삶을 향한 하나님의 계획과 목적이 실현되도록 내가 갈망하고 의지해야 할 분이십니다.

② 성령체험이 두려운 두 번째 이유는 진정으로 말씀을 믿지 못하기 때문입니다. 먼저 다음 세 가지 질문에 답해보십시오. "당신은 하나님의 자녀인가요?", "하나님 아버지께서 당신을 얼마나 사랑한다고 생각하시나요?", "당신의 몸은 성령님이 거하시는 성전인 줄 아시나요?" 이에 대해 성경은 무엇이라고 말씀하는지 말씀을 통해 확인해보시기 바랍니다.

롬 8:16 성령이 친히 우리의 영과 더불어 우리가 하나님의 자녀인 것을 증언하시나니

요일 3:1 보라 아버지께서 어떠한 사랑을 우리에게 베푸사 하나님의 자녀라 일컬음을 받게 하셨는가, 우리가 그러하도다 그러므로 세상이 우리를 알지 못함은 그를 알지 못함이라

고전 3:16 너희는 너희가 하나님의 성전인 것과 하나님의 성령이 너희 안에 계시는 것을 알지 못하느냐

이 말씀을 받아들인다면, 그분께 자신을 맡기고, 간절한 마음으로 성령님을 환영해야 합니다.

3 세 번째는 '만약 내가 예수 그리스도의 이름으로 성령님을 구할 때 악령이 임하면 어떡하나?'라는 두려움 때문입니다. 만약 그런 일이 가능하다면 우리가 어떻게 그리스도인으로서 살아갈 수 있을까요? 예수 그리스도의 이름보다 더 큰 권세가 있다면 우리가 왜 굳이 예수님을 믿고 살아야 할까요? 마땅히 더 큰 권세를 의지하는 것이 낫지 않을까요? 만약 예수 그리스도의 이름으로 성령을 구했는데 악령이 임한다면 예수 그리스도의 이름보다 더 큰 이름이 있다는 의미입니다. 하지만 성경이 명확히 말씀한 것처럼 예수 그리스도의 이름보다 더 큰 이름은 하늘에도, 땅에도, 땅 아래에도 없습니다.

빌 2:10-11 10 하늘에 있는 자들과 땅에 있는 자들과 땅 아래에 있는 자들로 모든 무릎을 예수의 이름에 꿇게 하시고 11 모든 입으로 예수 그리스도를 주라 시인하여 하나님 아버지께 영광을 돌리게 하셨느니라

눅 11:11-13 11 너희 중에 아버지 된 자로서 누가 아들이 생선을 달라 하는데 생선 대신에 뱀을 주며 12 알을 달라 하는데 전갈을 주겠느냐 13 너희가 악할지라도 좋은 것을 자식에게 줄 줄 알거든 하물며 **너희 하늘 아버지께서 구하는 자에게 성령을 주시지 않겠느냐 하시니라**

4 네 번째는 사탄이 우리를 두렵게 만들기 때문입니다. 오늘날 슬픈 현실은 마귀가 우리보다 다음과 같은 진리를 더 잘 알고 있다는 것입니다.

- 예수님께서 이천 년 전에 우리의 모든 죗값을 이미 지불하셨다는 것
- 하나님 아버지께서 그분의 자녀인 우리를 예수님만큼 사랑한다는 것

■ 이 세상에서 그분의 자녀로서 살아가는 동안 모든 것을 넉넉히 이길 수 있는 '예수 그리스도의 이름의 권세'와 '성령님의 능력'을 주었다는 것

마귀가 가장 두려워하는 것은 성도가 이 사실을 아는 것이고, 더 두려워하는 것은 이것에 근거하여 잃어버린 줄 알았던 위임된 통치권을 되찾아 사용하는 것입니다.

막 16:17 믿는 자들에게는 이런 표적이 따르리니 곧 그들이 내 이름으로 귀신을 쫓아내며 새 방언을 말하며

눅 10:19 내가 너희에게 뱀과 전갈을 밟으며 원수의 모든 능력을 제어할 권능을 주었으니 너희를 해칠 자가 결코 없으리라

따라서 마귀는 할 수 있는 모든 능력과 계략을 동원해서 우리가 성령님의 인도하심을 받는 삶을 살지 못하게 합니다. 주로 두려움과 유혹, 속임과 참소 그리고 인간적인 이성과 감정을 통제해서 혼이 성령님 안에 거하지 못하게 합니다. 그것도 합리적이고 과학적이며 논리적이라는 그럴듯한 명목으로 말입니다.

5 다섯 번째는 앞의 네 가지를 극복하더라도 자신은 성령님을 체험할 수 없다는 잘못된 믿음을 가지고 있기 때문입니다. '성령님은 열심히 부르짖는 자에게 임하시지, 나같이 기도도 하지 않고 신앙생활을 열심히 하지 않는 자에게는 임하시지 않을 거야', '성령님은 하나님께서 예정하신 특별한 사람들에게만 임하지, 나같이 특별하지 않은 자에게는 오시지 않을

거야', '성령님은 모든 죄를 회개해야 오시지, 나같이 허물 많고 회개도 잘 하지 않는 사람에게는 오시지 않아'라고 믿는 것입니다. 그것은 마귀와 거짓자아가 주는 생각입니다. 실상은 전혀 그렇지 않습니다. 믿음으로 자기를 포기하고 하나님께 자신의 인생을 의탁할 때 자신의 조건이 아닌 하나님의 은혜로 성령체험을 할 수 있습니다.

> **갈 3:5** 너희에게 성령을 주시고 너희 가운데서 능력을 행하시는 이의 일이 율법의 행위에서냐 혹은 듣고 믿음에서냐

외면적인 측면

교단이나 교회에 따라 다소 차이가 있지만, 오늘날에도 성령사역으로 나타나는 다양한 현상에 대한 오해와 무지, 편견이 난무하고 있습니다. 이런 오해와 무지, 편견에 휩쓸리지 않으려면 무엇보다도 "하나님께서 인간의 상식이나 규범으로 이해되는 범위와 방식 안에서만 역사하시는 것이 아니다"라는 것을 명심해야 합니다. 우리는 이런 관점에서 성령님의 임재와 역사하심을 새롭게 보아야 합니다. 교회에 들어와 교묘하게 자리 잡은 '종교의 영'은 인간에 의한 부흥은 지지하지만, 우리가 통제할 수 없는 성령님에 의한 부흥은 절대적으로 반대합니다.

> **사 55:8-9** 8 이는 내 생각이 너희의 생각과 다르며 내 길은 너희의 길과 다름이니라 여호와의 말씀이니라 9 이는 하늘이 땅보다 높음 같이 내 길은 너희의 길보다 높으며 내 생각은 너희의 생각보다 높음이니라

■ 상식으로 이해할 수 없는 것은 하나님께서 하신 일이 아니다

때로는 우리가 이해하기 어려운 일을 하시는 분이 하나님이십니다. 역사적으로 볼 때 새로운 부흥 운동이 일어날 때는 항상 우리가 이해하기 힘든 현상들이 일어났습니다. 가장 극명한 예로 오순절 성령강림 때 어떤 일이 일어났는지 생각해보십시오. 또한 우리가 위대한 하나님의 행하심으로 기억하는 성령님에 의한 부흥의 역사도 처음에는 인간의 상식으로 이해하기 힘든 일들이 일어나 구설수에 오르고 수많은 갈등을 겪었다는 사실을 기억해보십시오.

> **고전 2:14** 육에 속한 사람은 하나님의 성령의 일들을 받지 아니하나니 이는 그것들이 그에게는 어리석게 보임이요, 또 그는 그것들을 알 수도 없나니 그러한 일은 영적으로 분별되기 때문이라

■ 만약 이러한 현상들이 하나님으로부터 온 것이라면 두렵지 않아야 한다

우리는 마귀만이 두려움을 준다고 생각합니다. 하지만 실상은 그렇지 않습니다. 성경에서 하나님은 나타나실 때마다 사람들에게 두려워하지 말라고 하셨습니다. 거룩하신 하나님께서 친히 나타나실 때 죄를 가진 인간이 두려워하는 것이 당연하기 때문입니다. 한편으로 성령님의 역사가 임할 때 사탄은 주위를 돌며 믿음이 약한 사람을 두렵게 만들기도 합니다. 하나님에 대한 두려움은 내 혼이 느끼는 두려움으로, 어두움에 있는 자가 빛 가운데 나올 때 생기는 두려움입니다. 그러나 마귀에 대한 두려움은 몸이 느끼는 두려움입니다. 이것은 어두움 속에서 인간을 도둑질하는 악한 영에 대한 두려움입니다. 성령이 역사하는 현장에서는 두 가지 모두를 경험할 수 있습니다.

마 14:25 – 27 25 밤 사경에 예수께서 바다 위로 걸어서 제자들에게 오시니 26 **제자들이 그가 바다 위로 걸어오심을 보고 놀라 유령이라 하며 무서워하여 소리 지르거늘** 27 예수께서 즉시 이르시되 안심하라 나니 두려워하지 말라

행 9:3–4 3 사울이 길을 가다가 다메섹에 가까이 이르더니 홀연히 하늘로부터 빛이 그를 둘러 비추는지라 4 **땅에 엎드려 들으매** 소리가 있어 이르시되 사울아 사울아 네가 어찌하여 나를 박해하느냐 하시거늘

3 하나님께서 행하시는 일은 불쾌하지 않고 시끄럽지 않고 예의 바르게
　진행되어야 한다

예수님의 사역 장면을 살펴보면 언제나 깨끗하고 예의 바르고 조용하지만은 않았습니다. 제자들의 사역도 마찬가지입니다. 지금도 성령님이 임하셔서 사람들을 치유하실 때 가래나 기침이 나오거나 울거나 몸이 뒤틀리는 현상 등이 나타나 옆에서 보기에 불편할 때가 있습니다. 사실 이러한 현상은 하나님 때문에 일어나는 것이 아니라 빛이 비치면 어둠이 드러나는 것처럼 하나님께서 임하심으로 인간 안에 있는 어둡고 더러운 것이 드러나기 때문에 일어나는 것입니다.

막 1:21–27 21 그들이 가버나움에 들어가니라 **예수께서 곧 안식일에 회당에 들어가 가르치시매** 22 뭇 사람이 그의 교훈에 놀라니 이는 그가 가르치시는 것이 권위 있는 자와 같고 서기관들과 같지 아니함일러라 23 마침 그들의 회당에 더러운 **귀신 들린 사람이 있어 소리 질러 이르되** 24 나사렛 예수여 우리가 당신과 무슨 상관이 있나이까 우리를 멸하러 왔나이까 나는 당신이 누구인 줄 아노니 하나님의 거룩한 자이니이다 25 **예수께서 꾸짖어 이르시되 잠잠**

하고 그 사람에게서 나오라 하시니 ²⁶ 더러운 귀신이 그 사람에게 경련을 일으키고 큰 소리를 지르며 나오는지라 ²⁷ 다 놀라 서로 물어 이르되 이는 어쩜이냐 권위 있는 새 교훈이로다 더러운 귀신들에게 명한즉 순종하는도다 하더라

4 일부 신학자들이나 목회자들은 사람들이 하나님을 찾기보다 성령사역의 체험만을 추구할 위험이 있다고 우려한다

그럴 가능성과 위험성은 충분히 있습니다. 그렇지만 성경에 나오는 인물이나 역사적으로 하나님께서 사용하신 위대한 신앙인들은 통상 성령체험 이후에 본격적으로 쓰임 받았습니다. 일반적으로 볼 때 하나님께 쓰임 받기 전에 하나님께서는 먼저 성령체험을 통해 하나님을 경험하게 하시고, 내면에 있는 상처와 쓰레기를 치우게 하시고, 말씀을 깊이 연구하게 하십니다.

야곱은 하늘 문이 열리는 환상을 보았고, 모세는 불타는 떨기나무 불꽃 가운데서 하나님의 음성을 들었습니다. 바울은 땅바닥에 내던져지자 하늘에서 빛이 내려와 그를 에워싸는 경험을 했습니다. 사도시대에도 성령충만함을 경험하지 않고 하나님께 쓰임 받은 사람은 없었습니다. 요한 웨슬리, 조지 휫필드 그리고 역사적으로 대각성 운동을 이끌었던 사람들을 생각해보십시오.

성령사역에 대해서 부정적인 신학자들은 그런 체험이 우리의 삶에 지속적인 효과를 주는지에 대한 의문을 제기하고는 합니다. 물론 일회적이고 순간적인 효과로 끝나는 경우도 있습니다. 그렇지만 우리가 반문해야 하는 것은 영감에 넘치는 설교를 들었다고 해서 누구나 그 순간부터 완전히 변화된 삶을 살아가는 것은 아니라는 점입니다. 그럼에도 불

구하고 성령체험을 통해서 수많은 사람들의 삶이 놀랍게 변화되는 것을 보게 됩니다.

질문과 적용

다음 질문에 답하면서 오늘 내용을 자신에게 적용해보세요.

1. 혹시 당신에게도 성령체험에 대한 두려움이 있지 않으신가요? 오늘 내용을 통해 내 안에 어떤 두려움이 있는지 적어보시기 바랍니다.

2. 성령체험 이후 삶이 변화되고 본격적으로 쓰임을 받은 성경 인물이나 신앙인 가운데 본받고 싶은 사람이 있나요? 그 이유가 무엇인지 적어보시고 성령체험을 간절히 사모해보시기 바랍니다.

3. 오늘 내용을 통해 성령님의 역사에 대한 당신의 생각이 어떻게 바뀌었는지 Before & After로 적어보세요.

더보기

영상 – 성령님이 이끄시는 능력 있는 신앙생활

Welcome Holy Spirit

DAY

10

—

성령체험 했는데
왜 더 안 좋아지는 것 같나요?

Welcome Holy Spirit

성령체험만 하면 모든 일이 잘 풀리고 문제가 해결되는 역사가 일어날 것이라고 기대하는 사람들이 종종 있습니다. 하지만 그런 기대와 정반대로 제대로 성령체험을 했는데도 불구하고 오히려 이해할 수 없는 상황이 벌어지고는 합니다. 분명히 성령님께서 역사하신 것이 맞는데 왜 그런 일이 일어날까요? Day 10에서는 이 부분에 대해 함께 알아보도록 하겠습니다.

영적 명현 현상(호전 반응)

성령님이 우리의 혼과 몸을 통치하시는 성령체험을 할 때 어떤 일들이 일어날 수 있을까요? 먼저 알아야 할 진리는 모든 고통과 괴로움은 혼이 몸의 생각과 감정 그리고 신체를 자신과 동일하게 여길 때 만들어지는 거짓자아로부터 생긴다는 것입니다.

성령체험을 통해 혼이 몸의 종노릇에서 벗어나 잠시나마 하나님의 영 안에 거한다고 생각해보십시오. 그동안 혼이 거짓자아에 묶여서 겪던 고통과 괴로움이 사라지고, 성령님의 통치 안에서 '하나님의 의'가 되고,

두려움 대신 세상이 줄 수 없는 '평강'을 누리게 되고, 슬픔 대신에 '기쁨'이 임하게 되는 것입니다. 이와 동시에 우리가 알아야 할 사실은 성령체험 후에 생각지 못한 일들이 일어날 수도 있다는 것입니다. 각자 내면에 빛이 비치면 어두움 때문에 볼 수 없었던 쓰레기들(각종 죄와 죄악 그리고 그에 따른 생각의 견고한 진과 감정의 상처와 쓴뿌리 등)이 드러나고, 동시에 그 쓰레기 더미에 살고 있던 쥐들(악한 영들)이 갈팡질팡하며 발악하게 됩니다.

> **엡 5:11-13** 11 너희는 열매 없는 어둠의 일에 참여하지 말고 도리어 책망하라 12 그들이 은밀히 행하는 것들은 말하기도 부끄러운 것들이라 13 그러나 책망을 받는 모든 것은 빛으로 말미암아 드러나나니 드러나는 것마다 빛이니라(But their evil intentions will be exposed when the light shines on them. NLT)

이는 마치 건강해지기 위해 좋은 한약이나 건강식품을 먹었는데 오히려 자신 안에 있던 노폐물들이 몸 밖으로 배출되면서 상태가 악화되는 것처럼 보이는 명현 현상과 비슷하다고 볼 수 있습니다. 하지만 이런 현상은 기존에 없던 것들이 새로 나타난 것이 아니라, 자신 안에 있었지만 그동안 드러나지 않았던 것들이 나타난 것입니다. 본래대로 회복되어 더 건강해지기 위한 과정으로 거짓자아에 의해 만들어진 부작용과는 근본적으로 다른 호전 반응인 것입니다.

이와 마찬가지로 영적으로도 성령님이 임하시면 숨겨 놓았던 심중의 상처와 쓴뿌리, 육신에 숨어 있던 귀신들의 정체도 드러납니다. 그때 우리의 혼이 우리의 심중에 이미 기록된 말씀을 안다면 내면의 고통과 괴로움을 기쁨으로 인내하며 이길 수 있지만, 그렇지 못하면 자신의 혼이 또다시 생각과 감정 그리고 신체에 묶여서 이유를 알 수 없는 괴로움과 고통 등의 부정적인 감정을 가질 수도 있습니다.

또한 내면의 쓰레기에 숨어 있는 악한 영들은 그곳을 순순히 떠나려고 하지 않습니다. 왜냐하면 악한 영이 있기를 가장 좋아하는 곳이 사람의 몸이기 때문이며, 용서하지 않고 회개하지 않음으로써 자신 안에 쌓아둔 내면의 쓰레기는 악한 영들에게 그곳에 거할 합법적인 권리를 주기 때문입니다.

롬 6:16 너희 자신을 종으로 내주어 누구에게 순종하든지 그 순종함을 받는 자의 종이 되는 줄을 너희가 알지 못하느냐 혹은 죄의 종으로 사망에 이르고 혹은 순종의 종으로 의에 이르느니라

성령사역으로 사람들에게 성령님이 임하시면 그들의 내면에 숨어 있던 것들이 표면으로 올라와 다양한 반응을 나타냅니다. 이때 성령님이 역사하시는 것을 분별하지 못하면, 멀쩡하던 사람이 갑자기 이상한 행동을 한다고 오해할 수 있습니다. 그러나 그러한 일은 성령님이 임하시기 때문에 일어나는 일입니다. 이런 현상은 한편으로 그만큼 그 사람의 내면이 더러운 것들로 가득 차 있었다는 것을 보여주는 것이면서, 다른 한편으로는 성령님께서 그 사람을 사랑하셔서 자유케 하기 위하여 역사하고 계신 것을 보여주는 것입니다. 우리가 이러한 일들을 보며 하나님께 감사하고 영광을 올려드려야지, 성령사역을 부정적으로 판단하거나 비난해서는 안 됩니다.

막 7:21-23 21 속에서 곧 사람의 마음에서 나오는 것은 악한 생각 곧 음란

과 도둑질과 살인과 22 간음과 탐욕과 악독과 속임과 음탕과 질투와 비방과 교만과 우매함이니 23 이 모든 악한 것이 다 속에서 나와서 사람을 더럽게 하느니라

성령체험 시 일어날 수 있는 다양한 육체적 반응들

성령체험은 하나님의 영이 우리의 혼과 몸을 통치하는 것이기 때문에 다양한 육체적 반응을 동반하곤 합니다. 이는 마치 전선을 통해 전기가 흐르면 다양한 일들이 일어나는 것처럼 하나님의 생명 에너지가 우리의 몸에 임할 때 다양한 현상들이 일어나는 것입니다. 대표적인 예로 눈꺼풀이 가볍게 떨리는 REM(Rapid Eye Movement) 현상이 나타나거나 눈동자가 움직이거나 호흡이 깊어지거나 빨라지고, 손가락이 움직이거나 손을 떨기도 하고, 양손이 위로 올라가기도 합니다. 또 몸이 심하게 떨리고, 껑충껑충 뛰고, 몸의 균형을 잃고 뒤로 넘어지기도 하고, 상체가 반복적으로 앞으로 꺾이기도 하고, 큰소리로 웃거나 울기도 하고, 넘어진 상태로 가만히 있기도 하고, 넘어진 상태에서 심하게 진동하거나 심한 경련을 일으키기도 하고, 악을 쓰듯 큰 소리를 지르는 현상이 나타나기도 합니다. 이러한 현상은 분별이 필요하지만 대부분 성령님에 의해 축귀와 치유가 진행될 때 일어나는 현상입니다.

이와 더불어 성령님께서 임하실 때 더 이상 자신의 혼으로 몸을 제어할 수 없어 다리가 풀려 쓰러지는 현상이 나타나기도 합니다. 우리가 서 있을 수 있는 것은 의식이 깨어 있기 때문입니다. 의식을 잃을 때는 쓰러지는데 하나님의 영이 우리의 혼을 통치할 때 그 일을 경험하게 되는 것입니다. 성령님의 역사로 쓰러진다는 것은 우리의 혼과 몸의 주인

이 자신이 아니라 하나님이신 것을 보여주는 소중한 경험입니다.

한편 심리적, 감정적으로는 마음에 기쁨과 평화가 물밀듯이 밀려옵니다. 이외에도 마음이 무언가에서 해방된 느낌, 병이 나았다는 느낌, 몸이 공중에 떠 있는 느낌, 강한 전류에 감전된 듯한 느낌, 바람이 불어오는 느낌, 몸이 뜨거워짐, 매우 어지러움(경우에 따라 구토증을 동반함), 술 취한 것 같은 현상 등이 나타날 수 있습니다.

영적 체험으로는 몸에서 무언가 떠나가는 체험(악한 영이 쫓겨 나가는 현상), 하나님의 임재하심과 사랑을 체험, 방언을 말하거나 다양한 은사가 활성화됨, 성령님께서 자신의 몸 전부를 감싸며 통치하시는 것을 체험, 강한 빛을 봄, 자신이 죄인임을 깨달음, 하나님의 음성을 듣는 일이 나타나기도 합니다.

마지막으로 언급하고 싶은 것은 숨어 있던 악한 영이 드러날 때 나타나는 현상입니다. 예수님의 공생애 사역 가운데 빈번하게 나타났던 것처럼 성령님이 역사하는 곳에는 반드시 악한 영도 정체를 드러냅니다. 진정한 그리스도인의 영 안에는 성령님이 계시기 때문에 악한 영이 있을 수 없지만, 그의 혼과 몸에 악한 영의 묶임과 눌림이 있을 수 있습니다. 평상시 자신의 내면이 어떤 상태인지를 잘 모르다가 성령님이 강력히 임하시면 내면에 숨어 있던 악한 영이 그 정체를 드러내게 됩니다. 즉 빛이 임함으로써 어둠 속에 있던 것들의 정체가 드러나는 것입니다.

악한 영이 드러날 때 흔히 일어나는 현상들은 다음과 같습니다. 기도받을 때 숨어 있던 악한 영들이 쫓겨 나가지 않기 위해 몸부림치기 때문에 가슴이 답답함을 느끼기도 합니다. 또한 악한 영이 떠나가는 과정에서도 괴로움을 느끼거나 기침을 하거나 헛구역질을 하거나 가래를 뱉어내기도 합니다. 또는 기도를 받는 동안 얼굴이 일그러진다거나 음성이 변조되어 이상한 말을 하거나 몸을 기괴하게 움직이거나 몸을 떨며 두려움에 사로잡히거나 기도 사역자를 저주하거나 갑자기 검은 눈동자가 사라지고 흰자위만 보인다거나 심한 악취가 날 수 있습니다.

이처럼 악한 영이 드러났음에도 불구하고 자신의 죄를 회개하지 않거나 다른 사람을 용서하지 않음으로 악한 영에게 계속 내면에 머무를 수 있는 합법적인 이유를 제공한다면 그 악한 영은 법적인 권리를 가지고 떠나려 하지 않습니다. 이때 악한 영들은 두려움을 주거나 육체를 마비시키거나 환청을 듣게 하는 등 다양한 방법을 동원해서 이러한 현상이 잘못된 것인 양 혼돈을 줍니다. 이것은 모든 거짓을 동원해서 그 사람을 떠나지 않으려는 악한 영의 술책입니다.

이런 현상만 보고 이것이 성령님의 역사가 아닌 악령의 역사라고 비난하는 사람도 있습니다. 하지만 이런 비난은 옳지 않을뿐더러 영적세계에 대한 무지를 드러내는 것일 뿐입니다. 앞서 말한 것처럼, 성령님이 빛으로 임하실 때 인간의 몸속에 있는 악한 영이 자신의 정체가 탄로 나자 나가지 않으려고 발악하는 것이지, 악한 영이 주도권을 잡고 어떤 역사를 하는 것이 아닙니다. 성령님의 역사와 영적세계에 대해 잘 알지 못하는 그리스도인들이 성령사역 현장을 보고 악한 영들이 역사하는 집회라고 비난하는 것을 보면 안타까운 마음을 금할 길이 없습니다.

성령집회 후 교회 내 발생할 수 있는 문제들과 그 이유들

세상이 어두워질수록 성령님의 능력 없이는 복음 전파가 점점 더 힘들어지기 때문에 교회나 성도들이 성령사역에 다시 관심을 가지고 사모하는 것을 보게 됩니다. 과거에는 성령체험이나 은사적 사역이 전통적인 오순절 계통에 속하는 교회의 전유물이었다면, 이제는 모든 교회에서 폭넓게 받아들이고 적극적으로 수용되는 추세입니다. 앞으로는 교단과 교파를 초월하고 개교회가 주축이 되어 성령집회 하는 일이 늘어날 것입니다.

한편 성령사역에 대한 성경적 이해와 훈련이 부족한 교회가 대다수이기 때문에 성령사역의 적극적인 수용에 따른 부작용이 생각 이상으로 큰 것도 사실입니다. 예를 들면 성령집회 후 성도 간의 위화감이나 비교의식이 생길 수도 있고, 내면에 숨어 있던 귀신들이 드러남으로 인하여 비정상적인 모습들이 나타나거나 인격적으로 성숙하지 못한 자가 받은 은사를 잘못 사용함으로 인하여 교회 내 혼란을 초래하거나 성령사역을 한다는 이유만으로 교회가 이단 시비에 휘말릴 수도 있습니다.

이러한 문제들이 발생하는 이유는 다음과 같습니다

1 집회의 목적이 잘못되었기 때문입니다

부작용이 일어나는 것은 대부분의 성령집회가 성령체험과 치유 그리고 은사를 구하는 것에만 초점을 두기 때문입니다. 그 결과로 성령체험 후에 나타나는 자연스럽고 예상 가능한 부작용에 대해 적절한 대처를 하지 못합니다. 또한 성령체험의 의미가 무엇인지, 그리고 어떻게 성령 충만한 삶을 살 수 있는지에 대한 올바른 가르침도 없습니다.

2 목회자가 성령사역에 익숙하지 않기 때문입니다

목회자가 성령의 역사와 은사에 대해서 잘 모르기 때문에 성령집회를 마치고 그 뒷감당을 못해 어려움을 겪는 경우가 많습니다. 성도들의 체험에 대한 올바른 해석과 적용, 그들이 받은 은사를 어떻게 사용하고 개발해야 하는지에 대한 지도, 무엇보다도 영적 성숙을 위한 훈련과 조언 그리고 악한 영의 노출에 대한 영적인 분별과 축사 등 영적 애프터서비스가 절대적으로 필요합니다.

❸ 성령사역자의 균형 잡히지 못한 집회 인도 때문입니다

흔히 성령집회를 할 때 사역자는 집회의 특성상 인간의 믿음과 성령님의 역사에 초점을 맞추기 때문에 본의 아니게 한쪽으로 치우친 말씀을 전할 수 있습니다. 그러다보니 자연적으로 성령님이 임하시면 모든 것이 다 잘 될 것이라는 식으로 유도하기 십상입니다. 물론 성령님이 임하시면 놀라운 기사와 이적이 일어납니다. 12년 동안 혈루증으로 고생한 여인이 한순간에 치유함을 받은 것처럼 단 한 번의 기도와 사역으로 인생이 바뀌는 일들이 일어납니다. 하지만 집회에 참석한 모든 사람이 그렇게 되는 것은 아닙니다. 하나님의 놀라운 역사를 체험한 성도는 말할 수 없이 기쁘지만, 그렇지 못한 사람은 심한 실망과 좌절을 경험하게 되는 것입니다.

❹ 성령사역에 대한 성도들의 잘못된 생각 때문입니다

언제부터인지 몰라도 많은 성도들이 성령체험만 하고 나면(혹은 방언을 하면), 신앙생활을 포함해 모든 것이 잘 풀릴 것이라는 한탕주의 믿음을 소망하는 것 같습니다. 성령체험은 하나님나라에서 하나님 자녀의 삶을 위한 시작일 뿐입니다. 비유적으로 말하면 요단강을 건너 도착한 길갈에서 가나안 땅에서 있을 전쟁을 준비하는 단계에 불과합니다. 그런데 전쟁을 하지도 않고 가나안 땅을 정복한 것처럼 생각한다는 것입니다.

5 뉴에이지 사상과 영성이 혼합되었기 때문입니다

성령집회 후에 성도들이 영적으로 더 갈급함을 느끼게 됩니다. 그런데 그러한 영적인 필요를 교회가 충족시켜주지 못하면 복음의 탈을 쓴 뉴에이지 사상과 영성이 교묘하게 성도들을 미혹하게 됩니다. 그때 성령의 역사와 뉴에이지 현상들을 제대로 구분하지 못하면 엄청난 혼란을 겪게 되고, 성령님의 인도하심을 받는 삶을 아예 포기하게 되는 것입니다.

우리는 어떻게 준비되어야 할까?

앞으로 말세적 어두움이 짙어질수록 우울증과 공황장애 그리고 악한 영의 공격이 더 심해질 것입니다. 최근 들어 교회 내 정신적인 문제와 결합된 악한 영의 문제가 날이 갈수록 더 많이 생기는데, 지금의 교회는 문제해결을 포기한 것처럼 보입니다. 또한 현재 말씀 중심의 교회에서 성령 집회를 수용하더라도 성령체험 후에 일어나는 다양한 현상을 파악하고 대처하며, 악한 영을 분별하고, 더 나아가 성도들의 영적 성숙을 체계적으로 이끌어줄 사역팀이나 멘토가 거의 없는 것이 현실입니다.

앞으로 교회 내에 이러한 문제를 도와줄 사역팀이나 멘토에 대한 수요(니즈, needs)가 기하급수적으로 늘어나게 될 것입니다. 그런데 문제의 심각성은 이런 사역자나 멘토는 기존의 성경공부나 훈련으로는 양육시킬 수 없다는 데 있습니다. 따라서 교단과 교파를 초월하여 이런 지도자를 양성할 공인된 단체의 권위를 인정해주고 그곳에서 배우도록 해야 합니다. 그리고 훈련된 사역자는 교회 내 목회자의 감독 아래 사역할 수 있는 제도나 시스템을 갖추어야 합니다. 그래야 다가오는 성령의 새바람이 우리에게 역풍이 아닌 순풍이 될 수 있습니다.

다음 질문에 답하면서 오늘 내용을 자신에게 적용해보세요.

1. 오늘 내용을 통해 성령체험 때 일어날 수 있는 모순적인 일에 대한 당신의 견해가 어떻게 바뀌게 되었는지 Before & After로 적어보세요.

2. 당신이 경험한 영적 명현 현상은 무엇인가요? 그 현상을 어떻게 해석했는지, 그 현상에 대한 당신의 반응은 어떠했는지를 적어보세요.

3. 악한 영의 공격이 더 심해지고 모순적인 일들이 더 많이 일어날 말세적 어둠 속에서 하나님께 어떻게 쓰임 받고 싶으신가요? 성도들의 영적 성숙을 이끌어주는 멘토가 된 모습을 그리며 적어보세요.

더보기

영상 – 성령체험에 대한 올바른 이해

Welcome Holy Spirit

—

성령님께서는 왜 저를 다시 십자가로 인도하시나요?

내가 그리스도와 그 부활의 권능과 그 고난에 참여함을 알고자 하여 그의 죽으심을 본받아
어떻게 해서든지 죽은 자 가운데서 부활에 이르려 하노니 빌 3:10-11

성령체험을 했는데도 다시 예전으로 돌아가는 사람들이 많습니다.
왜 이런 일들이 발생하는지 이제 우리는 알고 있습니다. Day 8의 펌프
비유에서 알아본 것처럼 성령체험은 마중물과 같습니다. 우리의 심중에
쌓인 견고한 진과 상처와 쓴뿌리라는 쓰레기를 치우지 않는다면 우리
안에 이미 있는 생수가 올라올 수 없습니다. 그래서 성령체험을 제대로
하고 그 후에 성령님의 인도하심을 경험하게 된 사람은 성령님께서 다
시 십자가로 인도하시는 것을 반드시 체험하게 되어 있습니다. 그렇다
면 성령님께서 다시 우리를 십자가로 인도하심으로써 우리를 어떤 삶으
로 이끌어 가시는 걸까요? Day 11에서는 이에 대해 함께 알아보도록
하겠습니다.

십자가의 죽음과 부활에 연합한 삶

성경은 구원받을 때 믿음으로 예수님의 죽음에 연합하여 자신의 옛
사람이 예수님과 함께 십자가에 못 박힌다고 말씀합니다.

롬 6:6 우리가 알거니와 우리의 옛 사람이 예수와 함께 십자가에 못 박힌 것은 죄의 몸이 죽어 다시는 우리가 죄에게 종노릇 하지 아니하려 함이니

갈라디아서 2장 20절의 전반부는 그리스도와 함께 십자가에 못 박혀 옛사람이 죽었기 때문에 이제 내 안에 사는 것은 '과거의 내'가 아니라 '내 안에 계신 예수 그리스도'라고 선포합니다. 즉 구원받을 때 십자가에서 일어나는 그리스도와의 연합을 통해 옛사람은 십자가에 못 박혀 죽고, 옛사람에게 영향력을 미치던 세상 신이 떠나고 그리스도께서 내 안에 오심으로 그리스도 안에서 새로운 피조물이 된 것을 체험하게 됩니다.

갈 2:20a 내가 그리스도와 함께 십자가에 못 박혔나니 그런즉 이제는 내가 사는 것이 아니요 오직 내 안에 그리스도께서 사시는 것이라…

고후 5:17 그런즉 누구든지 그리스도 안에 있으면 새로운 피조물이라 이전 것은 지나갔으니 보라 새 것이 되었도다

구원받을 때 우리 안에서 이러한 놀라운 변화가 일어나지만, 어떻게 새로운 피조물의 삶을 살아야 하는지에 대해서는 막연해 하는 경우가 많습니다. 대개는 교회 내 성숙한 사람의 신앙생활을 본받는 것이 새로운 피조물의 삶인 것으로 생각합니다. 또 어떤 사람은 예수님을 닮아가는 것이 새로운 피조물의 삶이라고 생각합니다. 그러나 그것은 절대적인 모순입니다. 왜냐하면 복음은 내가 죽고 내 안에 그리스도께서 사시는 것인데 '이미 십자가에서 죽은 내'가 다시 살아나 그분을 닮아갈

수 없기 때문입니다. 진정한 신앙생활은 내가 거짓자아로 예수님을 닮아가려고 노력하는 삶(예닮 삶)이 아니라 내 안에 계신 예수 그리스도를 나타내는 삶(예나 삶)입니다. 이것은 마치 예수 그리스도 안에 성부 하나님이 계셔서 그의 일을 행하시는 것과 같습니다.

> **요 14:10** 내가 아버지 안에 거하고 아버지는 내 안에 계신 것을 네가 믿지 아니하느냐 내가 너희에게 이르는 말은 스스로 하는 것이 아니라 아버지께서 내 안에 계셔서 그의 일을 하시는 것이라

바로 이러한 삶에 대해 갈라디아서 2장 20절의 후반부는 명확하게 말씀하고 있습니다. 우리가 '예나 삶'을 온전하게 살지 못하는 이유는 이 구절을 제대로 해석하지 못하기 때문입니다.

> **갈 2:20b** … 이제 내가 육체 가운데 사는 것은 나를 사랑하사 나를 위하여 자기 자신을 버리신 하나님의 아들을 믿는 믿음 안에서 사는 것이라

이 구절에서 '아들을 믿는 믿음 안에서'를 잘 해석해야 합니다. 이 표현의 헬라적 원어는 "내가 구원을 얻었기 때문에 내가 그 예수를 믿음으로 산다"라는 뜻이 아닙니다. 이 말씀은 '내가 예수 그리스도를 믿는 믿음'이 아니라 '(나는 죽고) 예수 그리스도 안에 있는 믿음(live by the faith of the Son of God, 킹제임스 역본 ; live by the faith in the Son of God, 다른 영어 역본들)'에 의해서 산다는 뜻입니다.

'예수 그리스도를 향한 나의 믿음'이 아니라 '내 안에 계신 예수 그리스도의 믿음'으로 사는 삶은 갈라디아서 2장 20절 전반부 말씀대로,

내가 사는 것이 아니라 오직 내 안에 그리스도께서 사시는 것이 체험될 때 가능합니다. 나의 옛 자아는 죽었으며 하나님의 영이 임하심으로써 그리스도 안에서 새로운 자아가 다시 태어났기 때문에 성령님의 인도하심을 받는 혼이 하나님을 알고 하나님을 나타내는 새로운 의식이 될 수 있는 것입니다. 바로 이 소생케 된 혼에 의해서 예수 그리스도께서 이미 법적으로 완성하신 영혼몸의 구원사역이 끊임없이 믿어지게 되고 체험되는 것입니다. 당신이 거듭났다 할지라도 성령님의 도움이 없이는 절대로 하나님 자녀의 삶을 살 수 없다는 사실을 명심해야 합니다.

갈라디아서 2장 20절의 핵심을 정리하면, 이것은 내 육체에 기초한 자기의식으로 이 사실을 믿으려고 애쓰는 것이 아니라 내 안에 계신 성령님을 통해 새롭게 소생케 된 자기의식(소생케 된 혼)에 의해서 믿어지게 되는 것입니다. 그 결과로 하나님의 아들 안에 있는 믿음이 내 몸에 나타나는 것을 체험하게 됩니다. 하나님의 아들 안에 있는 믿음이란 무엇일까요? 내가 하나님의 말씀을 믿는 것이 아니라 하나님께서 말씀하시고 보여주시는 것이 나를 통하여 이루어진다는 믿음, 즉 인자로 오신 예수 그리스도께서 가지셨던 그 믿음입니다.

십자가는 성령으로, 성령은 십자가로 인도하는 삶

우리는 분명히 성령님의 인도하심을 받아 십자가 앞으로 나왔고, 그 십자가에 자신의 옛사람을 못 박았습니다. 그렇다면 우리가 왜 다시 옛날로 돌아가는 것일까요? 그것은 예수 그리스도의 십자가를 통한 구원 사건이 과거의 경험으로 남아 있기 때문입니다. 다른 말로 십자가의 사건이 구원받은 이후 현재적 실존으로 계속 경험되지 않기 때문입니다.

그렇게 된 이유는 예수 그리스도를 증거하시는 성령님의 인도하심을 지속적으로 받지 못했기 때문입니다. 지금 이 순간 여기에서 성령님의 인도하심을 받지 못할 때 우리는 과거 자신의 옛 자아를 십자가에 못 박은 사건의 기억으로 현재를 살 수밖에 없습니다.

우리는 흔히 성령님의 인도하심을 받는다는 것을 단지 '내'가 성령님을 의지하여 살아간다는 뜻으로 생각합니다. 즉 내 안에 계신 성령님으로 인해 그리스도의 성품과 능력을 가진 중인의 삶을 살게 된다고 생각합니다. 하지만 실상은 결코 그렇지 않습니다. 구원받은 후 성령님은 우리를 늘 다시 십자가로 인도하시며, 그 십자가에서 옛사람의 죽음(옛 자아 또는 옛 본성의 죽음)과 더불어 거짓자아의 죽음(혼이 몸의 종노릇에서 벗어남)을 체험하게 하십니다(고후 4:10-11). 그리고 심중에 하나님의 말씀이 심겨지게 함으로써 내 혼과 몸을 통하여 그리스도의 생명이 나타나도록 하십니다. 결국 성령님은 우리를 십자가로, 십자가는 우리를 다시 성령님께로 인도하십니다.

사도 바울은 성령님을 통해서 예수 그리스도에 대한 깊은 계시를 받았습니다. 믿음으로 예수 그리스도의 죽으심과 부활에 연합할 때 십자가의 도를 통해 체험되는 구원에 대해 그는 서신서에서 자세히 말하고 있습니다. 이와 더불어 바울은 성령님을 좇아 행하는 삶이 얼마나 중요한지 절실히 깨달았기에, 우리에게도 그렇게 살도록 여러 차례 권면합니다.

갈 5:16 내가 이르노니 너희는 성령을 따라 행하라 그리하면 육체의 욕심을 이루지 아니하리라

갈 6:14 그러나 내게는 우리 주 예수 그리스도의 십자가 외에 결코 자랑할 것이 없으니 그리스도로 말미암아 세상이 나를 대하여 십자가에 못 박히고 내가 또한 세상을 대하여 그러하니라

바울의 삶의 중심은 십자가였습니다. 그는 구원받을 때 체험하는 옛 사람의 죽음(한 번의 죄의 본질의 죽음)뿐만 아니라 날마다 성령님의 인도하심 가운데 체험되는 겉사람의 낡아짐(지속적인 거짓자아의 죽음) 둘 다 강조하였습니다.

이에 더해 그의 모든 삶과 사역은 십자가에 기초한 성령님과의 교제였습니다. 그가 한 성령사역은 단지 성령님께만 의존한 사역이 아니었습니다. 이것은 오늘날 너무나 많이 간과되고 있는 진리입니다.

성령님은 하나님의 영이실 뿐만 아니라 그리스도의 영이시며 그리스도를 증거하시는 분이십니다. 그분께서는 구원받은 후에도, 성령체험 후에도 우리를 십자가로 인도해주심으로써 우리의 매 순간의 삶을 십자가에 기초한 예수 그리스도의 삶으로 변화시켜주십니다. 이것은 너무나 중요한 사실인데, 많은 경우 우리는 이 사실을 경험하지도 누리지도 못하고 있습니다. 흔히 성령님은 우리에게 능력만을 주시는 분으로 생각하는데, 결코 그렇지 않습니다. 성령님은 우리를 다시 십자가로 이끄셔서 우리의 혼이 거짓자아의 의식이 아니라 하나님 자녀의 의식(그리스도 의식)을 체험하게 하셔서 매일 자기를 부인하고 자기 십자가를 짐으로써 더 이상 몸의 종노릇하는 것이 아니라 그의 나라와 의를 구하는 삶을 살게 하십니다.

십자가는 그리스도의 죽음과 부활, 그리스도와의 온전한 연합, 말할 수 없는 기쁨과 환희와 사랑이 함께하는 장소입니다. 나의 모든 것

을 끝내는 장소, 그리스도의 모든 것이 나에게 넘치도록 부어지는 장소, 하나님 앞으로 나아갈 수 있는 유일한 문이고, 하나님의 비밀의 경륜을 깨닫는 장소입니다. 결국 십자가의 죽으심과 부활하심에 대한 동참은 과거의 사건이 될 수 없습니다. 이것은 성령님 안에서 내 몸이 살아 있는 한 지금 이 순간 여기에서 체험되는 현재적 실체로서 우리의 존재와 삶의 기초가 되어야 합니다. 옛 자아의 죽음 이후에도 우리의 삶은 십자가에 기초해야 합니다. 그럴 때 예수 그리스도의 영이신 성령님이 우리의 혼과 몸을 통치하게 됨으로써 우리를 통해 주님의 성품이 나타나고 주님의 뜻을 이루는 권능이 나타납니다. 이것이 앞으로 Day 12-14에서 나눌 기름부으심의 비밀입니다.

부활의 권능과 예수님의 생명이 나타나는 삶

사도 바울은 갈라디아서를 쓰고 약 6년 후 빌립보서에서 자기 삶의 갈망과 목표에 대해 적었습니다. 빌립보서 3장 10-11절은 우리가 그리스도인의 삶을 살 수 있는 것은 십자가를 믿었기 때문이 아니라 십자가가 우리 존재의 기초가 되었기 때문임을 너무나 극명히 나타내고 있습니다.

> **빌 3:10-11** 10 내가 그리스도와 그 부활의 권능과 그 고난에 참여함을 알고자 하여 그의 죽으심을 본받아 11 어떻게 해서든지 죽은 자 가운데서 부활에 이르려 하노니

이미 자신의 옛사람을 십자가에 못 박고 구원을 얻었음에도 불구하

고, 그는 여전히 그리스도와 부활의 권능과 고난에 동참하는 것을 알고자 하여 예수 그리스도의 죽음에 연합함으로써 매일의 삶 가운데서 부활의 권능을 경험하기 원했습니다. 이 말씀을 더 정확히 깨닫기 위해서는 고린도후서 4장 10-12절의 말씀을 함께 보아야 합니다.

> **고후 4:10-12** 10 우리가 항상 예수의 죽음을 몸에 짊어짐은 예수의 생명이 또한 우리 몸에 나타나게 하려 함이라 11 우리 살아 있는 자가 항상 예수를 위하여 죽음에 넘겨짐은 예수의 생명이 또한 우리 죽을 육체에 나타나게 하려 함이라 12 그런즉 사망은 우리 안에서 역사하고 생명은 너희 안에서 역사하느니라

이 말씀은 예수의 생명이 우리 죽을 육체에 나타나게 하는 두 가지 방법에 대해서 말하고 있습니다. 첫째는 "예수의 죽음을 몸에 짊어짐(죄의 본질에 대한 죽음)"입니다. 이것은 예수님께서 우리를 위해 왜 죽으셨는지를 성령 안에서 시공간을 초월하여 체험하는 것입니다. 둘째는 "살아있는 자가 항상 예수를 위하여 죽음에 넘겨짐(죄의 세력에 대한 죽음)"입니다. 이것은 성령님을 통해 자기부인과 자기 십자가를 짐으로써 혼이 몸의 종노릇에서 벗어나는 것을 의미합니다. 이것은 결코 자신의 결단이나 노력으로 행할 수 없습니다. 성령님에 의해 소생케 된 혼이 그분의 통치를 받음으로써만 가능합니다. 우리는 이 두 가지 방법을 통하여 늘 혼이 몸의 종노릇에서 벗어나 성령님의 통치를 경험해야 합니다. 그럴 때 성령님께서는 우리의 심중에 남겨진 쓰레기(견고한 진과 상처와 쓴뿌리)를 제거해주시고 하나님의 말씀대로 이루어진 실상을 심중에 심어주심으로써 우리의 삶을 변화시켜주십니다.

십자가와 성령이 하나인 삶

성령님은 우리로 하여금 우리 안에 계신 예수 그리스도와 끊임없이 교제하도록 하십니다. 그 교제의 핵심은 십자가와 성령이 하나 되는 것입니다. 이것이 바로 십자가의 도(헬, 로고스 : 메시지)입니다. 즉 옛사람의 죽음을 통해 이루어진 그리스도와의 연합을 늘 체험하게 하시고, 혼이 거짓자아에서 벗어나 성령님의 인도하심을 받게 함으로써 그리스도의 생명이 우리 죽을 육체에 나타나게 하시는 것입니다. 십자가를 거치지 않은 성령님과의 교제는 그분의 찾아오심으로 인한 일방적인 성령체험일 뿐입니다. 이것이 수많은 사람들이 기도받고 성령체험을 했음에도 불구하고, 여전히 자기중심적인 삶에서 벗어나지 못하고 주님의 성품과 권능을 나타내지 못하는 이유이기도 합니다.

오늘날 많은 그리스도인들이 교회에 나와 예배를 드리고 봉사와 헌신에 많은 시간을 보냅니다. 그러나 예수님의 삶 자체인 십자가와 성령에 대한 깊은 묵상과 실천적 체험이 없기 때문에 '십자가'는 구원을 얻기 위해서, '성령님'은 주님의 일을 하기 위해서 필요하다는 생각으로 십자가와 성령을 분리하는 신앙생활을 하고 있습니다. 이러한 경향은 배우는 자에게만이 아니라 가르치는 자에게도 발견됩니다. 환상을 보고 능력도 행하고 진리의 말씀을 선포하고 예언도 하지만 십자가와 성령 그리고 신앙생활과 일상생활이 씨줄과 날줄로 완전하게 엮이지 않아 마치 입지 못할 해진 옷과 같은 삶을 살고 있는 것입니다.

우리는 다시 복음의 기초로 돌아가야 합니다. 예수님의 생명이 우리 죽을 육체에 매 순간 나타나게 하는 것이 새로운 피조물의 삶이자 하나님나라의 삶입니다. 이것은 성령님으로 인하여 십자가로 가는 삶이고, 십자가를 통하여 성령님을 나타내는 삶입니다. 십자가와 성령은 하나입니다. 성령님께서 우리를 십자가로 인도하시는 이유는 십자가와 성령이 하나인 삶을 통해 우리가 주님의 뜻을 이루는 하나님 자녀의 삶을 살기를 원하시기 때문입니다.

질문과 적용

다음 질문에 답하면서 오늘 내용을 자신에게 적용해보세요.

1. "십자가에서 이미 죽은 내가 어떻게 성령님의 인도하심을 받을 수 있나요?"라는 질문에 대한 당신의 생각을 적어보세요.

2. 당신이 십자가에서 예수 그리스도의 죽음과 부활에 연합함으로 성령님을 통하여 새 생명을 얻게 된 것이 믿어지나요? 그렇다면 새 생명을 얻음으로써 누리게 된 것을 적어보세요.

3. 성령님께서 우리로 하여금 우리 안에 계신 예수 그리스도와 끊임없이 교제하도록 하시는 이유는 무엇일까요? 그 친밀한 교제를 날마다 누리기 위해서 당신의 삶에 어떠한 변화가 필요한지 적어보세요.

더보기

도서 – 《알고 싶어요 성령님》
　　　10장 십자가는 성령으로, 성령은 십자가로 우리를 인도한다(282~293p)

Welcome Holy Spirit

Welcome Holy Spirit

3
PART

기름부으심

기름부으심이란
무엇인가요?

'기름부으심'이라는 용어를 들어보셨나요? 제가 2008년에 《기름부으심》(규장)이라는 책을 출판했을 때만 해도 기름부으심이라는 용어가 오늘날처럼 한국 기독교 내에서 익숙한 용어는 아니었습니다. 오늘날 기름부으심이라는 용어를 사용하는 사람들은 많지만, 기름부으심이 무엇인지 성경적으로 정확하게 답변하는 사람은 적은 것 같습니다. 하지만 하나님 자녀로서 주님의 뜻을 이루기 위해서는 먼저 기름부으심이 무엇인지를 알아야 하고, 실제 삶에서 기름부으심이 나타나는 삶을 살아야 합니다. Day 12-15까지 기름부으심에 대해 전반적으로 살펴보고자 합니다. Day 12에서는 먼저 하나님나라 복음의 관점에서 기름부으심이 무엇인지 함께 알아보도록 하겠습니다.

성령체험과 성령충만 그리고 기름부으심

　Day 6에서 자세히 살펴본 것처럼 성령님이 우리의 혼과 몸을 통치하는 것을 경험하는 것이 성령체험이며 그 결과로 우리의 혼과 몸이 지속적으로 성령님의 인도하심을 받는 상태가 성령충만입니다. 그렇다면 기름부으심은 무엇일까요? 기름부으심이란 성령님께서 우리의 혼과 몸을 통치하심으로써 우리의 몸을 통하여 그분의 능력을 나타내는 것입니다. 하나님의 자녀로 성별되어 소명에 따라 그분의 뜻을 행할 수 있는 능력을 부여받는 것입니다.

성령님의 기름부으심은 삶의 모든 영역에서 나타납니다. 기름부으심의 원천은 믿는 자 안에 있는 성령님이기 때문에 모두에게 동일하지만, 개인의 관점에서 보면 각자의 소명 그리고 직분과 역할에 따라 맞춤화된 기름부으심이 나타납니다. 복음전도자로서의 소명이 있는 사람에게는 복음전도의 기름부으심이, 찬양인도자로서의 소명이 있는 사람에게는 찬양인도의 기름부으심이, 교사로서의 소명이 있는 사람에게는 가르침의 기름부으심이 나타난다는 것입니다.

성령체험은 우리로 하여금 하나님 자녀의 정체성을 체험하게 하고, 동시에 그리스도 안에서 자신이 거룩히 구별된 자가 된 것을 깨닫도록 합니다. 그것은 우리의 혼과 몸이 성령님의 통치를 경험함으로써 더 이상 자신의 존재와 삶의 주인이 자신이 아님을 체험하게 되는 것입니다. 성령님을 통하여 긍정적 자아상실을 경험하는 것입니다.

롬 8:15-16 15 너희는 다시 무서워하는 종의 영을 받지 아니하고 양자의 영을 받았으므로 우리가 아빠 아버지라고 부르짖느니라 16 성령이 친히 우리의 영과 더불어 우리가 하나님의 자녀인 것을 증언하시나니

고전 3:16-17 16 너희는 너희가 하나님의 성전인 것과 하나님의 성령이 너희 안에 계시는 것을 알지 못하느냐 17 누구든지 하나님의 성전을 더럽히면 하나님이 그 사람을 멸하시리라 하나님의 성전은 거룩하니 너희도 그러하니라

그러나 성령체험을 통한 긍정적 자아상실만으로 끝나서는 안 됩니다. 우리가 하나님의 통치 안에서 그분께서 주신 소명대로 살기 위해서는 성령의 능력이 나타나는 기름부으심이 필요합니다. 보이지 않는 세계에 하나님의 말씀대로 이루어진 것을 믿음으로 취하고 그것을 선포함으로써, 보이는 세계에서 그 말씀의 실체가 이루어지도록 하는 데 필요한 것이 바로 기름부으심입니다.

다시 한번 정리하면 성령체험 후에 우리의 혼이 몸의 종노릇에서 벗어나 하나님의 영 안에 거할 때 하나님께서 우리의 몸을 통치하심으로써 그분께서 우리를 통해 나타나시는 것이 바로 기름부으심입니다. 따라서 성령체험은 단회적이지만 기름부으심은 자신이 어떤 상태의 삶을 사는가에 따라 지속적으로 나타날 수도 있고, 그렇지 않을 수도 있습니다.

이러한 이유 때문에 하나님나라의 관점에서 볼 때 성령체험과 기름부으심은 다르다고 할 수 있습니다. 하나님의 영이 임하심을 체험하는 것과 그분의 통치하심을 비교해서 생각해볼 때 우리는 이 차이를 명확히 볼 수 있습니다. 하나님나라는 하나님의 통치를 의미하고 예수님께서는 그 하나님나라가 바로 우리 안에 있다고 말씀하셨습니다.

눅 17:20-21 20 바리새인들이 하나님의 나라가 어느 때에 임하나이까 묻거늘 예수께서 대답하여 이르시되 하나님의 나라는 볼 수 있게 임하는 것이 아니요 21 또 여기 있다 저기 있다고도 못하리니 하나님의 나라는 너희 안에 있느니라

하나님나라에서 기름부으심이 나타나는 자녀의 삶을 살기 위해서

는 세 가지가 선행되어야 합니다. 첫째, 성령님이 임하셔야 합니다(성령
세례). 둘째, 성령님의 임재를 체험해야 합니다(성령체험). 셋째, 성령님께
자신의 삶의 통치권이 이양되어야 합니다(성령충만). 거듭났다는 것은
하나님의 영이 임했다는 것이며 진정으로 거듭난 사람만이 하나님나라
에 들어갈 수 있습니다(요 3:3-5). 그러나 하나님나라의 삶을 살기 위해
서는 성령님의 임재를 체험해야 합니다(롬 8:16). 그럴 때 더 이상 자신이
하나님 자녀임을 머리로 믿는 것이 아니라 이미 하나님 자녀임이 믿겨지
고 체험되는 것입니다. 그때부터 우리의 혼과 몸이 그분의 통치를 받게
됩니다. 즉 성령님의 인도하심을 받는 삶을 살 수 있게 되는 것입니다
(롬 8:14).

성령체험을 통해 자유의지를 가진 혼이 몸의 종노릇에서 벗어나는 것
을 경험하게 됩니다. 거짓자아가 사라지는 것을 경험한다는 것입니다.
즉 혼이 자신의 생각과 감정이 나도 아니고 실재도 아니며 진리도 아니
고 힘도 없다는 것을 성령님에 의해서 깨닫는 것입니다. 그렇다면 기름
부으심이 의미하는 것은 무엇일까요? 그것은 자유의지를 가진 혼이 하
나님의 영 안에 거함으로써 성령 하나님께서 말씀으로 우리의 몸을 통
하여 그의 나라와 의를 나타내시는 것입니다. 그것이 바로 예수 그리스
도 안에 있는 새로운 피조물만이 살아낼 수 있는 차원적인 삶이며 이 땅
에 하나님의 창조목적을 실현시키는 것입니다.

구약에서의 기름부으심

구약에서의 기름부으심은 다음과 같은 특징이 있습니다. 첫째, 기름
부으심은 하나님께서 성별한 왕, 선지자, 제사장에게만 주어졌습니다.

기름부으심은 거룩하게 구별됨(성별됨, consecrated)의 의미를 지닙니다. 즉 각자의 직분과 역할에 따른 기름부으심이 임했습니다.

출 28:41　너는 그것들로 네 형 아론과 그와 함께 한 그의 아들들에게 입히고 그들에게 기름을 부어 위임하고 거룩하게 하여 그들이 제사장 직분을 내게 행하게 할지며

민 7:1　모세가 장막 세우기를 끝내고 그것에 기름을 발라 거룩히 구별하고 또 그 모든 기구와 제단과 그 모든 기물에 기름을 발라 거룩히 구별한 날에

둘째, 기름부으심을 통해 신적 권위를 위임하셔서 하나님의 뜻을 이루도록 했습니다. 기름부으심은 하나님께서 맡기신 일을 권능(권세와 능력)을 가지고 행하게 하시는 것입니다.

삿 14:6　여호와의 영이 삼손에게 강하게 임하니 그가 손에 아무것도 없이 그 사자를 염소 새끼를 찢는 것 같이 찢었으나 그는 자기가 행한 일을 부모에게 알리지 아니하였더라

삼상 2:10　여호와를 대적하는 자는 산산이 깨어질 것이라 하늘에서 우레로 그들을 치시리로다 여호와께서 땅 끝까지 심판을 내리시고 자기 왕에게 힘을 주시며 자기의 기름 부음을 받은 자의 뿔을 높이시리로다 하니라

셋째, 기름부으심을 받은 사람이 하나님께 받은 소명을 온전히 행하지 못할 때는 하나님께서 그 기름부으심을 거두어 가셨습니다.

삼상 16:14 여호와의 영이 사울에게서 떠나고 여호와께서 부리시는 악령이 그를 번뇌하게 한지라

시 51:11 나를 주 앞에서 쫓아내지 마시며 주의 성령을 내게서 거두지 마소서

신약에서의 기름부으심

예수 그리스도를 믿음으로 구원을 받은 자에게는 성령님이 내주하십니다. 그러나 성령체험을 통해서만이 자신이 진정으로 누구인지를 알고, 자기를 부인하고 자기 십자가를 지는 경험을 하게 됩니다. 성령님께서 그렇게 하시는 이유는 우리가 다시 하나님의 자녀가 되어 각자에게 주어진 소명에 따라 하나님의 창조목적을 이루어 나가도록 하기 위해서입니다. 그러나 실제로 그 일을 위해서는 하나님의 생명이 우리의 혼과 몸을 통하여 나타나는 기름부으심이 필요합니다. 그분의 자녀라면 누구나 기름부으심을 사모해야 하며 각자의 소명과 역할에 따른 기름부으심을 나타내는 삶을 살아야 합니다.

행 10:38 **하나님이 나사렛 예수에게 성령과 능력을 기름 붓듯 하셨으매** 그가 두루 다니시며 선한 일을 행하시고 마귀에게 눌린 모든 사람을 고치셨으니 이는 하나님이 함께 하셨음이라

요일 2:27 **너희는 주께 받은 바 기름 부음이 너희 안에 거하나니** 아무도 너희를 가르칠 필요가 없고 오직 그의 기름 부음이 모든 것을 너희에게 가르치

며 또 참되고 거짓이 없으니 너희를 가르치신 그대로 주 안에 거하라

하나님께서 예수 그리스도 안에 있는 자에게 왜 기름부어주실까요? 첫째, 하나님 자녀로 거룩하게 구별하기 위해서이고, 둘째, 위임된 통치권을 가지고 하나님의 창조목적의 확장과 완성을 위해 각자에게 허락하신 소명을 이루도록 하기 위해서입니다. 우리가 성령의 능력이라고 말할 때는 기름부으심을 통하여 나타나는 하나님의 행하심 또는 역사하심을 의미합니다. 한마디로 기름부으심은 소원함으로 하나님의 일을 행할 때(빌 2:13) 그분으로부터 주어지는 능력이 나타나는 것을 의미합니다.

예수님께서 회당에서 말씀을 전하실 때 이사야서를 인용하셨습니다. 그분께서 자기자신에 대해서 하신 말씀을 통해서도 기름부으심의 목적을 알 수 있습니다.

사 61:1 주 여호와의 영이 내게 내리셨으니 이는 여호와께서 내게 기름을 부으사 가난한 자에게 아름다운 소식을 전하게 하려 하심이라 나를 보내사 마음이 상한 자를 고치며 포로된 자에게 자유를, 갇힌 자에게 놓임을 선포하며

눅 4:18 주의 성령이 내게 임하셨으니 이는 가난한 자에게 복음을 전하게 하시려고 내게 기름을 부으시고 나를 보내사 포로 된 자에게 자유를, 눈 먼 자에게 다시 보게 함을 전파하며 눌린 자를 자유롭게 하고

한편 사도들은 사도의 직분을 수행하기 위해서 기름부으심을 받은

것입니다.

> **고후 1:20-21** 20 하나님의 약속은 얼마든지 그리스도 안에서 예가 되니 그런즉 그로 말미암아 우리가 아멘 하여 하나님께 영광을 돌리게 되느니라 21 우리를 너희와 함께 그리스도 안에서 굳건하게 하시고 **우리에게 기름을 부으신 이는 하나님이시니**

어떻게 기름부으심이 임하는가?

많은 사람이 기름부으심을 받으면 모든 것이 해결된다고 착각합니다. 하지만 분명하게 알아야 할 사실은 기름부으심은 온전한 신앙생활의 선제조건이 아니라 온전한 신앙생활의 결과라는 것입니다. 즉 하나님 자녀의 삶을 살기 위한 조건이 아니라 그 삶의 결과입니다. 따라서 먼저 기름부으심을 받고 하나님의 능력으로 자신의 존재와 삶을 하나님께 드리는 것이 아니라 성령체험 후에 자신의 존재와 삶을 하나님께 드리고 그분께서 주신 소명과 그분의 뜻을 이루고자 할 때 그 결과로 나타나는 것이 기름부으심이라는 것입니다. 기름부으심이 자신의 삶에서 나타나면 소명에 따른 위임된 통치권을 가지고 자신의 능력 이상의 탁월함이 나타나는 삶을 살 수 있게 됩니다.

> **벧전 4:11** 만일 누가 말하려면 하나님의 말씀을 하는 것 같이 하고 누가 봉사하려면 하나님이 공급하시는 힘으로 하는 것 같이 하라 이는 범사에 예수 그리스도로 말미암아 하나님이 영광을 받으시게 하려 함이니 그에게 영광과 권능이 세세에 무궁하도록 있느니라 아멘

중요한 사실은 하나님의 뜻을 이루는 말씀의 실체는 기름부으심을 통해서 나타난다는 것입니다. 말씀을 통하지 않은 성령의 역사는 가짜입니다. 또한 기름부으심은 모든 성령의 은사의 동력이 됩니다. 따라서 모든 하나님의 자녀는 기름부으심을 받아야 하고, 그 기름부으심으로 각자의 일터에서 하나님의 개입하심을 경험하며 자신의 능력 이상의 삶을 살 줄 알아야 합니다. 이것이 하나님께 쓰임 받는 자의 삶의 특징입니다.

요 8:29 나를 보내신 이가 나와 함께 하시도다 나는 항상 그가 기뻐하시는 일을 행하므로 나를 혼자 두지 아니하셨느니라

많은 성도들이 기름부으심을 사모함에도 불구하고 자신에게 기름부으심이 나타나지 않으면 하나님께서 주시지 않거나 자신의 기도나 헌신이 부족해서라고 생각합니다. 흔히 능력을 받기 위해서는 오랜 시간 금식과 산 기도를 해야 한다고 생각합니다. 그러나 기름부으심이 나타나지 않는 이유는 자기를 부인하고 자기 십자가를 지는 혼의 구원을 이루어가는 실제적인 삶을 알지 못하고 하나님의 창조목적에 합당한 삶을 살아가지 못하기 때문입니다. 즉 여전히 거짓자아가 깨달은 생각으로 육신에 기초하여 주님의 뜻을 이루고자 하는 신앙생활을 하고 있다는 것입니다.

사실 엄밀하게 말하면 우리 안에 성령님 전부가 있기 때문에 우리의 영은 기름부으심을 받은 정도를 넘어서 '기름부으심 만땅'입니다. 하지만 혼이 몸의 종노릇에서 벗어나지 못해 거짓자아가 그 통로를 꽉 막고 있으면 기름부으심은 우리의 혼과 몸을 통하여 나타날 수 없는 것입니다.

요일 2:20 너희는 거룩하신 자에게서 기름 부음을 받고 모든 것을 아느니라

이제 우리는 기름부으심에 대한 정확한 진리를 알고 어떠한 삶을 살아갈지 선택해야 합니다. 자신의 열심으로 하나님을 섬기고 하나님을 위한 삶을 살 것인지, 아니면 자기를 부인하고 자기 십자가를 짐으로써 매일 새로운 육체를 경험하는 삶을 살 것인지를 말입니다. 우리 모두 혼이 몸의 종노릇에서 벗어나 하나님의 영 안에 거함으로써 성령님의 통치를 받아 말씀으로 몸이 새로워짐을 경험하고 각자의 소명에 따라 그분의 생명이 자신의 삶에서 나타나는 기름부으심을 통하여 주님의 뜻을 이루는 삶을 살아갑시다!

질문과 적용

다음 질문에 답하면서 오늘 내용을 자신에게 적용해보세요.

1. 그동안 기름부으심이 무엇이라 생각하셨나요? 오늘 내용을 통해 기름부으심에 대한 당신의 생각이 어떻게 바뀌었는지 Before & After로 적어보세요.

2. 당신 안에 이미 기름부으심이 만땅이라는 사실이 어떤 의미로 다가오나요? 가득한 기름부으심을 통해 삶터에서 하나님을 어떻게 나타내고 싶으신가요?

3. 기름부으심이 나타나면 자신의 능력으로는 불가능했던 일들이 이루어지며 자기 능력 이상의 삶을 살게 됩니다. 당신의 삶에 기름부으심이 나타난 것을 경험한 적이 있다면 적어보세요. 만약 없다면 기름부으심을 사모하는 당신의 갈망을 적어보세요.

더보기

영상 – 기름부음 있는 신앙생활

도서 – 《기름부으심》

Welcome Holy Spirit

기름부으심은
어떻게 경험하게 되나요?

핵심
구절 오직 믿음으로 구하고 조금도 의심하지 말라 의심하는 자는 마치 바람에 밀려 요동하는 바다
물결 같으니 이런 사람은 무엇이든지 주께 얻기를 생각하지 말라 두 마음을 품어 모든 일에
정함이 없는 자로다 **약 1:6-8**

우리는 Day 8에서 펌프의 비유를 통해 인간의 존재적 변화와 성령세
례와 성령체험에 대해 알아보았습니다. Day 13에서는 펌프의 비유를
통해 기름부으심이 어떻게 경험되는지, 기름부으심이 증가되기 위해서
는 무엇이 필요한지, 그리고 갑절의 기름부으심이란 무엇인지에 대해 함
께 알아보겠습니다.

펌프의 비유로 본 기름부으심의 원리

펌프가 본래 목적대로 펌프의 토출구로 물이 나오도록 하기 위해서
는 다음과 같은 조건이 필요합니다. 6

■ 파이프가 수원지에 박혀 있어야 합니다(구원받아 성령님이 내주하셔야 합니다).

■ 마중물이 있어야 합니다(성령체험이 바로 마중물입니다).

■ 마중물을 부은 다음에는 손잡이를 계속 위아래로 움직여야 합니다(성령체

---

6 110-111 페이지 그림 참조

험 후 지속적으로 성령님의 인도하심을 받을 줄 알아야 합니다).

■ 그렇지만 펌프의 몸통에 쓰레기가 끼어 있으면 안 됩니다. 쓰레기가 있으면 아무리 손잡이를 움직여도 파이프를 통해 물이 올라오지 않습니다 (심중에 견고한 진과 상처와 쓴뿌리가 있다면 자신 안에 내주하시는 성령님의 능력이 자신의 혼과 몸을 통해 흘러나올 수 없습니다).

이러한 삶과 더불어 자유의지를 가진 혼이 더 이상 몸의 종노릇을 하지 않고 하나님의 영 안에 거해야 합니다. 펌프의 비유로 설명하자면, 우리의 혼이 몸통에 붙어 있는 것이 아니라(그림 7) 수원지로 내려와야 한다는 것입니다(그림 8). 기름부으심이 나타나는 삶을 살기 위해서는 '혼의 상태와 위치'가 너무나 중요합니다. 그러나 대부분의 사람들이 혼의 중요성과 역할을 알지 못하고 기름부으심이 나타나지 않는 자신에 대해 의심하거나 정죄합니다. 야고보서 1장 8절의 '두 마음'이라는 표현의 헬라어 원어는 '딥쉬코스'로 "두 혼"을 의미합니다. 이 구절의 의미는 자유의지를 가진 혼이 잠시 하나님의 영 안에 거하기도 하지만 의심함으로 다시 몸의 종노릇도 한다는 뜻입니다(그림 7과 8의 혼의 위치 참조).

약 1:6-8 6 오직 믿음으로 구하고 조금도 의심하지 말라 의심하는 자는 마치 바람에 밀려 요동하는 바다 물결 같으니 7 이런 사람은 무엇이든지 주께 얻기를 생각하지 말라 8 **두 마음**(헬, 딥쉬코스 : 두 혼)을 품어 모든 일에 정함이 없는 자로다

우리는 Day 7에서 하나님께 자신을 온전히 드리거나 기름부으심을 받은 자에게 기도받을 때 성령체험을 하게 된다는 것을 함께 나누었습

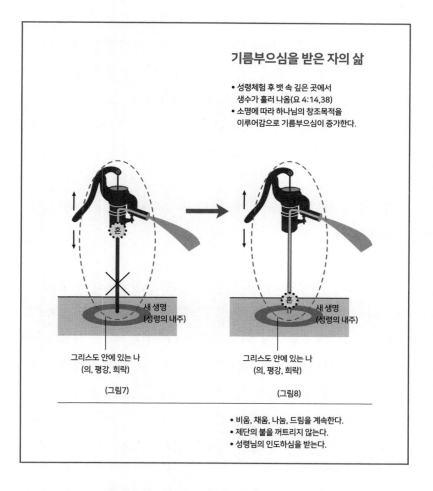

기름부으심을 받은 자의 삶

• 성령체험 후 뱃 속 깊은 곳에서
  생수가 흘러 나옴(요 4:14,38)
• 소명에 따라 하나님의 창조목적을
  이루어감으로 기름부으심이 증가한다.

혼

혼

새 생명
(성령의 내주)

새 생명
(성령의 내주)

그리스도 안에 있는 나
(의, 평강, 희락)

그리스도 안에 있는 나
(의, 평강, 희락)

(그림7)

(그림8)

• 비움, 채움, 나눔, 드림을 계속한다.
• 제단의 불을 꺼트리지 않는다.
• 성령님의 인도하심을 받는다.

니다. 이러한 성령체험은 우리 안에 있는 생수가 올라오기 위한 마중물의 역할을 하는 것이지, 성령체험 자체가 우리의 육체를 새롭게 하고 하나님의 뜻을 이루게 하는 것은 아닙니다. 성령님이 우리의 혼과 몸을 통치하는 성령체험을 하면 펌프의 몸통에 외부로부터 생수가 채워져 잠시 동안 자신을 통해 생수가 흘러나가는 것을 체험하게 됩니다.

하지만 기름부으심을 통해 체험하는 생수는 다릅니다. 성령체험을 통해 하나님의 통치를 경험하고 그분께서 우리를 통치하시는 이유와 목적을 알게 될 때 우리는 자기부인과 자기 십자가를 짐으로써 혼이 몸의 종노릇에서 벗어나 하나님의 영 안에 거하게 됩니다. 하나님께서 자신의 삶에 개입하시고 나타나시도록 할 때 비로소 우리 영 안에 있는 하나님의 생수가 나를 통해 흘러나가는 것입니다. 기름부으심에 있어 그 생수(하나님의 생명 또는 능력)의 근원은 자신 안에 계신 하나님입니다.

> **요 7:38** 나를 믿는 자는 성경에 이름과 같이 그 배에서 생수의 강이 흘러나오리라 하시니

다른 말로 기름부으심은 성령체험 후 자기를 부인하고 자기 십자가를 지고 주의 뜻을 이루고자 할 때 구원받은 후부터 하나님 보좌로부터 끊임없이 우리의 영으로 흘러들어오는 하나님의 생명이 마침내 우리를 통해서 나타나시는 것을 의미합니다(그림 8). 그렇게 되기 위해서는 마중물이 부어짐(성령체험)과 동시에 펌프 손잡이를 계속 위아래로 움직여(자기부인과 자기 십자가) 부압으로 인하여 생수가 수원지에서 파이프를 통하여 지속적으로 올라오도록 해야 하며 그 생수가 나를 통해 흘러나가도록 해야 합니다.

또 한 가지 중요한 사실은 생수는 수원지에서 파이프를 통해 올라오지만 '혼'이라는 필터에 따라 생수의 특성(개인에게 맞춤화된 기름부으심)이 달라진다는 것입니다. 즉 하나님께서 주시는 기름부으심은 각자의 소명과 직분과 역할에 따라 달라진다는 것입니다. 기름부으심의 원천은 믿는 자 안에 있는 하나님으로 모두 같으나 오중직임에 따른 기름부으심(엡 4:11), 사역의 종류에 따른 기름부으심 그리고 은사의 종류에 따른 기름부으심 등 기름부으심의 종류는 다양합니다.

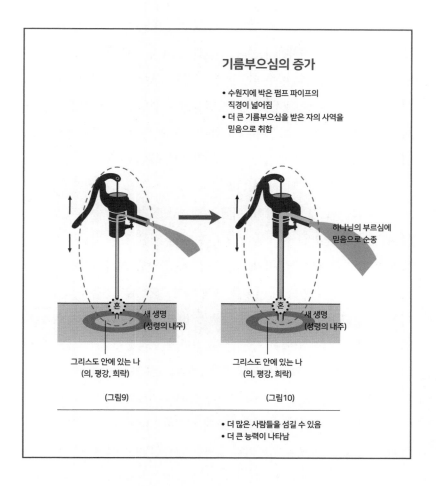

기름부으심의 증가

- 수원지에 박은 펌프 파이프의 직경이 넓어짐
- 더 큰 기름부으심을 받은 자의 사역을 믿음으로 취함

하나님의 부르심에 믿음으로 순종

혼   새 생명
(성령의 내주)

그리스도 안에 있는 나
(의, 평강, 희락)

(그림9)

혼   새 생명
(성령의 내주)

그리스도 안에 있는 나
(의, 평강, 희락)

(그림10)

- 더 많은 사람들을 섬길 수 있음
- 더 큰 능력이 나타남

기름부으심 증가의 원리

펌프의 토출구로 더 많은 물이 흘러나가기 위해서는 더 많은 물이 수원지로부터 파이프를 통해 올라와야 합니다. 그러기 위해서는 파이프의 직경이 넓어져야 합니다. 이 파이프의 직경이 넓어질 때 자신을 통해 나타나는 기름부으심이 증가되는 것입니다. 신앙생활 초창기에는 자신의 심중에 상처와 쓴뿌리, 왜곡된 생각들, 거짓자아의 믿음과 그리스도 안에 있는 믿음이 섞여 있기 때문에 수원지에 박은 파이프의 직경이 매우

좁습니다(그림 9). 하지만 자기를 부인하고 자기 십자가를 짐으로써 심중에 생명의 말씀대로 이루어진 경험과 지식, 그에 따른 그리스도 안에 있는 믿음이 더 자주 체험될 때, 그 믿음으로 주님의 뜻을 이룰 때마다 파이프의 직경이 점점 더 넓어지게 됩니다. 이것은 비움, 채움, 나눔, 드림으로 표현되어질 수 있습니다.7 그 결과로 더 많은 기름부으심이 자신을 통해 나타나는 것입니다(그림 10).

한편 기름부으심 증가의 또 다른 원리는 주님의 일을 순종과 믿음으로 행하는 것입니다. 즉 기름부으심은 나를 위한 것이 아니라 주님의 뜻을 이루기 위해서 주어지며, 그것은 다른 사람을 섬기기 위해서 나타나는 것입니다. 적은 수의 사람을 섬길 때는 그만큼의 기름부으심이 나타납니다. 그러나 더 많은 사람들을 섬기려면 더 큰 기름부으심이 필요합니다. 스스로는 그 일을 감당할 수 없지만 오직 순종과 믿음으로 사역할 때 주님께서는 그 파이프의 직경을 넓혀주십니다.

그렇지만 몸통 안에 다시 쓰레기가 들어와 생수가 올라오는 통로의 일부를 막고 있다면 아무리 파이프의 직경이 넓어졌다고 해도 생수가 통과할 수 있는 면적은 제한적일 수밖에 없습니다. 따라서 성령님의 인도하심에 따라 늘 심중을 깨끗하게 함으로써 몸통 안에 있는 쓰레기를 치울 때 더 많은 기름부으심이 나를 통해 나타나게 되는 것입니다.

이러한 기름부으심의 원리를 제대로 알지 못하는 사람은 자신 안에 있는 생수가 흐르게 하기보다는 외부로부터 생수를 더 많이 받아 펌프의 몸통을 채우려고 합니다. 기름부으심을 받은 자의 기도를 받으면(마중물을 부으면) 펌프의 손잡이를 움직이지 않아도(스스로 수원지로부터 물을

---

7 이 부분에 대한 자세한 내용은 《기름부으심》(규장, 2008)을 참고하세요.

끌어올리지 않아도) 잠시 동안이지만 물이 펌프의 몸통에 차서 그 물이 펌프의 토출구를 통해 흘러나옵니다. 그렇지만 파이프를 통해 지속적으로 물이 공급되지 않으면 얼마 가지 않아 물은 마르게 마련입니다. 많은 사람들이 성령집회에서 성령님의 기름부으심이 자신에게 나타나는 것을 체험하지만, 돌아가면 같은 일을 다시 경험하지 못하는 것이 이러한 이유 때문입니다.

다른 한편으로 기름부으심의 원리를 잘 알지 못하는 일부 사역자들은 마치 자신이 가진 기름부으심을 다른 사람에게 나누어줄 수 있다고 생각하여 자신의 능력을 과시하거나 수혜자를 통제하고 조종하기도 합니다. 수혜자도 이러한 기름부으심의 원리를 알지 못하면 자신의 기름부으심을 유지하기 위해서 공여자에게 조종받는 삶을 살게 되는 것입니다.[8]

기름부으심 배가의 실제적인 훈련

'갑절의 기름부으심'은 열왕기하 2장에 엘리야와 엘리사의 이야기에서 나오는 말입니다. 엘리야는 이 땅에서의 사역을 마치고 자신의 생애의 마지막을 준비하기 위해서 자신의 생도들이 있는 길갈, 벧엘, 여리고, 요단으로 갔습니다. 그때 부름을 받은 제자 중 엘리사는 엘리야가 더 이상 쫓아오지 말라고 말했음에도 불구하고 다른 생도들과 달리 끝까지 엘리야를 따라다니며 그의 삶과 사역을 보고 배우고, 그 사역을 이

---

8 '능력 전이(임파테이션)' 또는 '기름부으심의 전이'에 대해서는 Day 15 "능력 전이란 무엇인가요?" 에서 자세히 살펴봅니다.

어받기를 원했습니다. 성경에 나오는 길갈, 벧엘, 여리고, 요단으로의 여정은 표면적으로는 엘리야의 마지막 여정이었지만, 이면에서는 엘리사의 훈련 과정을 나타냅니다. 엘리야의 여정의 마지막을 묘사하는 성경 구절을 살펴보겠습니다.

왕하 2:6-7 6 엘리야가 또 엘리사에게 이르되 청하건대 너는 여기 머물라 여호와께서 나를 요단으로 보내시느니라 하니 그가 이르되 **여호와께서 살아 계심과 당신의 영혼이 살아 있음을 두고 맹세하노니 내가 당신을 떠나지 아니하겠나이다** 하는지라 이에 두 사람이 가니라 7 선지자의 제자 오십 명이 가서 멀리 서서 바라보매 그 두 사람이 요단 가에 서 있더니

왕하 2:8-9 8 엘리야가 겉옷을 가지고 말아 물을 치매 물이 이리 저리 갈라지고 두 사람이 마른 땅 위로 건너더라 9 건너매 엘리야가 엘리사에게 이르되 나를 네게서 데려감을 당하기 전에 내가 네게 어떻게 할지를 구하라 **엘리사가 이르되 당신의 성령이 하시는 역사가 갑절이나 내게 있게 하소서 하는지라**

왕하 2:9 ⋯ "Let me inherit a double portion of your spirit," Elisha replied. NIV

왕하 2:9 ⋯ And Elisha replied, "Please let me inherit a double share of your spirit and become your successor." NLT

'갑절의 기름부으심'이란 수혜자가 공여자의 능력 이상의 것을 받고

자 할 때 사용하는 말입니다. 이것은 단순히 공여자 두 배의 기름부으심을 가진다는 뜻도 되지만, 그것보다는 "스승의 천장(ceiling)이 제자의 바닥(floor)이 되도록 하겠다"라는 의미를 지닙니다. 즉 스승의 유업을 이어받아 그것을 발전시키겠다는 의미를 가지고 있다는 것입니다.

신 21:17 반드시 그 미움을 받는 자의 아들을 **장자로 인정하여 자기의 소유에서 그에게는 두 몫을 줄 것이니** 그는 자기의 기력의 시작이라 장자의 권리가 그에게 있음이니라

그것은 수혜자가 공여자와 삶을 나눔으로써 그 사람의 삶, 나타나는 능력, 행하는 일을 당연하게 받아들이고 그러한 일들이 자신을 통해서도 일어날 것이며 그 이상의 것도 일어날 것이라는 믿음을 가질 때 주어지는 것입니다.

왕하 2:10 이르되 네가 어려운 일을 구하는도다 그러나 나를 네게서 데려가시는 것을 네가 보면 그 일이 네게 이루어지려니와 그렇지 아니하면 이루어지지 아니하리라 하고

엘리야는 왜 어려운 일을 구한다고 말했을까요? 기름부으심을 두 배로 받는 것 자체가 힘들어서가 아닙니다. 자신의 일을 이어받고 자기보다 주님께 더 쓰임받기 위해서는 그만큼 더 많이 희생해야 하며 자신을 더 드려야 하기 때문입니다.

엘리야는 갑절의 기름부으심을 받는 조건으로 "나를 네게서 데려가시는 것을 네가 보면 그 일이 네게 이루어지려니와 그렇지 아니하면 이

루어지지 아니하리라"라고 제시했습니다. 그 이유는 엘리사가 자신을 완전히 포기할 때 비로소 육신이 아닌 영에 속한 것을 볼 수 있으며, 그 것을 볼 때 하나님께서 자신을 통해서 역사하신 모든 것이 엘리사에게 주어지게 될 것을 알았기 때문입니다.

왕하 2:11-13 11 두 사람이 길을 가며 말하더니 불수레와 불말들이 두 사람을 갈라놓고 엘리야가 회오리 바람으로 하늘로 올라가더라 12 엘리사가 보고 소리 지르되 내 아버지여 내 아버지여 이스라엘의 병거와 그 마병이여 하더니 다시 보이지 아니하는지라 이에 엘리사가 자기의 옷을 잡아 둘로 찢고 13 엘리야의 몸에서 떨어진 겉옷을 주워 가지고 돌아와 요단 언덕에 서서

성경은 엘리야의 마지막 여정 가운데 엘리사가 어떤 수업을 받았는지 이야기하고 있습니다. 즉 엘리사는 길갈을 통하여 자기의 정체성을 회복했고, 벧엘을 통하여 자신이 하나님의 성전인 것을 알았고, 여리고를 통하여 온전한 순종을 배웠고, 요단을 통하여 사명을 받을 준비가 되었던 것입니다(왕하 2:1-10).

여기서 주목해야 할 것은 엘리야가 엘리사에게 갑절의 기름부으심을 준 것이 아니라 엘리사에게 갑절의 기름부으심을 받을 수 있는 길을 열어준 것이며 기름부어주신 분은 하나님이시라는 것입니다.

왕하 2:14-15 14 엘리야의 몸에서 떨어진 그의 겉옷을 가지고 물을 치며 이르되 엘리야의 하나님 여호와는 어디 계시니이까 하고 그도 물을 치매 물이 이리 저리 갈라지고 엘리사가 건너니라 15 맞은편 여리고에 있는 선지자의 제자들이 그를 보며 말하기를 **엘리야의 성령이 하시는 역사가 엘리사 위에 머**

물렀다 하고 가서 그에게로 나아가 땅에 엎드려 그에게 경배하고

엘리사는 믿음으로 엘리야에게서 일어난 일들이 자신에게도 일어날 것임을 당연하게 받아들이고 자신을 포기했습니다. 그때 보이지 않는 세계에서 일어나는 일들을 알게 되었고, 자신에게도 그 일들이 일어날 것을 온전히 믿게 된 것입니다. 그리고 엘리사 자신도 엘리야가 행한 것처럼 행했으며 그 결과 자신에게도 그러한 일들이 일어난다는 것을 체험한 것입니다. 그때 다른 제자들은 엘리야의 유업이 엘리사에게 전수되었고, 그가 계승자가 되었다는 것을 알게 된 것입니다.

정리하면 갑절의 기름부으심은 공여자의 뒤를 이어 더 큰 일을 행하기 위해서 필요한 것이고, 이것은 공여자와 수혜자가 함께하는 삶을 통해서 이루어집니다. 따라서 수혜자가 공여자를 존중히 여기며 함께 사역을 나누고 배우고 경험하지 않으면서, 단지 기도만 받음으로 갑절의 기름부으심을 받겠다는 것은 절대로 있을 수 없는 일이고 잘못된 동기에 기인한 것입니다.

질문과 적용

다음 질문에 답하면서 오늘 내용을 자신에게 적용해보세요.

1. 당신의 삶에 기름부으심이 지속적으로 나타나고 있나요? 만약 그렇지 않다면 어떤 부분에 문제가 있어 기름부으심이 잘 나타나지 않는지 펌프의 비유를 바탕으로 적어보시고 어떻게 그 문제를 해결할 수 있는지 생각해보세요.

2. 기름부으심을 경험하기를 간절히 원하시나요? 그렇다면 기름부으심을 갈망하는 내면의 동기가 무엇인지 생각나는 대로 써보시고, 쓴 것을 다시 보며 그것이 진정

한 동기인지를 묵상해보세요. 내면에 숨어 있는 잘못된 동기가 다 드러나도록 해야 합니다.

3. 엘리사가 엘리야를 끝까지 따라다니면서 배운 것처럼 당신에게도 갑절의 기름부으심을 받고 싶은 갈망이 있나요? 엘리사의 여정처럼 하나님의 자녀라는 정체성을 체험하고, 하나님의 성전인 당신의 몸을 하나님께 맡기고, 모든 일을 순종하며 행하기 원한다는 당신의 결단과 다짐을 성령님께 편지 형식으로 작성해보세요.

더보기

영상 – 기름부음 있는 신앙생활

도서 – 《기름부으심이 넘치는 치유와 권능》(두란노)
　　　　《기름부으심》(규장)

Welcome Holy Spirit

기름부으심은 어떻게 받고
유지할 수 있나요?

이제 우리는 기름부으심이 무엇인지, 어떻게 기름부으심이 경험되는지, 그리고 기름부으심을 증가시키기 위해서는 무엇이 필요한지 알게 되었습니다. 그렇다면 하나님 자녀로서 각자에게 주어진 하나님의 소명을 이루기 위해서 꼭 필요한 기름부으심은 어떻게 받을 수 있을까요? 그리고 받은 기름부으심을 유지하기 위해서는 무엇이 필요할까요?

'통'인가? 아니면 '파이프'인가?

기름부으심을 받는다는 표현은 기름부으심을 '어딘가'에 받는다는 것이 전제된 표현이기 때문에 이 표현을 잘 이해하는 것이 매우 중요합니다. 그동안 기름부으심에 대한 이해는 대부분 '통 이론'(container theory)에 기초했습니다. '통 이론'은 우리 안에 기름부으심을 받는 통(자신의 내면을 뜻함)이 있다고 생각하는 것입니다. 열심히 기도하고 금식함으로 기름부으심을 구하고, 그 통에 채워넣고 마침내 넘치게 되면 기름부으심이 흘러 나타나는 것으로 이해하는 것입니다.

'통 이론'의 가장 큰 문제점은 비어 있는 통에서 시작한다는 것입니다. 구원받아 거듭난 하나님의 자녀 안에는 성령님이 내주하심으로 이미 기름부으심이 가득함에도 불구하고 '비어 있음', '없음'으로 시작하기 때문에 기름부으심을 흘려보내려면 먼저 통을 채워야 한다고 여기는 것입니다. 즉 기름부으심을 받기 위해 '자기 자신'이 주체가 되어 엄청난 노력을 해야 하고 많은 시간을 투자해야 한다고 생각합니다. 나무뿌리 뽑기 '산 기도'를 생각해보십시오. 그러나 성령님의 능력을 받으려면 나무뿌리를 뽑을 정도의 간절함과 열심이 있어야 한다고 생각하는 것은 잘못된 생각입니다.

> **요일 2:27** 너희는 주께 받은 바 기름 부음이 너희 안에 거하나니 아무도 너희를 가르칠 필요가 없고 오직 그의 기름 부음이 모든 것을 너희에게 가르치며 또 참되고 거짓이 없으니 너희를 가르치신 그대로 주 안에 거하라

우리는 Day 12-13에서 살펴본 '펌프'의 비유를 통해 기름부으심의 유일한 근원은 하나님이시며, 우리는 기름부으심이 나타나는 통로(파이프)이지 기름부으심을 담는 통(컨테이너)이 아님을 분명하게 깨닫게 되었습니다.

> **요 7:38-39** 38 나를 믿는 자는 성경에 이름과 같이 그 배에서 생수의 강이 흘러나오리라 하시니 39 이는 그를 믿는 자들이 받을 성령을 가리켜 말씀하신 것이라 (예수께서 아직 영광을 받지 않으셨으므로 성령이 아직 그들에게 계시지 아니하시더라)

거듭난 하나님 자녀 안에는 성령님이 내주하시기 때문에 이미 기름부

으심이 충만합니다. 다만 파이프가 막혀 있거나(혼이 몸의 종노릇을 하거나) 몸통이 막혀 있거나(견고한 진과 상처와 쓴뿌리가 처리되지 않았거나) 혹은 하나님께서 주신 소명에 따른 소원함이 없기 때문에 우리 안에 이미 충만한 기름부으심이 나타나지 않는 것뿐입니다.

'파이프 이론'(pipe theory)에 기초해서 기름부으심을 받는 것을 표현하면 다음과 같습니다. 외부로부터 펌프 통에 기름부으심을 받는 것은 사실 마중물 성격의 성령체험이며 그것은 지속가능하지 않다는 점에서 진정한 기름부으심이 아닙니다. 마중물인 성령체험을 통해서 압력이 걸리고 펌프 손잡이를 위아래로 지속적으로 움직일 때 자신 안에 이미 있는 기름부으심이 펌프 파이프의 바닥(혼 : 그리스도 의식)으로부터 펌프 통(심중)으로 흘러 들어와 펌프의 토출구(몸의 태도와 행위)를 통해 흘러나가는 것입니다. 펌프 통을 기준으로 보았을 때 기름부으심을 받는다고 표현할 수 있지만, 그 기름부으심은 외부가 아닌 내부, 즉 자신 안에 계신 성령님으로부터 올라오는 것입니다.

펌프의 파이프와 통 그리고 토출구를 포함한 펌프 전체를 묶어서 보자면 "기름부으심을 어떻게 받을 수 있는가"보다 (이미 자신 안에 있는) "기름부으심을 어떻게 흘려보내고 나타낼 수 있는가"라는 것이 더 정확한 표현입니다.9

---

9 "기름부으심을 받는다"는 표현이 자주 사용되다보니 용례화되었고, 펌프 통을 기준으로 볼 때 "내부로부터 올라오는 기름부으심을 받는다"라고 표현할 수 있기 때문에 본서에서도 기름부으심을 흘려보낸다는 의미로 "기름부으심을 받는다"라는 표현을 사용하고 있습니다.

기름부으심 받는 법

그렇다면 어떻게 기름부으심을 받을 수 있을까요? 같은 말로 우리는 기름부으심을 어떻게 나타낼 수 있을까요? Day 13에서 기름부으심의 원리에 대해 살펴보았기 때문에 우리는 이제 이 질문에 답할 수 있습니다. 우선 펌프의 파이프가 수원지에 박혀 있어야 하고(구원을 통해 성령의 내주하심을 경험해야 하고), 몸통을 막고 있는 쓰레기를 치워야 하며(심중에 있는 견고한 진과 상처와 쓴뿌리를 제거해야 하며), 마중물을 받아 압력이 걸려야 하고(성령체험을 통해 자신 안에 있는 생수가 올라올 수 있는 영적 압력이 걸려야 하고 : 혼이 성령의 소욕에 이끌림을 받는 것), 펌프질을 통해 수원지로부터 물이 나오도록 해야 합니다(자기를 부인하고 자기 십자가를 짐으로써 성령님의 인도하심을 체험해야 합니다).

이와 같은 기본적인 이해를 바탕으로 기름부으심이 주어지는 이유와 목적에 대해서도 생각해보아야 합니다. 하나님께서는 우리에게 성령체험을 하게 하시고, 성령님의 인도하심을 받게 하심으로 하나님의 창조목적을 우리의 삶을 통해 이루기를 원하십니다. 하나님의 창조목적을 이루어가는 데 각자에게 주어진 역할이 바로 소명입니다. 그리고 그 소명을 이루기 위해 자신의 삶을 하나님께 드릴 때 그분께서는 비전을 주십니다. 우리가 그 비전을 품고 이 땅에서 주님의 뜻을 이루고자 할 때 하나님께서 우리를 통해 기름부으심이 흘러나가도록 하십니다.

이처럼 소명에 따라 하나님께서 주신 비전을 이루기 위해 매일매일 하나님의 하루를 살아갈 때 기름부으심이 나타나기 시작합니다. 일상의 삶에서 기름부으심이 나타나기 위해서는 다음 세 가지가 있어야 합니다.

1 주님의 뜻을 이루고자 하는 갈급함이 있어야 합니다

주님 없이는 살 수 없다는 갈급함과 주님을 나타내고 싶다는 갈급함이 있어야 합니다. 내 힘으로 이룬 것은 영원한 하나님나라의 관점에서 볼 때 아무런 의미가 없다는 것을 깨달아야 합니다. 그리고 하나님께서 주신 일이라 할지라도 자신의 지혜와 능력으로는 그 일을 절대로 이룰 수 없다는 것을 뼈저리게 느껴야 합니다.

슥 4:6 그가 내게 대답하여 이르되 여호와께서 스룹바벨에게 하신 말씀이 이러하니라 만군의 여호와께서 말씀하시되 이는 힘으로 되지 아니하며 능력으로 되지 아니하고 오직 나의 영으로 되느니라

2 평소 용서와 회개하는 삶을 살아야 합니다

용서와 회개는 자신과 자신, 자신과 다른 사람과의 관계가 아니라 하나님과 자신과의 관계의 문제임을 알아야 합니다. 용서는 자신이 마땅히 해야 할 심판을 하나님께 온전히 맡김으로써, 내 마음이 상대방에게 묶이는 것에서 벗어나 하나님과 생명적으로 연결되는 것입니다. 그리고 회개는 자신의 몸이 지은 죄와 죄악을 주님께서 가져가시고 짊어지시게 함으로써 자신의 몸이 새롭게 되는 것입니다. 앞서 강조한 것처럼 하나님의 통로인 자신의 심중(펌프의 몸통)에 쓰레기가 쌓여 있으면 기름부으심이 흐를 수 없습니다. 따라서 자신 안에 제한된, 그리고 욕심에 기초한 견고한 생각의 진과 상처와 쓴뿌리가 있다면 그것부터 제거해야 합니다. 결국은 하나님의 생명이 우리의 혼과 몸을 통치함으로써 우리 몸을 통하여 기름부으심이 흘러나올 수 있도록 하는 것입니다.

히 12:15 너희는 하나님의 은혜에 이르지 못하는 자가 없도록 하고 또 쓴 뿌리가 나서 괴롭게 하여 많은 사람이 이로 말미암아 더럽게 되지 않게 하며

고후 10:5 하나님 아는 것을 대적하여 높아진 것을 다 무너뜨리고 모든 생각을 사로잡아 그리스도에게 복종하게 하니

마 6:12 우리가 우리에게 죄 지은 자를 사하여 준 것 같이 우리 죄를 사하여 주시옵고

❸ 문제에 묶이지 말고 그리스도 안으로 들어가 하나님께서 개입하시도록 해야 합니다

평상시 몸의 종노릇하는 혼은 문제가 생길 때마다 자신의 몸(생각, 감정, 신체)에 붙들려 스스로 판단하고 그 일을 해결해보려고 합니다. 그러나 우리는 어떤 일을 당할 때마다 자신의 생각이 자기도 아니고 진리도 아니고 실재도 아니고 힘도 없다는 사실을 깨달음으로써(자기부인) 거짓자아로 만든 상상의 이야기에서 벗어나(자기 십자가를 짐) 혼이 그리스도 안에 거할 줄 알아야 합니다. 혼이 그리스도 안에서 거할 때 '왜 이런 일이 나에게 일어났는가?'(문제에 묶임)가 아니라 '왜 이런 일이 나를 위해서 일어났는가?'(하나님의 개입하심을 신뢰함)로 볼 수 있게 됩니다. 바로 그때부터 성령님께서 다시 우리의 혼과 몸을 통치하시고, 하나님께서 개입하시는 삶, 즉 기름부으심이 자신의 삶에서 나타나는 것을 경험하게 됩니다.

벧전 5:7 너희 염려를 다 주께 맡기라 이는 그가 너희를 돌보심이라

기름부으심 유지하는 법

앞서 우리는 우리가 기름부으심을 받는 통이 아니라 기름부으심을 흘려보내는 통로라는 것을 알았기 때문에 이제는 기름부으심이 나타나다가도 통로[수원지에 박은 파이프의 바닥(하나님의 임재를 체험함으로써 주어지는 그리스도 의식)과 펌프의 몸통(우리의 심중과 마음)]가 막히거나 펌프질을 멈추면 기름부으심이 멈추게 된다는 사실을 쉽게 이해할 수 있습니다. 기름부으심을 유지하는 것, 즉 지속적으로 기름부으심을 나타내는 것은 매일의 삶 가운데 하나님께서 주신 소명 그리고 그 소명에 따른 비전을 이루어가는 데 있습니다. 기름부으심을 유지하는 것을 구약적으로 표현하면 제단의 불을 꺼트리지 않는 것이라고 할 수 있고, 신약적으로 표현하면 성령님을 소멸하지 않는 것이라고 할 수 있습니다.

> **레 6:12-13** 12 제단 위의 불은 항상 피워 꺼지지 않게 할지니 제사장은 아침마다 나무를 그 위에서 태우고 번제물을 그 위에 벌여 놓고 화목제의 기름을 그 위에서 불사를지며 13 불은 끊임이 없이 제단 위에 피워 꺼지지 않게 할지니라

> **살전 5:19** 성령을 소멸하지 말며

구약에서 제단이란 희생제물을 드림으로 그곳에서 예배를 드리고 하나님의 영광이 임하는 곳을 말합니다. 제단의 불을 꺼트리지 말아야 한다는 것은 계속해서 하나님의 영광이 임하시도록 해야 한다는 것입니다. 즉 희생제물을 드리고 예배함으로써 하나님께서 그곳에 머무시도록 하는 것입니다. 레위기 6장 12-13절을 집중적으로 살펴봄으로써 기

름부으심을 어떻게 유지할 수 있는지 알아봅시다.

■ "제사장은 아침마다 나무를 그 위에서 태우고" : '나무'는 내가 하는 일을 의미합니다. 그리고 나무를 제단 위에서 태운다는 것은 모든 일이 나의 일이 아니라 하나님의 일이기 때문에 소유권, 통치권, 공급권을 주님께 이양한다는 것을 뜻합니다. 자신의 목적을 이루기 위해 무엇을 하는 것이 아니라 하나님을 나타내는 것이 일의 진정한 의미입니다. 따라서 매일 아침마다 자신의 일을 주님께 드려야 합니다. 이를 통해 나의 하루가 아니라 '하나님의 하루'를 살아가야 합니다.

■ "번제물을 그 위에 벌여 놓고" : 번제는 예수 그리스도께서 자신의 몸을 단번에 하나님께 완전한 제물로 드리셨던 것을 상징합니다(히 10:14). 이를 오늘날 우리에게 적용하면 예수님께서 우리를 위해서 죽으심으로 말미암아 우리가 그분 안에서 십자가의 대속에 의지하여 자기 자신을 부인하고 자기 십자가를 지게 되었음을 의미합니다. 우리 자신이 번제물이 되어야 한다는 것입니다. '벌여 놓다'라는 표현은 정성을 쏟아 매우 세심하고 가지런히 정돈하는 것을 의미합니다.

롬 12:1 그러므로 형제들아 내가 하나님의 모든 자비하심으로 너희를 권하노니 너희 몸을 하나님이 기뻐하시는 거룩한 산 제물로 드리라 이는 너희가 드릴 영적 예배니라

■ "화목제의 기름을 그 위에서 불사를지며" : '화목제'로 번역된 히브리어 '쉘라빔'은 '화목', '평화'란 뜻의 '샬롬'이라는 명사에서 파생된 단어입

니다. 하나님께서는 역사 속에서 자기의 아들을 내어주시는 구체적인 행동으로 우리에게 자기의 사랑을 확증해주셨으며(롬 5:10), 성령의 열매와 은사뿐만 아니라 신성과 원복을 주셨습니다(엡 1:3 ; 벧후 1:3). 그뿐 아니라 그것을 일터(세상)에 흘려보내도록 우리에게 소명과 비전을 주셨습니다(고후 5:18,6:1). 우리는 그 일이 계속 일어나도록 하기 위해서 용서와 회개를 통하여 심중에 있는 죄와 죄악, 자신의 제한된, 그리고 욕구에 기초한 경험과 지식이라는 화목제의 기름을 제단 위에서 불살라야 합니다. 그렇게 주님께서 우리의 성결을 흠향하시도록 하는 것입니다. 그 결과 우리는 하나님과 생명적 관계를 가지며 성령님은 우리의 혼과 몸을 통치하시고 우리는 그분을 나타내는 삶을 살게 되는 것입니다.

■ "불은 끊임이 없이 제단 위에 피워 꺼지지 않게 할지니라" : 이 말을 히브리어로 보면 '지속적으로 불이 타게 해야 한다'는 것을 강조하고 있습니다. "계속 타게 하라"는 뜻의 '투카드'(피워 : shall be burning)를 "계속하여"(ever or continuously)라는 뜻을 가진 '타미드'가 꾸미고 있습니다. 거기에 더하여 "꺼지지 않게"라는 의미로 '티크뻬'(not it shall be put out)라는 표현이 추가되었습니다. 이는 한마디로 절대로 불이 꺼져서는 안 된다는 사실을 극도로 강조하기 위한 것입니다. 불이 계속해서 타기 위해서는 기름이 필요합니다. 즉 불이 꺼지지 않도록 계속해서 기름부으심을 유지하라는 뜻입니다.

그렇다면 기름부으심을 유지하기 위해서, 즉 제단의 불을 꺼트리지 않기 위해서 무엇이 필요할까요? 자신의 일도, 자신의 존재도, 자신의 심중에 있는 제한된, 그리고 욕구에 기초한 경험과 지식도 늘 주님께 내어 맡겨야 합니다. 우리가 이렇게 살아갈 때 물론 경우에 따라 불이 약해질 때가 있겠지만 제단의 불이 꺼지지는 않습니다. 그러나 지속적으로 이러한 삶을 살지 않으면 한번 꺼진 불은 다시 붙이기가 어렵습니다. 즉 다시 불을 붙이는 엄청난 수고를 해야 한다는 것입니다.

우리에게 익숙한 펌프의 비유로 생각해보면 기름부으심의 핵심인 불이 제단 위에 피워 꺼지지 않게 한다는 뜻은 무엇일까요? 그것은 바로 땅 밑에서 올라오는 생수가 적든 많든 우리의 몸통에 있어야 한다는 것입니다. 즉 생수의 흐름이 끊기지 않아야 한다는 것입니다. 그렇다면 이제 제단의 불을 꺼트린다는 것의 의미도 이해했을 것입니다. 마중물을 붓고 펌프질을 하면 수원지로부터 생수가 파이프를 통해 흘러나와 펌프통을 채우고 펌프 토출구를 통해 생명수를 흘려보내게 됩니다. 그런데 펌프질을 제대로 하지 않거나 펌프 안에 쓰레기를 제거하지 않으면 어떻게 될까요? 물이 다시 수원지로 내려가버릴 것입니다. 그렇게 되면 마중물이 없이는 다시 물을 길을 수 없게 되고, 그 사이에 파이프와 몸통에 다시 쓰레기들이 쌓이게 되는 것입니다.

끝까지 제단의 불을 꺼트리지 않는 삶을 사는 것에 대한 신약의 비유는 슬기로운 다섯 처녀와 미련한 다섯 처녀 이야기에 잘 나타나 있습니다. 처음 신랑을 맞으러 나갔을 때는 열 처녀 모두 등에 기름이 있었고 불이 타고 있었습니다. 열 처녀 모두 신랑 되신 예수님의 재림을 기다리는 그리스도인이었다는 사실을 기억하십시오.

마 25:8-9 8 미련한 자들이 슬기 있는 자들에게 이르되 우리 등불이 꺼져 가니 너희 기름을 좀 나눠 달라 하거늘 9 슬기 있는 자들이 대답하여 이르되 우리와 너희가 쓰기에 다 부족할까 하노니 차라리 파는 자들에게 가서 너희

쓸 것을 사라 하니

갈 5:16 내가 이르노니 너희는 성령을 따라 행하라 그리하면 육체의 욕심을 이루지 아니하리라

질문과 적용

다음 질문에 답하면서 오늘 내용을 자신에게 적용해보세요.

1. 당신은 그동안 '통 이론'과 '통로(파이프) 이론' 중 어떤 이론으로 기름부으심을 이해했나요? 오늘 내용을 통해 우리는 통이 아니라 통로(파이프)라는 것을 알게 된 것이 당신에게 어떤 깨달음을 주었나요?

2. 기름부으심을 나타내는 삶을 살기 위해 당신이 해야 하는 일이 무엇인지 성령님께 여쭤보신 후 떠올려주시는 것들을 기록해보세요. 그리고 지금 당장 행동으로 옮겨보세요.

3. 당신의 삶에서 화목제의 기름이 불타고 있나요? 혹시 아직 용서하지 못한 사람이나 회개하지 않은 문제들이 있다면, 주님께 고백하고 내어드리기를 바랍니다.

더보기

영상 – 기름부음 있는 신앙생활

도서 – 《알고 싶어요 성령님》
　　　8장 오직 성령의 기름부으심을 받고 주의 뜻을 이루라

능력 전이란
무엇인가요?

성령사역에 관심이 있거나 성령집회에 참석해본 분들은 '능력 전이'(임 파테이션)에 대해 한 번쯤은 들어보았을 것입니다. 이 용어를 하나님나라 복음의 관점에서 올바르게 이해하는 것이 매일의 삶에서 기름부으심이 나타남으로 주님의 뜻을 이루는 데 있어서 매우 중요합니다. Day 15에서는 이를 포함한 '기름부으심'에 관련한 세 가지 질문들을 함께 알아보도록 하겠습니다.

능력 전이는 무엇이며 올바른 용어인가?

우리는 흔히 능력 또는 기름부으심이 전이되는 것을 '능력 전이' 또는 '임파테이션'(impartation)이라는 용어를 사용합니다. 임파테이션의 뜻은 "나누어준다"는 뜻입니다. 기름부으심의 전이란 공여자(donor)가 기도해줌으로써 수혜자(beneficiary)가 자신의 소명에 따른 일을 행할 때 공여자가 주의 일을 행할 때처럼 하나님의 능력이 나타나도록 하는 것을 의미합니다.

오순절 은사주의 진영에서는 '기름부으심의 전이', '능력 전이'라는 용어를 흔하게 사용하지만, 개혁복음주의 진영에서는 이 용어에 대해 거부 반응을 보입니다. 그 이유는 첫째, 초자연적인 기적과 관련된 성령의 역사는 더 이상 또는 거의 일어나지 않는다고 믿고 있기 때문입니다. 둘째, 오늘날에는 초대교회 때처럼 사도가 존재하지 않기에 더 이상 초대교회에 있었던 기름부으심의 전이가 일어날 수 없다고 생각하기 때문입니다. 셋째, 만약 공여자가 원하는 대로 수혜자에게 기름부으심의 전이를 할 수 있다면 그것은 인간이 자기 멋대로 성령님을 종처럼 부리는 것이라고 생각하기 때문입니다.

우리는 펌프의 비유를 통해 기름부으심의 원리와 '통로(파이프) 이론'에 대해 자세히 살펴보았기 때문에 '기름부으심의 전이' 또는 '능력 전이'는 '통 이론'에 기초한 용어라는 것을 쉽게 알 수 있습니다. 우리가 분명히 알아야 할 사실은 공여자가 기름부으심을 위해 기도하는 것은 공여자의 기름부으심이나 능력을 나눠주는 것이 아닙니다. 그렇기 때문에 능력 전이(임파테이션)라는 용어는 하나님나라 복음의 관점에서 봤을 때 정확하지 않으며 충분히 오해를 불러일으킬 수 있는 표현입니다.

여기에 추가적으로 알아야 할 것은 능력 전이(임파테이션)의 핵심열쇠는 공여자가 아닌 수혜자의 상태에 달려 있다는 것입니다. 반복해서 강조한 것처럼 구원받은 하나님의 자녀 안에는 기름부으심이 충만하게 있습니다. 왜냐하면 거듭난 하나님의 자녀 안에 하나님의 전부가 있기 때문입니다.

흔히 기름부으심을 전이한다고 할 때 능력을 소유한 공여자가 자신의 능력을 수혜자에게 나누어주는 것으로 오해하지만 실상은 그렇지 않습니다. 기름부으심의 근원은 성령 하나님이시고, 기름부으심을 주시고 나타내실 수 있는 분도 성령 하나님 한 분뿐입니다. 기름부으심은 각자의 믿음의 통로(파이프)를 통해서 수원지로부터 흘러나오는 것이며, 그 통로의 크기(파이프의 직경)는 사람마다 다릅니다. 따라서 믿음의 통로가 큰 자가 더 큰 하나님의 역사를 나타낼 수 있는 것입니다.

Day 13에서 엘리야와 엘리사의 관계를 통해 살펴본 것처럼 기름부으심의 전이는 공여자와 수혜자 사이의 신뢰와 존경과 믿음이 중요합니다. 수혜자가 공여자와 함께함으로써 그 능력과 역사를 경험하고, 자신도 하나님의 역사에 쓰임 받겠다는 마음을 가지고 그와 동일한 일들이 일어날 것을 믿음으로써 성령님의 흐름을 받아들이도록 하는 것입니다.

공여자에게서 기도받는 것은 공여자가 기도 시 믿음의 큰 통로로 하나님의 능력을 흘려보낼 때 수혜자가 믿음으로 받아들임으로써 공여자의 믿음의 통로만큼 자신의 믿음의 통로를 키우는 것입니다. 기름부으심의 나타남은 공여자로부터 오는 것이 아니라 수혜자의 심령(innermost being, 요 7:38)에 계신 성령님으로부터 새롭게 확장된 자신의 믿음을 통해서 흘러나오는 것입니다. 그것이 바로 능력 전이(임파테이션)의 핵심입니다. 이것은 마치 수원지에 박은 파이프의 직경을 넓히는 것과 같습니다. 이러한 점을 고려할 때 '능력 또는 기름부으심의 전이(임파테이션)'라는 용어보다는 '능력 점화 혹은 발화(ignition)' 또는 '기름부으심 통로의 확장'이 더 적절합니다.

사도행전에서 사도들이 기도할 때 기도받은 자들이 성령충만을 받은 것을 볼 수 있으며, 이것이 바로 '능력 발화'의 진정한 의미입니다.

고후 1:21 우리를 너희와 함께 그리스도 안에서 굳건하게 하시고 **우리에게 기름을 부으신 이는 하나님이시니**

롬 1:11 내가 너희 보기를 간절히 원하는 것은 **어떤 신령한 은사를 너희에게 나누어 주어**(헬, 메타디도미) 너희를 견고하게 하려 함이니

하나님께서는 사도뿐 아니라 신실한 하나님의 사람을 통해서도 역사하십니다. 사도행전 8장에 보면 예루살렘에 있는 교회가 큰 박해를 받고 사도 외에는 다 유대와 사마리아 모든 땅으로 흩어졌습니다. 그중에 전도자 빌립이 사마리아 성에 내려가서 복음을 전했습니다.

행 6:6 사도들 앞에 세우니 사도들이 기도하고 **그들에게 안수하니라**

행 8:12-13 12 빌립이 하나님나라와 및 예수 그리스도의 이름에 관하여 전도함을 그들이 믿고 남녀가 다 세례를 받으니 13 **시몬도 믿고 세례를 받은 후에 전심으로 빌립을 따라다니며 그 나타나는 표적과 큰 능력을 보고 놀라니라**

빌립은 사도들의 안수를 통해 세워진 일곱 집사 중 하나였으며, 사도들의 안수를 통해 '능력 발화' 또는 '기름부으심 통로의 확장'으로 표적과 큰 능력을 나타내며 복음을 전파할 수 있게 된 것입니다. 또한 그 소식을 듣고 베드로와 요한도 빌립이 사역한 사마리아로 내려가서 믿는 자에게 안수했습니다.

행 8:17-20 17 이에 두 사도가 **그들에게 안수하매 성령을 받는지라** 18 시몬이 사도들의 안수로 성령 받는 것을 보고 돈을 드려 19 이르되 **이 권능을 내게도 주어 누구든지 내가 안수하는 사람은 성령을 받게 하여 주소서 하니**

²⁰ 베드로가 이르되 네가 하나님의 선물을 돈 주고 살 줄로 생각하였으니 네 은과 네가 함께 망할지어다

시몬은 마술을 행하는 자로서 주변 사람에게 큰 사람이라고 불리는 자였습니다. 그는 전도자 빌립이 행하는 표적과 능력이 탐나 빌립으로부터 세례도 받았고, 빌립을 따라다녔습니다. 그런데 그는 사도들이 안수할 때 성령님이 사람들에게 임하는 것을 보고, 돈으로 그 능력을 사고자 했고, 그 능력을 자신이 원하는 대로 사용하고자 했습니다. 그야말로 주님의 뜻이 아니라 자신의 능력을 나타내기 위해서 성령님을 부리고자 한 것입니다.

우리는 말씀을 통하여 시몬이 빌립에게 세례도 받고 기도도 받았지만 '능력 발화'가 일어나지 않았다는 것을 알 수 있습니다. 왜냐하면 잘못된 동기로 구했기 때문입니다. 지금도 마찬가지입니다. '능력 발화' 또는 '기름부으심 통로의 확장'의 여부는 일차적으로 공여자보다는 수혜자의 상태에 달려 있습니다. 당신이 '임파테이션'을 받기 원한다면 받고자 하는 동기가 무엇인지, 즉 자신의 능력을 나타내기 위해서인지, 아니면 당신이 온전히 하나님께 쓰임 받기 위함인지를 먼저 반드시 점검해야 합니다. 또한 수혜자는 공여자의 삶과 사역을 통해 하나님의 권능이 무엇인지를 보고 듣고 체험함으로 하나님의 능력이 자신을 통해서도 나타나는 것을 믿음으로 취해야 합니다. 에베소서 1장 17-18절은 성령체험에 대해서, 19절은 기름부으심에 대해서 잘 설명하고 있습니다.

엡 1:17-19 ¹⁷ 우리 주 예수 그리스도의 하나님, 영광의 아버지께서 지혜와 계시의 영을 너희에게 주사 하나님을 알게 하시고 ¹⁸ 너희 마음의 눈을 밝히

사 그의 부르심의 소망이 무엇이며 성도 안에서 그 기업의 영광의 풍성함이 무엇이며 19 그의 힘의 위력으로 역사하심을 따라 믿는 우리에게 베푸신 능력의 지극히 크심이 어떠한 것을 너희로 알게 하시기를 구하노라

우리는 '능력 발화'의 핵심을 통해 다음과 같은 진리를 알 수 있습니다. "첫째, 인간은 하나님의 생명이 흐르는 통로이지, 생명을 흘려보내는 주체가 될 수는 없다. 둘째, 하나님께서는 직접적으로도 기름부으심의 통로를 열어주시지만, 하나님의 사람을 통해서 그 통로를 확장시켜 주신다. 셋째, 공여자가 성령의 능력을 흘려보내는 것은 수혜자의 믿음의 통로를 확장시키는 것이며, 수혜자에게도 동일한 능력이 나타나기 위해서는 주님의 뜻을 이루고자 하는 믿음이 준비되어 있어야 한다. 넷째, 기름부으심은 주님의 뜻을 이루고자 할 때 주어지는 것이며, 아무나 원한다고 해서 다 받는 것은 아니다. 다섯째, 수혜자에게 지속적인 기름부으심이 나타나기 위해서는 하나님과의 생명적 관계 가운데 소명에 따라 주어진 자신의 분야에서 주님의 뜻을 이루는 삶을 계속 살아야 한다."

기름부으심을 통한 하나님의 능력은 사람에게만 머무는가?

하나님의 능력은 사람뿐만 아니라 손수건이나 그림자와 같은 매개체에도 머무를 수 있습니다.

행 19:11-12 11 하나님이 바울의 손으로 놀라운 능력을 행하게 하시니 12 심지어 사람들이 바울의 몸에서 손수건이나 앞치마를 가져다가 병든 사람에

게 얹으면 그 병이 떠나고 악귀도 나가더라

행 5:15 심지어 병든 사람을 메고 거리에 나가 침대와 요 위에 누이고 베드로가 지날 때에 혹 그의 그림자라도 누구에게 덮일까 바라고

전선을 통해 전기 에너지가 흘러가는 것처럼 성령님의 능력은 믿음을 통해 흐릅니다. 우리가 어떤 매개체에 하나님의 능력이 임했다는 것을 믿을 때 하나님께서는 그 매개체를 통해서도 역사하십니다. 손수건이나 앞치마 자체에 능력이 있는 것이 아니라 그것에 하나님의 임재와 역사하심이 있음을 믿을 때 그것을 통하여 역사하신다는 것입니다.

문제는 간혹 사역자 중에서 성령의 역사를 마치 자신이 소유하여 나눠주는 것처럼 하거나 자신을 높이는 데 사용하거나 희화화하는 경우가 있다는 것입니다. 그러한 것들이 초자연적인 성령님의 역사를 왜곡, 변질시키고, 사람들로 하여금 성령님을 부정적으로 보게 만듭니다.[10]

신앙생활하는 데 꼭 기름부으심이 필요한가?

이것은 기름부으심이 나타나는 삶을 위해 꼭 답해야 하는 너무나 근원적이고, 중요한 질문입니다. 우리가 기름부으심과 그것의 소중함을 제대로 알지 못하는 이유는 성령님을 통해서 성경을 하나님나라의 관점에서 통전적으로 보지 못하고, 늘 지금의 세상과 나와의 관점에서 복

---

10 성령사역과 사역자를 어떻게 분별해야 하는지에 대해서는 Day 22 “성령사역과 사역자는 어떤 기준으로 보아야 하나요?”에서 자세히 살펴봅니다.

음을 생각하고 신앙생활을 하기 때문입니다. 구원받은 하나님의 자녀는 단지 예수 그리스도를 믿음으로 지금보다 더 나은 내가 되려는 탈육신적인 삶(excarnation)을 사는 것이 아니라 본래의 창조목적을 이루기 위해서 예수 그리스도 안에서 그분을 나타내는 성육신적인 삶(incarnation)을 살아야 합니다.

진화론이 주장하는 것처럼 우리는 오랜 시간에 걸쳐 양육강식과 자연도태에 의해서 생겨난 존재가 아닙니다. 우리 스스로 살기 힘들기 때문에 하나님이라는 신을 믿는 존재도 아닙니다. 우리는 본래 타락 전 하나님께서 그분의 창조목적을 이루시기 위해 그분의 형상을 따라 모양대로 지음을 받은 존재였습니다.

사 43:7 내 이름으로 불려지는 모든 자 곧 내가 내 영광을 위하여 창조한 자를 오게 하라 그를 내가 지었고 그를 내가 만들었느니라

욥 33:4 하나님의 영이 나를 지으셨고 전능자의 기운이 나를 살리시느니라

기독교가 다른 모든 종교와 다른 점은 신앙생활의 이유와 목적이 자기 자신을 위해서가 아니라 세상에 하나님을 나타내기 위해서라는 점입니다. 우리가 하나님나라의 복음을 듣고 구원을 얻었다면 하나님 자녀로서 다시 하나님의 창조목적을 이루는 삶을 살아야 합니다.

신앙생활하는 데 기름부으심이 꼭 필요한 이유에 대해서도 펌프의 비유로 쉽게 설명할 수 있습니다. 성령체험과 기름부으심을 설명할 때는 펌프가 생수를 끌어올리는 것에 초점을 두었다면, 지금은 펌프의 존재 이유와 목적에 대해서 생각해봅시다. 펌프는 왜 존재하는 걸까요? 자신

의 몸통에 물을 채우기 위해서인가요? 전혀 그렇지 않습니다. 펌프의 존재 이유와 목적은 바로 필요한 곳에 물을 공급하기 위해서입니다. 이와 같이 우리에게 기름부으심이 필요한 이유는 하나님의 창조목적을 이루기 위해서입니다. 필요한 곳에 생수를 흘려보내고자 펌프질을 할 때 수원지로부터 올라온 생수가 몸통을 통하여 흘러나가는 것입니다. "영원부터 만물을 창조하신 하나님 속에 감추어졌던 비밀의 경륜"이 무엇인지를 깨달아야 합니다(엡 3:9-11). 그것은 바로 예수 그리스도를 통하여 다시 우리가 하나님의 위임된 통치권을 회복시키고 이 땅을 다스리는 것입니다.

> **창 1:27-28** 27 하나님이 자기 형상 곧 하나님의 형상대로 사람을 창조하시되 남자와 여자를 창조하시고 28 하나님이 그들에게 복을 주시며 하나님이 그들에게 이르시되 생육하고 번성하여 땅에 충만하라, 땅을 정복하라, 바다의 물고기와 하늘의 새와 땅에 움직이는 모든 생물을 다스리라 하시니라

펌프에서 생수가 흘러나와 필요한 곳에 물이 공급되지 않는다면 그 펌프는 만들어진 목적대로 존재하지 않는 것입니다. 마찬가지로 우리에게 기름부으심이 나타나지 않는다면 본래 만들어진 목적대로 존재하고 있지 않다는 것을 보여주는 것입니다. 우리가 하나님의 자녀라면 각자에게 주신 삶터와 일터에서 하나님을 나타내고자 하는 갈망이 당연히 있어야 합니다. 바로 그 갈망이 있을 때 하나님의 생명이 충만하여 주님께서 주신 신성과 원복을 마음껏 사용할 수 있게 됩니다. 즉 기름부으심을 나타냄으로써 각자에게 주어진 소명을 이루는 삶을 살아가게 되는 것입니다.

딛 2:14 그가 우리를 대신하여 자신을 주심은 모든 불법에서 우리를 속량하시고 우리를 깨끗하게 하사 선한 일을 열심히 하는 자기 백성이 되게 하려 하심이라

질문과 적용

다음 질문에 답하면서 오늘 내용을 자신에게 적용해보세요.

1. 당신은 그동안 '능력 전이'(임파테이션)에 대해 어떻게 이해하고 있었나요? 오늘 내용을 통해 경험하게 된 패러다임의 전환을 Before & After로 적어보세요.

2. 하나님께서 당신에게 주신 소명과 비전을 생각할 때 왜 당신에게 기름부으심이 필요한지를 구체적으로 적어보세요.

3. 당신에게도 기름부으심이 필요하다면 당신의 분야에서 멘토로 삼아야 할 사람이 누구인지를 생각해보세요. 그리고 그분을 만나 하나님과 어떤 관계 속에서 살아가는지 주목해보고 자신에게 적용하여 당신의 삶을 변화시켜보시기 바랍니다.

더보기
영상 – 기름부음 있는 신앙생활

Welcome Holy Spirit

Welcome Holy Spirit

PART

4

성령님의
나타나심

보혜사 성령님께서 하시는 일은 무엇인가요?

우리는 Day 4에서 하나님께서 이 땅에 예수 그리스도를 보내셔서 십자가를 지게 하신 이유에 대해 자세히 살펴보았습니다. 그것은 바로 타락한 인간들에게 하나님의 영이 다시 임하도록 함으로써 그분의 창조목적을 회복하여 그 창조목적을 다시 이루어가기 원하셨기 때문입니다. 그렇다면 왜 예수님께서는 그토록 성령님을 우리에게 보내주시기를 원하셨을까요? 보혜사 성령님께서 오셔서 어떤 일을 하실 것을 기대하셨던 것일까요? 예수님께서는 십자가를 지시기 전 고별 설교(요한복음 13-17장) 때 이에 대해 자세히 말씀해주셨습니다.

요 16:7-8 7 그러나 내가 너희에게 실상을 말하노니 내가 떠나가는 것이 너희에게 유익이라 내가 떠나가지 아니하면 **보혜사**가 너희에게로 오시지 아니할 것이요 가면 내가 그를 너희에게로 보내리니 8 **그가 와서 죄에 대하여, 의에 대하여, 심판에 대하여 세상을 책망하시리라**

성령님께서 오시면 죄, 의, 심판에 대해서 우리가 알고 있는 것과는 다른 기준을 제시하시고, 우리로 하여금 세상의 기준에서 벗어나게 하서서 하나님나라의 새로운 기준을 알게 하심으로써 진리를 깨닫고 누리게 하신다는 것입니다. 사실 요한복음 16장 7-11절은 하나님나라의 복음을 알지 못하면 이해하기가 쉽지 않고, 적용하기는 더더욱 어려운 말씀입니다. 신학자들조차 요한복음에서 가장 해석하기 어려워하는 구절입니다. 일례로 어거스틴은 자신은 이 부분을 해석할 수 없다고 하여 그냥 넘어가기도 했을 정도입니다. 그러나 성령님의 조명하심 가운데 이 말씀을 보면 너무나 놀랍고 아름다운 하나님나라 복음의 비밀을 발견하게 됩니다.

> **요 16:9-11** 9 죄에 대하여라 함은 그들이 나를 믿지 아니함이요 10 의에 대하여라 함은 내가 아버지께로 가니 너희가 다시 나를 보지 못함이요 11 심판에 대하여라 함은 이 세상 임금이 심판을 받았음이라

죄에 대하여 : 죄란 무엇인가?

세상에서 말하는 죄는 불법적 죄와 윤리 도덕적 죄를 의미합니다. 즉 인간이 공존하고 평화와 번영을 누리기 위해서 제정한 법률에 의거한 규정을 어길 때 처벌을 받는 죄 그리고 사회적으로 지탄받게 되는 윤리 도덕적 죄를 뜻합니다. 구약의 백성들에게는 이것을 통틀어서 율법에 기초하여 잘못된 행동을 한 것이 죄입니다.

그러나 언약의 관점이 아니라 하나님의 창조목적의 회복, 확장, 완성의 관점에서 볼 때 '죄'는 자유의지를 가진 인간의 혼이 하나님의 말씀에 순종하지 않음으로써 하나님의 영이 떠나게 되었을 때 일어난 '하나님과의 분리'를 뜻합니다. 본래의 죄(헬, 하마르티아)의 의미는 "과녁에서 벗

어나다", 즉 하나님의 영광, 법, 생명에서 벗어난다는 뜻입니다. 하나님과 분리되어 자존자의 삶을 살고자 하는 것이 바로 죄인 것입니다.

요 16:9 죄에 대하여라 함은 그들이 나를 믿지 아니함이요

이 말씀은 엄청난 진리의 비밀을 우리에게 알려줍니다. 예수님께서는 자신을 믿지 않는 것이 죄라고 규정합니다. 그렇기 때문에 우리가 율법을 잘 지키고, 아무리 선한 일을 행한다고 할지라도 예수님을 믿지 않으면 여전히 죄인인 것입니다. 우리가 본래 하나님께서 창조하신 대로 다시 하나님과 하나 될 때 우리는 비로소 죄에서 벗어나게 되는 것입니다. 그렇게 하기 위해서는 먼저 타락한 내 존재가 죄를 지을 수밖에 없는 존재라는 것을 의식해야 합니다. 즉 율법을 지키지 않는 것으로 인한 죄 된 생각과 행동이 아니라 그것으로부터 벗어나고자 하는(그렇지만 절대 벗어날 수 없는) 자신의 존재 자체가 죄라는 것을 알아야 합니다.

예수님은 인자로 오셨지만, 그분은 창조주 하나님이십니다. 우리를 창조하신 그분을 믿지 않고, 그분께서 이 땅에 오셔서 타락한 인간으로 하여금 다시 하나님과 하나 되게 하심을 믿지 않는 것이 죄입니다. 왕이 다시 자기 땅에 와서 타락한 자기 백성에게 기회를 주는데, 그것을 믿지 않는 것은 대역죄입니다.

요 1:10-11 10 그가 세상에 계셨으며 세상은 그로 말미암아 지은 바 되었으되 세상이 그를 알지 못하였고 11 자기 땅에 오매 자기 백성이 영접하지 아니하였으나

요 3:18 그를 믿는 자는 심판을 받지 아니하는 것이요 믿지 아니하는 자는 하나님의 독생자의 이름을 믿지 아니하므로 벌써 심판을 받은 것이니라

요 15:22 내가 와서 그들에게 말하지 아니하였더라면 죄가 없었으려니와 지금은 그 죄를 핑계할 수 없느니라

오늘날 우리가 영생을 누리지 못하고 죽어 지옥에 가는 이유는 단지 우리가 죄를 짓기 때문이 아닙니다. 예수 그리스도를 믿지 않기 때문입니다. 타락 이후로 태어난 모든 인류는 마귀 때문에 죄 가운데 태어난 자이고, 죄를 지을 수밖에 없는 존재입니다.

요 8:24 그러므로 내가 너희에게 말하기를 너희가 너희 죄 가운데서 죽으리라 하였노라 너희가 만일 내가 그인 줄 믿지 아니하면 너희 죄 가운데서 죽으리라

이제는 죄에 대해서 새로운 깨달음을 가져야 합니다. 즉 내가 어떤 죄를 지었다는 것이 아니라 마귀 때문에 하나님과 분리된 후 자신이 누구인지 모르고 하나님께 돌아가기를 싫어하는 것이 바로 죄라는 것을 알아야 합니다. 타락한 인간이 죄를 지어서 죄인이 된 것이 아니라 죄를 지을 수밖에 없는 죄인으로 태어났다는 것을 심중으로 깨닫게 해주시는 분이 누구실까요? 바로 우리 안에 오신 보혜사 성령님이십니다.

의에 대하여 : 의란 무엇인가?

세상에서 말하는 의는 하나님의 기준에서 볼 때 '더러운 옷'과 같으며, 인간이 최선의 노력과 행위로 만들어낸 의라 할지라도 하나님의 기준을 만족시킬 수 없습니다.

사 64:6 무릇 우리는 다 부정한 자 같아서 우리의 의는 다 더러운 옷 같으며 우리는 다 잎사귀 같이 시들므로 우리의 죄악이 바람 같이 우리를 몰아가나이다

롬 10:2-3 2 내가 증언하노니 그들이 하나님께 열심이 있으나 올바른 지식을 따른 것이 아니니라 3 **하나님의 의를 모르고 자기 의를 세우려고** 힘써 하나님의 의에 복종하지 아니하였느니라

그러나 진정한 의는 하나님의 의를 나타내며, 그것은 하나님의 속성, 본성, 본질을 의미합니다. 즉 하나님 자신을 나타내는 것이 바로 '하나님의 의'입니다. 사도 바울은 예수님께서 전하신 하나님나라 복음에는 하나님의 의가 나타난다고 말했습니다.

롬 1:17 복음에는 **하나님의 의**가 나타나서 믿음으로 믿음에 이르게 하나니 기록된 바 오직 의인은 믿음으로 말미암아 살리라 함과 같으니라

예수님께서는 의에 대해서 선뜻 이해하기 어려운 말씀을 하셨습니다.

요 16:10 의에 대하여라 함은 내가 아버지께로 가니 너희가 다시 나를 보지

못함이요

의라는 것은 인간이 율법을 잘 지킴으로써 스스로 이룰 수 있는 것이 아니라 예수님께서 하늘로 올리우심으로 인하여 우리가 다시 예수 그리스도를 보지 못할 때 우리에게 이루어진다는 것을 말씀하고 있는 것입니다. 도대체 이것은 무엇을 의미하는 것일까요?

예수님께서는 삼위일체 하나님의 두 번째 위격이신 성자 하나님이십니다. 그분은 하나님의 의로서 이 땅에서 하나님의 본질, 본성을 나타내신 분이십니다. 그러나 하나님께서는 타락한 인간을 구원하시기 위해서 하나님의 의이신 예수님이 인간의 모든 죄와 죄악을 짊어지도록 하셨습니다. 그 결과로 예수님께서는 이 세상에서 가장 불의한 자가 된 것입니다.

사 53:6 우리는 다 양 같아서 그릇 행하여 각기 제 길로 갔거늘 **여호와께서는 우리 모두의 죄악을 그에게 담당시키셨도다**

하나님께서는 타락한 인간을 구원하시기 위해 예수 그리스도를 보내주시기 전까지는 동물을 희생제물로 삼고 피를 흘림으로 인간의 죄를 덮어주었지만, 그것 자체로 하나님의 공의를 만족시킬 수는 없기 때문에 하나님의 아들이시고 죄가 없으신 예수님께서 모든 죄를 짊어지고 죽으시도록 하신 것입니다. 이것이 바로 죄의 전가입니다. 예수님께서는 십자가를 지시기 전까지는 세상 죄를 지고 가는 어린양으로 오셨지만, 죽으시고 부활하신 다음에는 대제사장으로 자신의 피를 가지고 하늘 성소에 들어가 하나님의 보좌 앞에 그 피를 뿌림으로써 하나님의 공의를 만족시키셨습니다.

히 9:11-12 11 그리스도께서는 장래 좋은 일의 대제사장으로 오사 손으로 짓지 아니한 것 곧 이 창조에 속하지 아니한 더 크고 온전한 장막으로 말미암아 12 염소와 송아지의 피로 하지 아니하고 오직 자기의 피로 영원한 속죄를 이루사 단번에 성소에 들어가셨느니라

이를 통해 예수님께서는 다시 하나님의 의가 되어, 하나님 우편 보좌에 영원히 계십니다. 우리는 지금 그 예수님을 볼 수 없지만, 우리가 예수님의 죽으심과 부활하심에 연합할 때 죄사함을 받게 되고 하나님의 영이 우리 안에 임하십니다. 성령님은 하나님의 영이시면서 그리스도의 영이십니다. 그래서 지금 예수님은 우리 안에 그리스도의 영으로 계시는 것입니다. 따라서 우리는 그리스도 안에서 하나님의 의가 되는 것입니다.

고후 5:21 하나님이 죄를 알지도 못하신 이를 우리를 대신하여 죄로 삼으신 것은 우리로 하여금 그 안에서 하나님의 의가 되게 하려 하심이라

우리가 하나님의 의가 되었으면, 이제는 성령님을 통하여 타락한 혼이 소생케 되도록 해야 합니다. 성령체험을 할 때 자유의지를 가진 타락한 혼이 소생케 되어 더 이상 몸의 종노릇을 하지 않고, 성령의 이끌림을 받아 하나님의 영 안에 거하게 됩니다. 그때부터 죄 의식이 아니라 하나님을 의식하고 하나님을 나타내는 의 의식이 나타나기 시작합니다.

우리는 지금 인자로 오신 예수 그리스도를 볼 수도 없고 만날 수도

없습니다. 하지만 보혜사 성령님을 통해서 하늘로 올리우사 하나님의 의가 되신 예수 그리스도 안에서 우리가 하나님의 의가 되었다는 사실을 체험하게 됩니다. 이 진리를 깨닫고 체험하게 하시는 분이 바로 우리 안에 임하신 성령 하나님이십니다(롬 8:16).

심판에 대하여 : 심판이란 무엇인가?

요 16:11 심판에 대하여라 함은 이 세상 임금이 심판을 받았음이라

세상 임금인 마귀는 믿지 아니하는 자들, 불순종의 아들들을 미혹함으로써 공중의 권세를 잡고 이 세상의 신으로서 통치하고 있습니다.

고후 4:4 그 중에 이 세상의 신이 믿지 아니하는 자들의 마음을 혼미하게 하여 그리스도의 영광의 복음의 광채가 비치지 못하게 함이니 그리스도는 하나님의 형상이니라

엡 2:2 그 때에 너희는 그 가운데서 행하여 이 세상 풍조를 따르고 공중의 권세 잡은 자를 따랐으니 곧 지금 불순종의 아들들 가운데서 역사하는 영이라

하나님께서는 마귀가 통치하는 세상에서 이스라엘 백성들에게 율법과 규례를 주시고 지키도록 하셨으며, 그렇지 못할 때는 심판하신다고 말씀하셨습니다. 인간들은 이 말씀을 표면적으로만 이해함으로써 죄

를 지을 때 하나님의 심판을 받아야 한다고 생각합니다. "눈에는 눈, 이에는 이"이라고 해서 피해자에게 입힌 손해만큼 정확하게 그대로 가해자를 처벌하는 원칙인 '동해복수법'이라는 세상의 기준을 따르고 있는 것입니다.

> **마 5:38** 또 눈은 눈으로, 이는 이로 갚으라 하였다는 것을 너희가 들었으나

그러나 예수님께서는 그러한 생각은 구약적 사고방식일 뿐 하나님나라가 다시 도래하게 되면 상황은 완전히 달라질 것이라고 말씀하셨습니다. 그것은 바로 인간이 죄를 지을 수밖에 없는 근원이 되는 세상 임금이 십자가에서 심판을 받을 것이기 때문입니다.

하나님은 사랑과 공의의 하나님이십니다. 하나님께서는 타락한 백성을 마귀로부터 보호하시고 다시 그분의 자녀로 삼으시기 위해 언약을 맺으시며, 끝까지 우리에게 긍휼과 자비를 베푸셔서 우리를 구원하기를 원하시며 심판하기를 원하시지 않습니다.[11]

죄의 근원은 마귀, 즉 세상 신입니다. 따라서 하나님의 궁극적인 목적은 예수 그리스도를 통하여 타락한 백성을 구원하시고, 마귀의 시험에서 승리하는 하나님의 자녀를 선별하셔서 마지막에 마귀를 심판하는 것입니다. "심판에 대하여라 함은"을 들을 때 우리는 자신의 죄에 대한

---

11 하나님께서 율법을 중심으로 구약 백성들을 심판하시는 것처럼 보이지만, 실상은 그분의 창조 목적을 이루시기 위해서 모든 민족을 포기하고 이스라엘을 선택하셔서 그들을 마귀로부터 보호하시고 그분의 뜻을 이루어가시기 위한 비밀의 경륜이 감추어져 있습니다. 이에 대해 자세히 알기 원하시면, 2023년 11월 14일 화요말씀치유집회 유튜브 말씀영상 "모든 민족을 향한 하나님의 비밀의 경륜"을 들어보시기 바랍니다.

심판을 생각합니다. 하지만 하나님께서 생각하시는 심판은 예수 그리스도의 십자가로 인해 세상 신을 심판하시는 것이고, 이를 바탕으로 이제는 죄악 가운데 있는 세상을 심판하시는 것입니다.

> **골 2:15** 통치자들과 권세들을 무력화하여 드러내어 구경거리로 삼으시고 십자가로 그들을 이기셨느니라

> **요 12:31** 이제 이 세상에 대한 심판이 이르렀으니 이 세상의 임금이 쫓겨나리라

예수 그리스도의 죽으심과 부활하심에 연합한 자는 마귀의 모든 능력을 무력화시킬 수 있습니다. 왜냐하면 마귀가 인간을 합법적으로 통치할 수 있는 유일한 길은 죄 가운데 있을 때이며(즉 하나님과 분리된 상태에 있을 때이며), 죄의 삯은 사망이기 때문에 타락한 인간이 죽기 전까지만 그들의 권세를 미칠 수 있기 때문입니다.

> **고전 15:55-56** 55 사망아 너의 승리가 어디 있느냐 사망아 네가 쏘는 것이 어디 있느냐 56 사망이 쏘는 것은 죄요 죄의 권능은 율법이라

> **눅 10:17-18** 17 칠십 인이 기뻐하며 돌아와 이르되 주여 주의 이름이면 귀신들도 우리에게 항복하더이다 18 예수께서 이르시되 사탄이 하늘로부터 번개 같이 떨어지는 것을 내가 보았노라

죄를 알지도 못하신 예수님께서 타락한 인류의 모든 죄를 짊어지심

으로써 죄가 되어, 죄의 삯은 사망이라는 하나님의 공의를 십자가의 죽음으로 만족시키셨습니다. 선악을 아는 나무를 먹어 정녕 죽을 수밖에 없었던 인간을 대신하여 하나님 자신이 심판을 받으심으로 인간에게는 구원의 길이 열리게 된 것입니다.

생각해보십시오. 그동안 하나님께서는 마귀를 심판하실 수가 없으셨습니다. 왜냐하면 하나님의 자녀들이 마귀에게 속아 죄를 지었기 때문입니다. 마귀를 심판하려면 인간도 동일하게 심판해야 합니다. 그러나 하나님은 그분의 자녀를 포기하지 않으셨고 그들을 구원하기 위해 자신의 아들을 이 땅에 보내서서 인간들을 대신하여 심판을 받게 하신 것입니다. 그 결과로 마침내 십자가에서 마귀를 심판하신 것이고, 이를 통해 예수 그리스도를 믿는 모든 자들을 구원하실 수 있게 된 것입니다. 예수 그리스도 안에 있는 자들이 심판을 받지 않고 영원한 생명을 누릴 수 있다는 것을 알게 하시는 분이 바로 보혜사 성령님이십니다. 따라서 예수 그리스도의 죽으심과 부활하심에 연합한 자가 그리스도 안에 있을 때 하나님의 심판을 받지 않을 뿐만 아니라 어떠한 마귀와 악한 세력도 영향을 미칠 수가 없습니다.

요 5:24 내가 진실로 진실로 너희에게 이르노니 내 말을 듣고 또 나 보내신 이를 믿는 자는 영생을 얻었고 심판에 이르지 아니하나니 사망에서 생명으로 옮겼느니라

요일 5:18 하나님께로부터 난 자는 다 범죄하지 아니하는 줄을 우리가 아노라 하나님께로부터 나신 자가 그를 지키시매 악한 자가 그를 만지지도 못하느니라

그렇다면 하나님께서 왜 마귀에 대한 최종 심판을 미루시는 것일까요? 한 사람이라도 더 이 진리를 알고 하나님의 자녀로 돌아오기를 기다리시기 때문입니다.

벧후 3:9 주의 약속은 어떤 이들이 더디다고 생각하는 것 같이 더딘 것이 아니라 오직 주께서는 너희를 대하여 오래 참으사 아무도 멸망하지 아니하고 다 회개하기에 이르기를 원하시느니라

그렇다면 마지막 때 세상을 심판하는 자는 누구일까요? 다시 오실 예수 그리스도이십니다. 그분은 초림하실 때 하나님의 어린양으로 오셨지만 재림하실 때는 심판주로 오십니다.

고후 5:10 이는 우리가 다 반드시 그리스도의 심판대 앞에 나타나게 되어 각각 선악간에 그 몸으로 행한 것을 따라 받으려 함이라

보혜사 성령님이 하시는 일

정리하면 보혜사 성령님께서는 죄에 대해서(구원받을 때), 의에 대해서(구원을 이루어갈 때), 그리고 심판에 대해서(구원을 완성시킬 때) 예수님께서 말씀하신 것을 모든 자들로 하여금 알게 하시는 분이십니다. "죄에 대하여"라는 것은 우리가 지은 죄가 아니라 우리 존재가 죄라는 것을 깨닫게 하심으로 예수 그리스도를 믿음으로 하나님의 자녀가 되도록 하는 것입니다. "의에 대하여"라는 것은 신앙생활은 자기의 의로 하는 것이 아니라 예수 그리스도 안에서 성령님을 통하여 하나님의 의를 나타

내는 것임을 알고 누리도록 하는 것입니다. "심판에 대해서"라는 것은 예수님께서 십자가를 지심으로 마귀가 이미 심판을 받았기 때문에, 우리는 예수 그리스도 안에서 마귀의 일을 멸하며 끝까지 승리하는 삶을 살 수 있다는 것을 알려주시는 것입니다.

> **요일 4:4** 자녀들아 너희는 하나님께 속하였고 또 그들을 이기었나니 이는 너희 안에 계신 이가 세상에 있는 자보다 크심이라

질문과 적용

다음 질문에 답하면서 오늘 내용을 자신에게 적용해보세요.

1. 그동안 여러분은 요한복음 16장 7-11절을 어떻게 이해하셨나요? 오늘 내용을 통해 '죄'와 '의'와 '심판'에 대한 새로운 깨달음이 있다면 Before & After로 적어보세요.

2. 보혜사 성령님께서 당신의 구원 여정 가운데 하시는 일이 무엇인지 이해가 되셨나요? 죄에 대해서, 의에 대해서, 심판에 대해서 성령님이 당신에게 어떻게 역사하셨는지, 그리고 지금도 어떻게 역사하고 계신지를 적어보세요.

3. 우리는 예수 그리스도를 단지 세상 죄를 지고 가는 하나님의 어린양으로만 생각하지만(요 1:29), 그분은 부활 후에는 대제사장으로(히 9:11-12), 하늘에 올리우신 후에는 중보자(히 9:15)로, 재림하실 때는 심판주로 오십니다(고후 5:10). 성령님의 인도하심에 따라 예수 그리스도께서 누구신지 묵상하시고 그 은혜를 적어보세요.

더보기

영상 – 보혜사 성령님이 지금 내 안에서 하시는 일

DAY

17

—

성령의 열매는
어떻게 맺나요?

예수님께서 죽으시고 부활하신 후 제자들과 40일을 같이 있는 동안에는, 약속하신 보혜사 성령님이 임하시면 예수 그리스도를 믿는 자들이 권능을 받고 예수 그리스도를 증거하게 될 뿐만 아니라 그 말씀하신 것을 이루실 것이라고 알려주었습니다(행 1:8). 권능을 통해서 나타나는 것이 바로 하나님의 성품이고 능력이며, 우리는 그것을 가지고 예수 그리스도를 증거하게 되는 것입니다. 성령의 열매와 은사를 단순한 성품과 능력으로 보는 것이 아니라 예수 그리스도를 통한 하나님의 나타나심으로 보아야 합니다. Day 17부터 21까지 5일에 걸쳐서 성령의 열매와 은사에 대해 자세히 알아볼 것입니다. Day 17에서는 성령의 열매는 무엇이고 어떻게 할 때 맺히는지에 대해 함께 살펴보겠습니다.

성령의 열매란 무엇인가?

성령의 열매란 하나님의 성품이 예수 그리스도 안에 있는 우리를 통해서 나타나는 것이며, 그것은 인자로 오신 그리스도의 성품이라고 볼 수 있습니다. 그것은 우리 안에 계신 성령님께서 우리를 통해 하나님의 영광을 드러내실 때 나타나는 것입니다.

고후 3:18 우리가 다 수건을 벗은 얼굴로 거울을 보는 것 같이 주의 영광을 보매 그와 같은 형상으로 변화하여 영광에서 영광에 이르니 곧 주의 영으로 말미암음이니라

고후 4:6-7 6 어두운 데에 빛이 비치라 말씀하셨던 그 하나님께서 예수 그리스도의 얼굴에 있는 하나님의 영광을 아는 빛을 우리 마음에 비추셨느니라 7 우리가 이 보배를 질그릇에 가졌으니 이는 심히 큰 능력은 하나님께 있고 우리에게 있지 아니함을 알게 하려 함이라

이 일이 가능한 것은 우리가 거듭날 때 성령님을 통해 하나님 아버지로부터 태어나 예수 그리스도 안에 있게 되기 때문입니다. 또한 그분의 전적인 은혜로 우리로 하여금 신성한 성품에 참여한 자가 되게 하셨기 때문입니다.

고전 1:30 너희는 하나님으로부터 나서 그리스도 예수 안에 있고 예수는 하나님으로부터 나와서 우리에게 지혜와 의로움과 거룩함과 구원함이 되셨으니

벧후 1:3-4 3 그의 신기한 능력으로 생명과 경건에 속한 모든 것을 우리에게 주셨으니 이는 자기의 영광과 덕으로써 우리를 부르신 이를 앎으로 말미암음이라 4 이로써 그 보배롭고 지극히 큰 약속을 우리에게 주사 이 약속으로 말미암아 너희가 정욕 때문에 세상에서 썩어질 것을 피하여 신성한 성품

에 참여하는 자가 되게 하려 하셨느니라

따라서 우리는 예수 그리스도 안에서 성령님의 인도하심을 따라 예수 그리스도의 성품을 나타내는 삶을 살아감으로써 성령의 열매가 우리의 삶에 풍성히 맺히는 것을 체험해야 합니다. 거짓자아로는 육체의 욕심만을 이룰 뿐입니다. 다른 말로 거짓자아로서는 결코 예수 그리스도의 성품을 나타낼 수 없습니다. 거짓자아로 성령의 열매를 맺으려고 추구하는 것은 마치 조화를 예쁘게 꾸며서 생화로 만들려는 것과 똑같이 불가능한 일입니다.

> **갈 5:16-17** 16 내가 이르노니 너희는 성령을 따라 행하라 그리하면 육체의 욕심을 이루지 아니하리라 17 육체의 소욕은 성령을 거스르고 성령은 육체를 거스르나니 이 둘이 서로 대적함으로 너희가 원하는 것을 하지 못하게 하려 함이니라

> **엡 5:8-9** 8 너희가 전에는 어둠이더니 이제는 주 안에서 빛이라 빛의 자녀들처럼 행하라 9 빛의 열매는 모든 착함과 의로움과 진실함에 있느니라

성령의 열매에는 어떤 것이 있는가?

갈라디아서 5장 22-23절은 성령의 열매를 다음과 같이 나열합니다.

> **갈 5:22-23** 22 오직 성령의 열매는 사랑과 희락과 화평과 오래 참음과 자비와 양선과 충성과 23 온유와 절제니 이같은 것을 금지할 법이 없느니라

성령의 열매는 몇 가지일까요? 아마 대부분 9개라고 생각할 것입니다. 하지만 열매에 해당하는 헬라어 원어 '칼포스'는 복수가 아니라 단수(the fruit of the Holy Spirit)입니다. 이를 통해 9가지로 나뉘어 보이는 성령의 열매가 실은 성령님을 통하여 우리 안에 계신 예수 그리스도의 성품이 다양한 모습으로 나타나는 것임을 알 수 있습니다. 따라서 어떤 그리스도인이 자신은 사랑이라는 열매는 있는데 절제는 부족하거나 없다고 말하는 것은 정확한 표현이 아닙니다.

그렇다면 예수님의 성품 중 어떤 성품은 잘 나타나는 반면 다른 성품은 잘 안 나타나는 것을 어떻게 이해해야 할까요? 성령의 열매는 자신의 심중을 통해 나타나기 때문에 그 심중에 어떤 성품과 관련된 상처와 쓴뿌리가 있다면 그 성품은 잘 나타나지 않습니다. 성령의 열매가 풍성히 맺히는 비결은 혼이 몸의 종노릇에서 벗어나 그리스도 안에 거하는 것과 심중에 얼마나 하나님의 말씀이 심겼는지, 그리고 수확되고 있는지에 달려 있습니다.

갈라디아서 5장 22-23절에는 성령의 열매, 곧 그리스도의 성품을 9가지만 열거했지만, 그것만이 성령의 열매 전부라고는 볼 수 없습니다. 그 이유는 다른 성경 구절에 그리스도의 성품에 해당되는 다른 성품들, 예를 들면 깨끗함(purity, 고후 6:6)과 감사와 소망 등이 나오기 때문입니다. 이는 마치 빛은 한 가지 색인 것 같아 보이지만 프리즘을 통과시켜 보면 다양한 색깔이 나타나는 것처럼 성령의 열매도 자신 안에 있는 빛 되신 그리스도라는 근원을 통해 다양한 성품들로 나타나는 것입니다.

엡 5:9 빛의 열매는 모든 착함과 의로움과 진실함에 있느니라 갈라디아서 5장 22-23절에 9가지 그리스도의 성품으로 나열된 성령의 열매를 범주화해보면 다음과 같습니다.

- 사랑(love), 희락(joy), 화평(peace)은 하나님의 성품이 우리 안에서 나타나는 것입니다.
- 오래 참음(patience)과 자비(kindness)와 양선(goodness)은 그리스도께서 인자로서 이 땅에 계실 때 나타냈던 성품으로 앞선 세 가지 열매에 기초하여 우리 자신이 다른 사람에 대해 가져야 하는 열매입니다.
- 충성(faithfulness)과 온유(gentleness)와 절제(self-control)는 우리 자신이 다른 사람을 세우기 위해서 어떠한 태도를 가져야 하는가에 대한 열매라고 볼 수 있습니다.

각 성품에 대해서도 간략히 살펴보겠습니다. 사랑과 희락과 화평 중 사랑(love)은 모든 열매의 기초가 되고 근원이 되는 하나님의 본질입니다. 이때 사랑은 필레오(일반적인 사랑), 에로스(연인 간의 사랑), 스톨게(부모, 친족 간의 사랑) 같은 인간적인 사랑이 아니라 신적인 사랑인 '아가페'입니다. 사랑은 전적인 헌신을 전제로 한 하나님의 성품이며, 서로 하나님의 생명(조에) 가운데 하나 되고자 하는 것입니다.

롬 5:8 우리가 아직 죄인 되었을 때에 그리스도께서 우리를 위하여 죽으심으로 하나님께서 우리에 대한 자기의 **사랑**을 확증하셨느니라

요일 4:16 하나님이 우리를 사랑하시는 사랑을 우리가 알고 믿었노니 **하나님은 사랑이시라** 사랑 안에 거하는 자는 하나님 안에 거하고 하나님도 그

의 안에 거하시느니라

골 3:14 이 모든 것 위에 **사랑**을 더하라 이는 온전하게 매는 띠니라

희락(joy)은 육체의 쾌락이 아니라 영혼의 희락을 의미합니다. 이것은 현재의 환경이나 처지와 상관없이 우리의 혼이 몸의 종노릇에서 벗어날 때 경험하는 긍정적 자아상실로 주어지는 희열입니다. 이것은 하나님의 사랑을 체험한 자만이 누릴 수 있는 기쁨입니다.

벧전 1:8 예수를 너희가 보지 못하였으나 사랑하는도다(헬, 아가파오) 이제도 보지 못하나 믿고 **말할 수 없는 영광스러운 즐거움으로 기뻐하니**

화평(peace)은 평안, 평화, 평강 등을 말하며 하나님의 영 안에 우리의 혼이 거할 때 체험되는 어떠한 부족과 결핍, 이간과 분열이 없는 온전한 상태를 의미합니다. 또한 어떤 일에 대해서 서로 동의하지 않음에도 불구하고 서로 허용하고 용납함으로써 하나 되어 더 큰 하나님의 온전하심을 느끼는 감정입니다.

롬 14:17 하나님의 나라는 먹는 것과 마시는 것이 아니요 오직 성령 안에 있는 의와 **평강과 희락**이라

롬 14:19 그러므로 우리가 **화평**의 일과 서로 덕을 세우는 일을 힘쓰나니

엡 4:3 **평안**의 매는 줄로 성령이 하나 되게 하신 것을 힘써 지키라

오래 참음(patience)은 다른 사람의 부당한 처사에 대해 참는 것이 아니라 그것에 영향받지 않고 우리의 혼이 그리스도 안에 들어가 굳건히 서 있는 인내(헬, 휘포모네 : steadfastness)를 의미합니다. 그 결과로 그리스도 안에서 법적으로 이루어진 모든 것이 차원적으로 지금 이 순간 여기에서 체험되어 모든 일에 온전하신 주님을 나타낼 수 있게 됩니다. 그래서 로마서 5장 4절에서 인내는 연단(시련을 견딤으로써 입증함)된 성품, 즉 자신 안에 있는 그리스도의 성품을 나타내고, 그럴 때 우리에게 주신 소망이 성령님의 능력으로 이루어지게 된다고 말하는 것입니다.

> **약 1:4** **인내**를 온전히 이루라 이는 너희로 온전하고 구비하여 조금도 부족함이 없게 하려 함이라

> **롬 5:4** **인내**는 연단을, 연단은 소망을 이루는 줄 앎이로다

자비(kindness)는 타인을 불쌍히 여기는 그리스도의 성품입니다. 자비는 타락 전에 우리 모두가 하나님의 자녀였다는 사실을 하나님의 마음으로 보지 않으면 가질 수 없는 감정입니다. 자비는 하나님의 긍휼하심에 기초하여 친절을 베푸는 감정입니다. 물론 불신자들도 인간적인 동기를 바탕으로 얼마든지 친절할 수 있지만, 그리스도인의 친절은 어떠한 대가를 바라고 하는 것이 아니라 하나님의 자녀로 하나 되어가고자 하는 마음으로 나타나는 친절입니다.

> **고후 6:6** 깨끗함과 지식과 오래 참음과 **자비함**과 성령의 감화와 거짓이 없는 사랑과

엡 4:32 서로 **친절하게 하며** 불쌍히 여기며 서로 용서하기를 하나님이 그리스도 안에서 너희를 용서하심과 같이 하라

양선(goodness)은 타락한 인간이 판단하는 선악의 선이 아니라 하나님의 절대적인 선하심을 나타내는 것을 의미합니다. 이것은 "하나님이 지으신 그 모든 것을 보시니 보시기에 심히 좋았더라"(히, 토브, 창 1:31)의 감정을 나타내는 것입니다. 선악과를 먹음으로써 타락한 인간은 인간의 기준에서 선과 악을 판단하게 되었습니다. 하지만 하나님의 기준에서는 인간의 선도 '악'이며 인간의 악도 '악'입니다. 하나님 외에는 선한 분이 없기 때문입니다.

창 3:5 너희가 그것을 먹는 날에는 너희 눈이 밝아져 하나님과 같이 되어 선악을 알 줄 하나님이 아심이니라

눅 18:19 예수께서 이르시되 네가 어찌하여 나를 선하다 일컫느냐 **하나님 한 분 외에는 선한 이가 없느니라**

엡 5:9 빛의 열매는 **모든 착함**(goodness)과 의로움과 진실함에 있느니라

살후 1:11 이러므로 우리도 항상 너희를 위하여 기도함은 우리 하나님이 너희를 그 부르심에 합당한 자로 여기시고 **모든 선**을 기뻐함과 믿음의 역사를 능력으로 이루게 하시고

충성(faithfulness)과 온유(gentleness)와 절제(self-control)는 다른 사

람을 섬기거나 세우기 위한 성품입니다. 충성은 "신실하다", "변하지 않는다"라는 뜻으로, 어떤 일을 함에 있어 다른 사람들에게 믿음과 신뢰를 줄 수 있는 성품입니다. 충성은 말씀대로 행하는 믿음에 기초한 성품입니다(사실 충성으로 번역된 헬라어 원어는 '피스티스'로 다른 문맥에서는 '믿음' 또는 '신실'로 번역되는 단어입니다).

딛 2:9–10 9 종들은 자기 상전들에게 범사에 순종하여 기쁘게 하고 거슬러 말하지 말며 10 훔치지 말고 오히려 모든 **참된 신실성**을 나타내게 하라 이는 범사에 우리 구주 하나님의 교훈을 빛나게 하려 함이라

히 3:5 또한 모세는 장래에 말할 것을 증언하기 위하여 하나님의 온 집에서 종으로서 **신실**하였고

온유(gentleness)는 어떤 일에 겸손한 마음을 가지는 것을 의미하며, 겸손은 스스로 자신을 낮추는 것이 아니라 모든 것이 하나님으로부터 나온다는 것을 아는 자의 마음의 태도입니다. 따라서 온유는 다른 사람과의 관계 가운데 시기와 질투와 다툼이 없는 것이며 설령 누군가 나를 비난하더라도 마음 상하지 않는 성품입니다.

엡 4:2 모든 **겸손과 온유**로 하고 오래 참음으로 사랑 가운데서 서로 용납하고

요 8:26 내가 너희에게 대하여 말하고 판단할 것이 많으나 나를 보내신 이가 참되시매 내가 그에게 들은 그것을 세상에 말하노라 하시되

고전 6:12 모든 것이 내게 가하나 다 유익한 것이 아니요 모든 것이 내게 가하나 내가 무엇에든지 얽매이지 아니하리라

절제(self-control)는 주님의 뜻을 이루기 위해서 자신의 생각, 감정, 행동, 말 등을 포기하는 것으로 육신의 정욕에 사로잡히지 않는 마음의 태도입니다.

딤후 1:7 하나님이 우리에게 주신 것은 두려워하는 마음이 아니요 오직 능력과 사랑과 **절제하는 마음**이니

고전 9:25 이기기를 다투는 자마다 모든 일에 **절제**하나니 그들은 썩을 승리자의 관을 얻고자 하되 우리는 썩지 아니할 것을 얻고자 하노라

정리하면 성령의 열매는 우리가 예수 그리스도 안에서 성령님을 통하여 나타내어야 할 그리스도의 성품입니다. 열매는 외적으로 나타나는 것이기에 예수 그리스도의 성품을 단지 내적으로 변화된 마음을 가지는 차원에서 끝나면 안 됩니다. 오히려 외적으로 다른 사람들과의 관계 속에서 변화된 태도와 행동으로 그 성품들이 나타나야 합니다.

성령의 열매는 맺는 것인가? 아니면 맺히는 것인가?

우리는 성령의 열매를 맺는 것이 왜 힘들다고 느낄까요? 그것은 바로 성령의 열매는 '내'(거짓자아)가 주체가 되어 맺는 것이 아니기 때문입니다. 사실 "성령의 열매는 어떻게 맺나요(produce)?"라는 제목보다 더 정

확한 표현은 "성령의 열매는 어떻게 맺히나요(bear)?"입니다. 의도적으로 Day 17의 제목에는 "맺다"(produce)라는 표현을 사용하고 본문에서는 "맺히다"(bear)라는 표현을 사용했는데, 이 차이를 눈치채셨는지 궁금합니다(만약 눈치채셨다면, 그분은 하나님나라 복음의 비밀인 '주체의 변화'를 체험하신 분입니다).

> **요 15:4-5** 4 내 안에 거하라 나도 너희 안에 거하리라 가지가 포도나무에 붙어 있지 아니하면 **스스로 열매를 맺을 수 없음 같이** 너희도 내 안에 있지 아니하면 그러하리라 5 나는 포도나무요 너희는 가지라 그가 내 안에, 내가 그 안에 거하면 사람이 **열매를 많이 맺나니** 나를 떠나서는 너희가 아무 것도 할 수 없음이라

4절에 "맺을 수 없음 같이", 이때의 "맺다"를 의미하는 헬라어 원어는 '페로'이며, 이 단어의 뜻은 "자신이 생산한다"(produce)라는 뜻이 아니라 "맺혀지다"(bear)라는 뜻입니다. 열매가 맺히는 유일한 비결은 바로 예수 그리스도 안에 거하는 것임을 이 구절은 명확히 말씀하고 있습니다. 그렇기 때문에 예수님을 떠나서는 아무것도 할 수 없다는 것을 깨닫고 늘 그분 안에 거하는 것, 즉 가지가 나무에 붙어 있어서 나무뿌리로부터 오는 진액을 충분히 받는 것이 성령의 열매가 풍성히 맺히는 비결입니다.

우리는 성령님을 통해서 예수 그리스도의 성품을 나타내기 위해 자기 자신을 날마다 포기해야 하지만 이 세상은 여전히 마귀의 통치 아래 있기 때문에 이 땅에서 살아가는 사람 누구나 세상 신의 영향을 받게 마련입니다. 그래서 항상 성령의 열매가 풍성하게 맺히는 삶을 살아간다

는 것은 쉬운 일이 아닙니다. 또한 설령 성령의 열매가 풍성히 맺힌다고 해도 언제나 행복하고 다른 사람과 마찰이 없고 모든 문제가 다 잘 풀리는 것도 아닙니다. 따라서 우리의 육신은 세상의 어려움과 문제에서 완전히 자유로워질 수는 없습니다. 그럼에도 불구하고 우리의 혼이 하나님의 영 안에 거할 때 우리의 삶에는 성령의 열매가 풍성히 맺히게 되며 이를 통해 하나님께서 영광 받으십니다.

질문과 적용

다음 질문에 답하면서 오늘 내용을 자신에게 적용해보세요.

1. 오늘 내용을 통해 성령의 열매에 대한 당신의 생각이 어떻게 변화되었는지 Before & After로 적어보세요.

2. 예수 그리스도의 성품 9가지 중 당신에게 가장 잘 나타나는 성품과 가장 잘 나타나지 않는 성품을 적어보시고 그 이유를 성령님께 여쭤보세요.

3. 당신의 삶에 성령의 열매가 풍성히 맺히기 위해 오늘부터 당장 할 수 있는 일이 무엇일까요? 심중(heart)과 연관지어 생각해보세요.

더보기

영상 – 붙어 있을 뿐만 아니라 거할 때 열매 맺는다

Welcome Holy Spirit

—

은사란
무엇인가요?

'은사'라는 말을 들으면 제일 먼저 무엇이 떠오르시나요? 신앙생활 해온 교단과 교회에서 은사에 대해 어떠한 가르침을 받았는지에 따라 다양한 생각들이 떠올랐을 것입니다. 자신이 받은 은사가 무엇인지 궁금한 분, 달란트와 은사의 차이가 무엇인지 알고 싶은 분, 은사는 특별한 사람에게만 허락되는 선물이라고 생각하는 분, 성령의 다양한 은사를 모두 다 받고 싶은 분 등 다양한 반응을 보이셨을 것 같습니다. Day 18과 19를 통해 성경이 말하는 은사는 무엇인지, 그리고 자신의 은사는 어떻게 발견하고 활성화시키는 지에 대해 함께 알아보도록 하겠습니다.

은혜를 제대로 알아야 은사를 제대로 알 수 있다

은사가 선물을 의미한다는 것은 한 번쯤 들어보셨을 것입니다. 하지만 선물 앞에 어떤 수식어가 붙을 때 더 정확한 의미가 된다는 것을 아시나요? 그 수식어는 바로 '은혜'입니다. 은사는 바로 '은혜의 선물'(gift of grace)입니다. 헬라어 원어만 보아도, 은사에 대한 성경 구절을 몇 군데 살펴보아도 은혜와 은사가 밀접한 관계라는 것을 쉽게 알 수 있습니다. '은사'의 헬라어는 '카리스마'(charisma)인데, 이 단어의 어근은 "은혜"라는 뜻의 헬라어인 '카리스'(charis)입니다.

롬 12:6 우리에게 주신 **은혜**(헬, 카리스)대로 받은 **은사**(헬, 카리스마)가 각각 다르니 혹 예언이면 믿음의 분수대로

이를 통해 은혜를 제대로 알아야 은사를 알 수 있다는 것이 명백해졌습니다. 은사는 하나님의 은혜의 선물이기 때문입니다. 그렇다면 은혜란 무엇일까요? 우리는 설교 말씀을 통해 영적 도전과 유익을 얻었을 때 은혜를 많이 받았다고 표현하지만, 은혜는 그 이상의 것입니다. 성경이 말하는 은혜의 진정한 의미는 '하나님의 창조목적'을 이루기 위하여 부여된 하나님의 선물입니다.

딤후 1:9 하나님이 우리를 구원하사 **거룩하신 소명으로 부르심**은 우리의 행위대로 하심이 아니요 오직 자기의 뜻과 **영원 전부터 그리스도 예수 안에서 우리에게 주신 은혜**대로 하심이라

이 의미를 알아야 우리는 사도 바울이 왜 매번 교회들에게 보내는 편지의 인사말에 '은혜'를 빼놓지 않았는지, '나의 나 된 것'이 왜 하나님의 은혜인지, 왜 은혜로 행한다고 말했는지, 왜 은혜를 헛되이 받으면 안 되는지를 깨달을 수 있습니다.

고전 15:10 그러나 **내가 나 된 것은 하나님의 은혜로 된 것이니 내게 주신**

그의 은혜가 헛되지 아니하여 내가 모든 사도보다 더 많이 수고하였으나 내가 한 것이 아니요 **오직 나와 함께 하신 하나님의 은혜로라**

고후 6:1 우리가 **하나님과 함께 일하는 자**로서 너희를 권하노니 **하나님의 은혜를 헛되이 받지 말라**

우리는 이 놀라운 은혜를 헛되이 받지 않고 하나님께서 나를 통해 나타나시는 은혜대로 일할 줄 알아야 합니다. 바로 그때 나타나는 것이 은사입니다. 하나님 자녀라면 은혜로 주어진 은사대로 주님을 나타냄으로써 자신에게 주어진 소명을 이루는 삶을 살아야 합니다. 그렇다면 Day 12에서 살펴본 기름부으심과 은사는 어떠한 관계일까요? 내게 주신 은사에 하나님께서 개입하심으로써 그분의 초월적인 능력과 탁월함이 나타나기 위해서는 그 은사에 해당되는 기름부으심이 있어야 합니다. 즉 은사적 능력이란 각 사람에게 부여된 '하나님의 창조목적'을 이루기 위한 은사에 기름부으심이 더해져 '하나님의 능력이 나타남'을 의미합니다.

달란트와 은사는 다르다

달란트(talent)는 헬라어 탈란톤(talanton)의 번역으로, 성경에서는 질량과 화폐의 단위로 사용되었습니다. 오늘날에는 그 의미가 확장되어 달란트는 재능과 동일한 의미를 지니며 개인이 타고난 능력과 훈련에 의해서 획득된 능력으로, 남보다 뛰어난 것을 의미합니다. 어떤 의미에서 달란트도 넓게 보면 하나님의 일반 은총에 속한다고 볼 수 있습니다. 하나님께서 부모를 통해 주신 것이기 때문입니다.

　반면에 은사는 앞서 살펴본 것처럼 하나님의 은혜가 각 사람의 소명에 맞게 나타나는 것으로 자신의 능력 이상의 것(하나님의 능력의 나타남)이 나타나는 것을 의미합니다. 이것은 불신자에게는 주어지지 않습니다. 왜냐하면 은사는 성령 하나님의 나타나심이기 때문입니다.

　고전 12:7 각 사람에게 성령을 나타내심은 유익하게 하려 하심이라

　고전 12:11 이 모든 일은 같은 한 성령이 행하사 그의 뜻대로 각 사람에게 나누어 주시는 것이니라

　따라서 은사를 '재능적 은사'와 '소명적 은사'로 나누어볼 수 있습니다. 본래 가지고 있는 달란트가 예수님을 믿고 난 다음 성령님에 의해 은사로 활성화된 경우 그것은 '재능적 은사'로 볼 수 있습니다. 반면에 예수님을 믿고 난 다음 전에 없었던 것이 성령님에 의해서 주어진 경우 그것을 '소명적 은사'라고 볼 수 있습니다.

　따라서 달란트가 곧 은사가 되는 경우도 있지만, 그렇지 않은 경우도 있습니다. 이러한 이유 때문에 어릴 때부터 노력해서 얻은 달란트를 하나님께서 주신 은사로 착각하는 경우가 생기는 것입니다. 하지만 달란트와 은사는 천지 차이만큼 다릅니다. 은사는 성령 하나님께서 나를 통해서 나타나시는 것이기 때문에 은사가 나타날수록 자신의 소명과 삶의 의미를 알게 되고, 기쁨을 느끼게 됩니다. 반면에 달란트는 자기희생이 있을수록 힘들어지고, 나타내고 싶지 않게 되는 경우도 비일비재합니다. 그러나 은사는 자기희생과 상관없이 하나님의 은혜가 나

타나는 것이기 때문에 하나님께서 주시는 기쁨이 있으며, 자기희생이 있는 경우라도 포기할 수 없고, 힘든 상황 가운데서 더욱더 은사를 나타내고 싶어집니다.

은사는 몇 가지인가?

은사는 각 사람의 소명대로 주어지는 은혜의 선물입니다. 모든 은사는 성부로부터 나와 성자를 통해 주어져 성령의 나타나심으로 역사하는 것입니다. 그렇기에 은사는 삼위일체적이라고 할 수 있습니다. 이러한 은사를 삼위일체적으로 보지 못했기 때문에, 20세기 초 오순절 운동에서는 성경이 말하는 은사를 고린도전서 12장에 나오는 9가지 성령의 은사로만 국한시키는 우를 범했습니다. 그것으로 인하여 하나님께서 은혜로 각 사람에게 주신 다양한 은사들이 발견되고 활성화되어 그리스도의 몸 된 교회를 세우고 세상에 하나님나라를 전파하는 일이 오늘날까지도 저해되고 있습니다.

물론 성경이 은사의 종류와 개수에 대해 명확히 말씀하고 있지 않기 때문에, 교단이나 신학자에 따라 다르게 분류하고 있습니다. 은사는 구원받은 하나님의 자녀 각각에게 주어지는 은혜의 선물이며, 성경은 은사를 다룰 때 늘 살아있는 유기체로서 몸의 비유를 사용하고 있습니다(인간의 신체가 셀 수 없이 다양한 역할과 기능을 하는 세포와 조직으로 구성되어 있다는 것을 생각해보십시오).

이를 고려할 때 은사의 종류와 개수를 인간적인 관점에서 헤아려 규정하는 것은 하나님을 제한하는 것입니다. 그렇기 때문에 은사의 종류보다는 삼위일체 하나님께서 은사를 주신 목적이 무엇인지에 대해 주목해야 합니다.

> **고전 12:4-6** 4 **은사**는 여러 가지나 **성령은 같고** 5 **직분**은 여러 가지나 **주는 같으며** 6 또 **사역**은 여러 가지나 모든 것을 모든 사람 가운데서 이루시는 **하나님은 같으니**

이때 은사는 초월적 능력의 나타남으로서의 선물(카리스마)을 뜻하며, 성령께서 나누어주신다고 말하고 있습니다. 직분(헬, 디아코니아)은 남을 섬기는 봉사를 의미하며, 예수님께서 나누어주신다고 말하고 있습니다. 사역(헬, 에네르게마)은 모든 것을(은사) 모든 사람(직분)에게 이루게 하는 하나님의 역사(활동)을 말합니다. 여기서 바울이 강조하는 것은 은사, 직분, 사역이 각각 다른 위격에 의해서 주도되지만, 이 모든 것이 완전한 조화 가운데 이루어지기 때문에 이 모든 것들을 삼위일체 하나님께서 행하신다는 것입니다.

로마서 12장, 고린도전서 12장, 에베소서 4장은 은사에 대해 가장 상세히 다루고 있는 장입니다. 앞서 살펴보았듯이, 은사를 주시고 나타내시는 일에 삼위일체 하나님께서 함께하시지만, 로마서 12장은 성부 하나님께서 주시는 사역적 은사(operational gifts)를, 에베소서 4장은 성자 하나님께서 주시는 직분적 은사(ministrial gifts)를, 고린도전서 12장은 성령 하나님께서 주시는 초월적 은사(supernatural gifts)를 묘사하고 있습니다.

> **롬 12:3,6-8** 3 내게 주신 은혜로 말미암아 너희 각 사람에게 말하노니 마땅히 생각할 그 이상의 생각을 품지 말고 **오직 하나님께서 각 사람에게 나누**

어 주신 믿음의 분량대로 지혜롭게 생각하라 6 **우리에게 주신 은혜대로 받은 은사가 각각 다르니** 혹 예언이면 믿음의 분수대로, 7 혹 섬기는 일이면 섬기는 일로, 혹 가르치는 자면 가르치는 일로, 8 혹 위로하는 자면 위로하는 일로, 구제하는 자는 성실함으로, 다스리는 자는 부지런함으로, 긍휼을 베푸는 자는 즐거움으로 할 것이니라

분명히 로마서 12장 3절은 6-8절의 은사를 주시는 주어를 성부 하나님으로 표현하고 있으며, 공동체 생활에서 각자의 역할과 임무대로 감당할 수 있는 역사(활동)의 은사에 대해 말씀하고 있습니다.

엡 4:7-8,11-12 7 우리 각 사람에게 **그리스도의 선물의 분량대로 은혜**를 주셨나니 8 그러므로 이르기를 **그가 위로 올라가실 때에** 사로잡혔던 자들을 사로잡으시고 **사람들에게 선물을 주셨다** 하였도다 11 그가 어떤 사람은 사도로, 어떤 사람은 선지자로, 어떤 사람은 복음 전하는 자로, 어떤 사람은 목사와 교사로 삼으셨으니 12 이는 성도를 온전하게 하여 봉사의 일을 하게 하며 그리스도의 몸을 세우려 하심이라

이 말씀은 성자 하나님이신 예수 그리스도께서 그의 몸 된 교회에게 주신 직분과 직임적 은사, 즉 오중사역 은사들(five-fold ministry gifts)에 대해 말씀하고 있습니다.

고전 12:7-11 7 각 사람에게 성령을 나타내심은 유익하게 하려 하심이라 8 어떤 사람에게는 성령으로 말미암아 지혜의 말씀을, 어떤 사람에게는 같은 성령을 따라 지식의 말씀을, 9 다른 사람에게는 같은 성령으로 믿음을, 어떤

사람에게는 한 성령으로 병 고치는 은사를, 10 어떤 사람에게는 능력 행함을, 어떤 사람에게는 예언함을, 어떤 사람에게는 영들 분별함을, 다른 사람에게는 각종 방언 말함을, 어떤 사람에게는 방언들 통역함을 주시나니 11 **이 모든 일은 같은 한 성령이 행하사 그의 뜻대로 각 사람에게 나누어 주시는 것**이니라

성령의 열매만큼 우리에게 친숙한 성령의 9가지 초월적 능력의 은사는 성령님께서 그분의 뜻대로 각 사람에게 살아계신 하나님의 역사를 나타내는 은사를 나누어주신다고 말씀하고 있습니다. 이 은사들이 하나님의 영이신 성령님에 의해 주어지고 작동하는 은사이기 때문에 초월적 은사(the supernatural gifts given and powered by the Holy Spirit)라고 부르기도 합니다.

앞서 열거한 것처럼 성경에 명시적으로 나와 있는 은사 외에도 찬양이나 음악의 은사(삼상 16:14-23), 공예와 기술의 은사(출 35:30-36:1), 독신(고전 7:32-35), 중보기도(눅 2:37, 11:1-13), 자발적 가난(행 4:32-37 ; 고전 13:3), 순교(행 7:54-60 ; 고전 13:3), 전도(막 1:38 ; 고전 2:4 ; 엡 4:11) 등도 은사로 볼 수 있습니다. 이처럼 은사는 하나님의 자녀들이 하나님의 창조목적을 이루기 위한 삼위일체 하나님의 은혜의 선물로 주어지는 것이기 때문에 성경에 직접 명시되지 않은 은사들도 얼마든지 있을 수 있습니다.

성령의 9가지 은사

그렇다면 성령의 9가지 초월적 능력의 은사를 어떻게 분류하는 것이

성경적일까요? 개혁복음주의 진영과 오순절 은사주의 진영에서는 성령의 9가지 은사를 3/3/3으로 분류하여 다음과 같이 해석합니다.[12]

■ 개혁복음주의 진영

계시적 은사(Revelatory Gifts) : 지혜의 말씀, 지식의 말씀, 예언

표적의 은사(Sign Gifts) : 병고침, 능력 행함, 방언

섬김과 가르침의 은사(Service and Teaching Gifts) : 믿음의 은사, 영분별,
방언통변

■ 오순절은사주의 진영

계시의 은사(Revelation Gifts)[13]: 지혜의 말씀, 지식의 말씀, 영분별

능력의 은사(Power Gifts): 믿음, 병고침, 능력 행함

발성의 은사(Vocal Gifts): 예언, 방언, 방언통변

이 두 진영의 분류에서 한 가지 눈여겨볼 공통점은 사도 바울이 나열한 성령의 9가지 은사 순서를 각자가 설정한 카테고리에 맞춰 섞어놓았다는 것입니다. 하지만 고린도교회가 은사의 무질서한 사용으로 엄청난 문제를 겪고 있었다는 것을 누구보다 잘 알고 있던 사도 바울이 성령의 9가지 은사를 임의적으로 나열했다고 보기에는 무리가 있습니다.

12　아래 분류는 각 진영의 일반적인 견해를 정리한 것이며, 각 진영 내에서도 은사에 대한 각자의
　　신학 노선에 따라 상이한 견해를 가지고 있습니다.

13　오순절 은사주의 진영에서는 지식의 말씀의 은사를 사역 시 다른 사람의 현재와 과거 상황을
　　아는 능력으로, 지혜의 말씀의 은사를 그러한 것들을 하나님의 방식으로 가장 적절하게 전하
　　는 방식을 의미한다고 주장하기도 합니다.

게다가 사도 바울은 놀랍게도 독자를 위해 이미 9가지 은사를 분류해주고 있다는 것입니다.

> **고전 12:8-10** 8 **어떤**(헬, 알로스) 사람에게는 성령으로 말미암아 지혜의 말씀을, 어떤 사람에게는 같은 성령을 따라 지식의 말씀을, 9 **다른**(헬, 헤테로스) 사람에게는 같은 성령으로 믿음을, **어떤**(헬, 알로스) 사람에게는 한 성령으로 병 고치는 은사를, 10 **어떤**(헬, 알로스) 사람에게는 능력 행함을, **어떤**(헬, 알로스) 사람에게는 예언함을, **어떤**(헬, 알로스) 사람에게는 영들 분별함을, **다른**(헬, 헤테로스) 사람에게는 각종 방언 말함을, **어떤**(헬, 알로스) 사람에게는 방언들 통역함을 주시나니

헬라어 '알로스'와 '헤테로스'는 둘 다 "다른"(another)이라는 뜻입니다. 하지만 두 단어는 엄청난 뉘앙스 차이를 가지고 있습니다. 알로스는 "다르지만 같은 종류"(another of the same type)를 뜻하지만, 헤테로스는 "종류까지 다른"(another of a different kind)을 뜻합니다. 이를 통해 사도 바울은 성령의 9가지 은사를 종류에 따라 2/5/2로 분류해놓은 것입니다. 사도 바울의 분류에 따라 하나님나라 복음의 관점에서 성령의 9가지 은사를 분류해보면 다음과 같습니다.

■ 하나님나라 신학(New Kingdom Theology)의 관점
말씀의 은사 : 지혜의 말씀, 지식의 말씀
기사와 표적의 은사 : 믿음, 병고침, 능력 행함, 예언, 영분별
언어의 은사 : 방언, 방언통변

성령의 9가지 은사의 분류와 의미를 이해하기 위해서는 첫째, 은사로 제시된 '지혜의 말씀'의 은사를 잘 이해해야 합니다. '지혜'라는 키워드는 고린도전서 1-4장에서만 29번이나 나올 정도로 고린도전서에서 엄청나게 중요한 키워드입니다. 그런데 그 지혜는 세상의 지혜가 아닌 하나님의 지혜로서 성령을 통하여 예수 그리스도를 통한 하나님의 비밀의 경륜을 아는 것입니다. 그러므로 지혜의 말씀의 은사에서 '지혜'는 인간의 지혜가 아니라 '하나님의 영으로부터 주어지는 하나님의 지혜'입니다.

> **고전 1:24** 오직 부르심을 받은 자들에게는 유대인이나 헬라인이나 **그리스도**는 하나님의 능력이요 **하나님의 지혜**니라

'지혜의 말씀'의 은사는 단순히 지혜롭게 말하는 것이 아니며 '지혜' 그 자체이신 예수님에 대한 깊은 계시, 예수님이 전하신 하나님나라 복음과 십자가의 도의 비밀에 대한 계시를 성령님에 의해 깨닫고 알고 전하는 것입니다. '지식의 말씀'의 은사는 지혜의 말씀의 은사를 통해 깨닫게 된 하나님의 비밀의 경륜을 성령의 나타나심을 통해 성경의 이야기로 풀어내어 각 영역별로, 상황별로, 시대별로 씨줄과 날줄로 엮어 진리를 전하는 능력입니다.

> **사 50:4** 주 여호와께서 학자들의 혀를 내게 주사 나로 곤고한 자를 말로 어떻게 도와 줄 줄을 알게 하시고 아침마다 깨우치시되 나의 귀를 깨우치사 학자들 같이 알아듣게 하시도다

> **골 2:2-3** 이는 그들로 마음에 위안을 받고 사랑 안에서 연합하여 **확실한**

이해의 모든 풍성함과 하나님의 비밀인 그리스도를 깨닫게 하려 함이니 3 그 안에는 지혜와 지식의 모든 보화가 감추어져 있느니라

롬 15:14 내 형제들아 너희가 스스로 선함이 가득하고 **모든 지식이 차서 능히 서로 권하는 자**임을 나도 확신하노라

말씀의 은사(지혜의 말씀, 지식의 말씀)에 의해 하나님나라 복음과 십자가의 도가 전파될 때 그 말씀을 확실하게 증거해주는 기사와 표적의 은사가 따라오게 됩니다. 믿음은 그리스도의 말씀을 들음에서 나며, 이 '믿음'의 은사는 하나님의 믿음, 즉 그리스도 안에 있는 믿음을 말합니다(막 11:22 ; 딤후 3:15). 믿음의 은사를 통해 하나님께서 임재하셔서 역사하실 수 있는 길이 열리게 되면 '병고침'의 은사를 통해 다양한 치유들이 나타나고, 새로운 차원의 기적들이 '능력 행함'의 은사를 통해 일어나게 됩니다. 이러한 은사가 바로 하나님나라(하나님의 통치)의 도래를 증거하는 것입니다.

하나님나라에서 자녀의 삶을 사는 자는 하나님과 생명적으로 연결되어 하나님의 음성(레마)을 듣기 원합니다. 하나님의 마음을 전달해주는 은사가 바로 '예언'의 은사입니다.

벧후 1:21 예언은 언제든지 사람의 뜻으로 낸 것이 아니요 오직 성령의 감동하심을 받은 사람들이 하나님께 받아 말한 것임이라

또한 예언이나 기사와 표적은 반드시 '출처'가 어딘지를 분별해야 합니다. 이를 위해 '영분별'의 은사가 필요합니다. 영분별의 은사는 어떤

사람 안에서 나오는 말이나 능력의 근원이 어떤 영으로부터 나오는 것인지를 아는 능력입니다.

> **고전 14:29** 예언하는 자는 둘이나 셋이나 말하고 다른 이들은 분별할 것이요

> **요일 4:1** 사랑하는 자들아 영을 다 믿지 말고 오직 영들이 하나님께 속하였나 분별하라 많은 거짓 선지자가 세상에 나왔음이라

방언과 방언통변의 은사에 대해서는 Day 20에서 자세히 알아보도록 하겠습니다.

질문과 적용

다음 질문에 답하면서 오늘 내용을 자신에게 적용해보세요.

1. 그동안 여러분은 은혜와 은사가 무엇을 의미한다고 생각해오셨나요? 오늘 내용을 통해 은혜와 은사에 대한 새로운 깨달음이 있다면 Before & After로 적어보세요.

2. 하나님께서 당신에게 주신 달란트가 무엇이라고 생각하시나요? 당신에게 주신 달란트가 은사로 바뀐 경험을 하신 적이 있나요? 있다면 그 경험을 적어보세요.

3. 은사를 삼위일체적 관점으로 보는 것이 중요한 이유는 무엇일까요? 삼위일체 하나님께서 당신에게 은사를 주신 목적이 무엇인지 생각해보고 적어보세요.

더보기

영상 – 기름부으심과 은사에 대한 올바른 이해

—

자신의 은사는
어떻게 발견하나요?

하나님께서는 그분의 자녀들 각자에게 소명을 주셨고, 그 소명을 발견하고 그 일을 통해서 하나님을 나타내기를 원하시기 때문에 그에 따른 은사도 주셨습니다. 그렇다면 자신의 은사는 어떻게 발견할 수 있을까요? 그 은사는 어떻게 활성화시킬 수 있을까요? 그리고 은사를 올바르게 사용하려면 무엇을 주의해야 할까요? Day 19에서는 이에 대한 답을 함께 알아보겠습니다.

소명과 은사는 밀접한 관련이 있다

은혜의 진정한 의미는 '하나님의 창조목적을 이루기 위한 하나님의 선물'이라는 것과 은사는 '각자에게 부여된 이 은혜의 선물'이라는 것을 Day 18에서 자세히 살펴보았습니다. 은사와 소명은 아주 밀접한 관계가 있는데, 소명을 이루기 위해 꼭 필요한 것이 은사이기 때문입니다. 하나님께서는 그분의 창조목적을 그리스도의 몸인 교회를 통해서 이 땅에 이루시는데 진정으로 거듭난 모든 그리스도인은 그리스도의 몸의 지체입니다. 각 지체는 그분의 창조목적을 이루기 위해 부여된 자신만의 역할이 있는데, 그것이 바로 소명이고 그 역할을 감당하기 위해 주신 것이 은사입니다.

고전 12:18 그러나 이제 하나님이 그 원하시는 대로 지체를 각각 몸에 두셨으니(소명)

고전 12:11 이 모든 일(소명)은 같은 한 성령이 행하사 그의 뜻대로 각 사람에게 나누어 주시는 것이니라(은사)

고전 12:6 또 **사역**은 여러 가지나 모든 것(은사)을 모든 사람(직분과 역할) 가운데서 이루시는 하나님은 같으니

소명이란 무엇일까요? 보통 소명하면 외적 소명만을 생각하지만, 하나님의 자녀로서의 진정한 소명은 내적 소명과 외적 소명으로 이루어집니다. '내적 소명'이란 자신의 혼이 하나님의 영 안에 거함으로써 혼과 몸이 하나님의 생명과 통치하심을 경험하는 것입니다. 내적 소명은 자신 안에 있는 하나님나라를 경험함으로써 그리스도 안에서 진짜 내가 누구인지를 깨닫게 되는 존재론적 소명이라고 할 수 있습니다. '외적 소명'은 내적 소명을 경험할 때 본격적으로 풀어지기 시작하는 행위론적 소명입니다. 외적 소명은 크게 2단계로 나뉘는데, 첫 번째 단계는 하나님께서 자신을 통해 이루시고자 하는 것을 발견하는 것이며, 두 번째 단계는 그 일을 행할 때 주시는 비전에 따라 하나님이 이루시고자 하는 목적을 정하고, 그것을 주님께서 이루시도록 자신을 내어드리는 삶을

사는 것입니다.[14] Day 7을 통해 성령체험을 하고 내적 소명을 경험했다는 것을 전제로, 외적 소명의 1단계에 집중하여 알아보도록 하겠습니다.

우리 모두에게는 하나님께서 각자에게 주신 소명이 있습니다. 다시 한번 강조하면 그 소명을 이루기 위해서 주어진 것이 은사입니다. 소명 (calling)과 비전(vision)을 혼동해서는 안 됩니다. 소명은 그리스도인들이 앞으로 살아가면서 해야 할 일을 의미하는 것이 아니라 거듭나기 전부터 각자에게 이미 주어진 것을 의미합니다. 우리가 소명에 따른 일을 행할 때 하나님께서 찾아오셔서 앞으로 이루어가야 할 것을 보여주시고 이끌어 가는 것이 비전입니다. 우리는 살아가면서 각자의 소명을 발견해야 하고, 그 소명에 따른 삶을 살아야 합니다. 그때 자신의 은사들이 활성화되는 것입니다. 그렇지만 자신이 생각하지 못한 은사들이 발견되고 나타남에 따라 자신의 소명이 무엇인지를 알게 되는 경우도 많습니다.

그런데 많은 사람이 자신의 달란트나 배운 기술을 기반으로 직업을 정하고, 그것이 자신의 소명이라고 생각합니다. 그런 사람들은 하나님을 위해서 살 수는 있지만, 하나님을 온전히 나타내지도 못하고 그분께서 자신에게 주신 은사를 발견하지도 못하고 그 은사를 활성화시키지도 못합니다. 또한 소명과 은사는 밀접한 관계를 가지기 때문에 자신의 소명과 상관없이 자신의 눈에 좋아 보여서 얻기 원하는(사모하는) 은사는 주어지지 않습니다.

소명이 없는 자는 아무도 없기 때문에 은사가 한 개도 없는 사람은

---

[14] 내적 소명과 외적 소명에 대해 더 자세히 알기 원한다면 《킹덤빌더의 영성》(규장, 2022) 16장 "내적 소명을 통해서 외적 소명을 이루어가라"를 읽어보시기 바랍니다.

존재하지 않습니다. 다른 말로 표현하면, 거듭난 모든 그리스도인이 그리스도의 몸의 지체가 되기 때문에 그 지체의 기능은 반드시 존재한다는 것입니다.

> **고전 12:7** **각 사람에게** 성령을 나타내심(은사를 주심)은 유익하게 하려 하심이라

> **벧전 4:10** **각각 은사를** 받은 대로 **하나님의 여러 가지 은혜**(둘 이상의 은사도 받을 수 있음)를 맡은 선한 청지기 같이 서로 봉사하라

> **고전 12:13,27** 13 우리가 유대인이나 헬라인이나 종이나 자유인이나 **다 한 성령으로 세례를 받아 한 몸이 되었고** 또 다 한 성령을 마시게 하셨느니라 27 **너희는 그리스도의 몸이요 지체의 각 부분**이라

은사는 발견하는 것인가? 아니면 받는 것인가?

우리는 은사를 받는다는 표현을 많이 사용합니다. 이 표현은 은사가 외부에 있고 기도와 금식 등 여러 노력을 통해 그 은사를 받아낸다는 뉘앙스를 내포하고 있습니다. 앞서 살펴보았듯이 소명도 외부에 있는 것을 받아내는 것이 아니라 이미 하나님께서 주신 것을 자신 안에서 발견하는 것입니다. 기름부으심도 외부에서 받는 것이 아니라 이미 자신 안에 충만한 기름부으심을 흘려보냄으로써 나타내는 것처럼 은사도 소명과 함께 자신 안에 주어진 것으로, 주님께서 주신 소명을 이루기 원하는 갈망과 사모함으로 발견되어지는 것입니다.

딤전 4:14 네 속에 있는 은사 곧 장로의 회에서 안수 받을 때에 예언을 통하여 받은 것을 가볍게 여기지 말며

딤후 1:6 그러므로 내가 나의 안수함으로 **네 속에 있는 하나님의 은사를** 다시 불일듯 하게 하기 위하여 너로 생각하게 하노니

롬 12:6 하나님께서 우리에게 주신 은혜를 따라, **우리는 저마다 다른 신령한 선물을 가지고 있습니다.** 가령, 그것이 예언이면 믿음의 정도에 맞게 예언할 것이요, 새번역

우리가 거듭날 때 하나님의 전부가 우리 안에 들어옵니다. 신성과 원복 전부가 우리 안에 있는 것입니다. 각자의 소명을 이루기 위해 하나님께서 각자를 위해 예비하신 모든 은사가 이미 우리 안에 있는 것입니다. 우리는 그 은사를 발견하고 사용해나감으로써 활성화시켜야 하는 것입니다.

자신의 은사 발견하는 법

자신의 은사는 어떻게 발견할 수 있을까요? 경우에 따라서는 자신에게 나타난 은사를 통해 자신의 소명을 발견할 수도 있고, 소명을 통해서 은사가 더 나타나기도 합니다.

롬 11:29 하나님의 은사(헬, 카리스마)와 부르심(헬, 클레시스 : 소명)에는 후회하심이 없느니라

다음 6가지를 점검해보면 자신의 은사와 소명을 발견하는 데 도움을 얻을 수 있습니다.

- 구원받기 전에 자신이 잘했던 것과 그러지 못했던 것이 무엇인지를 기억해보십시오.
- 구원을 받은 후에 예수 그리스도 안에서 어떤 일을 행할 때 하나님께서 더 온전히 나타나시는지를 살펴보십시오.
- 자신의 장점, 단점, 다른 사람과 다른 점, 그 일을 할 때 기쁨이 있는지, 다른 사람들이 자신에 대해 이야기하는 것, 주님께서 이끄시는 것들(거룩한 부담감)을 확인해보십시오. 자신의 능력 이상이 나타나는 것, 즉 달란트를 넘어서 은사를 통해 성령님이 나타나시는 것이 무엇인지를 알아보는 것입니다.
- 기독교 내에서 사용되는 은사 검사지 혹은 버크만 테스트15를 통해서 자신의 내면적, 외면적 특성을 파악해보는 것도 큰 도움이 됩니다.
- 자신에게 소명으로 주어졌다고 생각하는 다양한 일들을 시도해보고 그 일들 가운데 은사가 나타나는지, 과정과 결과 가운데 하나님의 개입하심이 있는지, 자신뿐만 아니라 주변 사람들도 그렇게 평가하고 생각하는지 확인해보십시오.
- 자신이 신뢰하고 본인의 삶을 잘 알고 이해하는 검증된 사역자나 멘토의 조언을 통해 자신의 은사가 가장 많이 사용될 수 있는 일이 무엇인지 확

---

15 버크만 테스트는 1951년 미국의 심리학자 로저 버크만 박사가 개발한 개인 특성 진단 도구입니다. 이 테스트는 자신의 흥미, 평소 행동(감정), 욕구, 스트레스 행동, 일하는 방식을 파악하여 개인의 강점과 적성, 가치를 이해하는 데 도움을 줍니다. 테스트의 결과를 '하나님 형상 회복하기'의 관점에서 진단할 경우 자신의 소명과 은사를 발견하는 데 도움을 받을 수 있습니다.

인해보십시오. 그것이 바로 소명으로 주어진 일이고 직업(vocation)입니다 (물론 반드시 한 가지만의 직업이 아닐 수도 있습니다).

교회 내에서 은사가 활성화되고 사용되어지는 4단계

우리는 그리스도의 몸 된 교회의 각 지체이기 때문에 각 지체가 온전히 기능할 때 그리스도의 몸이 정상적으로 움직일 수 있습니다. 그렇기 때문에 우리는 자신이 몸의 어느 부분(영역)에 속한 지체로서 그 역할(소명)이 무엇인지, 자신에게 주어진 기능(은사)이 무엇인지 발견해야 하며 그것들이 더 활성화되도록 해야 합니다.

> **엡 4:15-16** 15 오직 사랑 안에서 참된 것을 하여 범사에 그에게까지 자랄지라 그는 머리니 곧 그리스도라 16 그에게서 온 몸이 각 마디를 통하여 도움을 받음으로 연결되고 결합되어 각 지체의 분량대로 역사하여 그 몸을 자라게 하며 사랑 안에서 스스로 세우느니라

하나님나라를 이루기 위해서는 모든 사람이 하나님께서 주시는 사역의 한 부분, 그리고 직분의 한 부분을 담당해야 합니다. 사역과 직분 모두 하나님께서 주시는 은사입니다. 그러나 그 일들을 좀 더 효과적으로 하기 위해서는 자신의 소명적 은사를 발견하고 활성화시켜야 합니다. 즉 사역과 직분은 누구나 가져야 하지만, 기름부으심이 임할 때는 초월적 능력이 나타나며 교회에서 그 권위를 인정할 때 직임(권위를 가지고 사역할 수 있는 위임된 직분)을 가지게 됩니다. 이 부분에 대해 4단계로 살펴보도록 하겠습니다.

▌1 역할과 임무 (role and duty) 단계

우리가 진정으로 거듭나 하나님의 자녀가 되었다 하더라도 내적 소명을 체험하지 못한다면, 즉 성령체험 없이 거짓자아가 주체가 되어 신앙생활을 한다면, 아무리 열심히 교회에서 맡겨진 다양한 일들을 감당한다 하더라도 그것은 '종교활동'이지 하나님 아버지를 나타내며 주님의 뜻을 이루는 '진정한 신앙생활'이 아닙니다. 물론 종교생활을 할 때에도 달란트와 여러 가지 기술을 가지고 열심히 섬길 수는 있지만, 그것은 은사가 나타났다고 볼 수 없습니다. 이때는 그냥 자신에게 주어진 역할과 임무를 은사 없이 행하는 단계일 뿐입니다.

▌2 성령의 나타나심 (manifestation) 단계

성령체험을 하지 못한 자는 마중물이 없기 때문에 생수가 올라올 수 없다는 것, 즉 성령님이 나타나실 수 없다는 것을 우리는 이미 잘 알고 있습니다(Day 8 참고). 은사는 성령님의 나타나심이기 때문에 내적 소명을 체험한 자, 즉 하나님께서 자신의 혼과 몸을 통치하는 것을 경험하는 성령체험한 자에게 활성화됩니다. 그리고 은사는 교회의 덕을 세움으로써 그리스도의 몸 된 교회가 온전한 기능을 하도록 하여 세상에 하나님나라 복음을 전하기 위한 공동의 유익을 위해 주어집니다. 자신의 삶 가운데 은사가 나타나기 시작했다면 그 은사가 불일 듯 더 활성화되도록 계속해서 사용해야 합니다. 우리의 몸도 어떤 부분을 계속해서 사용하지 않으면 그 부분이 퇴화하기 마련입니다. 이처럼 발견하여 활성화된 은사라고 할지라도 사용하지 않으면 점점 퇴화되어 비활성화 상태로 돌아갈 수 있습니다.

❸ 성령의 사역 (ministry) 단계

성령의 나타나시는 역사, 즉 은사를 사용할 수 있는 사건과 기회 가운데 지속적으로 은사를 사용함으로써 그 은사를 활성화시킨다면, 하나님께서 자신에게 주신 소명이 더 구체화되고, 그 소명을 온전히 감당하기 위해 하나님께서 예비하신 사역을 깨닫게 됩니다. 우리가 만약 이 단계에 진입하게 되면 우리의 의도와 상관없이 하나님께서는 사람을 보내어 그 은사를 사용하게 하시고 더 활성화되도록 훈련시키십니다. 그리고 기름부으심의 통로가 막히지 않도록 제단의 불을 꺼트리지 않도록 하기 위해 하나님과의 친밀함 그리고 순종을 배우게 하십니다. 그런 일들이 많아지고 자신도 그 일을 할 때마다 주님이 주시는 기쁨에 동참하면 그것이 그 사람의 사역이 됩니다. 단 그 사람이 은사를 발휘하여 사역하기 전에 하나님께서는 반드시 그 사람에게서 성령의 열매를 검증하십니다.

❹ 직임 (divine profession) 단계

성령님의 지속적인 나타나심을 통한 사역을 교회 또는 선교단체 내부서에 소속되어 계속해나갈 때 목사님으로부터, 다른 성도로부터, 성경적으로, 교회적으로, 인격적으로 검증을 받는 단계를 거치게 됩니다. 그 단계가 지나면 목사님이나 다른 성도가 은사가 있는 그 사람을 세우게 되고 그럴 때 직임을 받게 되는 것입니다. 교회 내에서 직임을 받는 것은 성령의 은사의 나타남 뿐만 아니라 성령의 열매를 검증하여 세우는 것입니다.

그런데 많은 경우에 구원을 받고 교회생활을 시작하면 각 성도에게 나타나는 은사 및 자질 검증 없이 주로 전문적인 기술이나 능력에 기초하여 어떤 일이든 맡기고 열심히 하도록 독려합니다. 그리고 하나님의 의든지 자신의 의든지 분별없이 무조건 순종하고 열심히만 하면 그것을 좋게 여기고 직분을 주기도 합니다. 그러나 교회는 자신의 은사대로 직임을 받고 쓰임 받는 사람이 많아질 때 건강하게 세워질 수 있습니다.

은사를 올바르게 사용하는 법

어떻게 해야 은사를 올바르게 사용할 수 있는지는 사도 바울이 자세히 설명해주고 있습니다. 그 이유는 자신이 개척했던 고린도교회가 은사를 올바르게 사용하지 않아서 엄청난 무질서와 분열을 경험하고 있었기 때문입니다. 그래서 사도 바울은 고린도전서 12장에서 은사에 대해 상세히 다룬 후 12장의 끝을 다음과 같이 마무리하면서 우리가 잘 아는 '사랑장'인 고린도전서 13장에서 처음부터 끝까지 사랑의 중요성을 강조합니다.

> **고전 12:31** 그러나 여러분은 더 큰 은사를 열심히 구하십시오. 이제 내가 가장 좋은 길을 여러분에게 보여드리겠습니다. 새번역

은사는 바로 가장 좋은 길인 사랑 안에서 사용해야 합니다. 각종 방언을 해도, 예언하는 능력이 있어서 모든 비밀과 모든 지식을 안다고 해도, 산을 옮길 만한 모든 믿음이 있어도, 사랑이 없이 그 은사를 사용한다면 하나님께서는 하나도 카운트해주시지 않을뿐더러 자신에게도 아무 유익이 없고 그리스도의 몸인 교회를 세우는 것이 아니라 오히려 허

무는 일이 될 수 있다는 것입니다.

고전 13:1-3 1 내가 사람의 방언과 천사의 말을 할지라도 사랑이 없으면 소리 나는 구리와 울리는 꽹과리가 되고 2 내가 예언하는 능력이 있어 모든 비밀과 모든 지식을 알고 또 산을 옮길 만한 모든 믿음이 있을지라도 사랑이 없으면 내가 아무 것도 아니요 3 내가 내게 있는 모든 것으로 구제하고 또 내 몸을 불사르게 내줄지라도 사랑이 없으면 내게 아무 유익이 없느니라

또한 사랑 가운데 은사를 사용하는 것 못지않게 중요한 것은 자신의 은사가 교회에서 검증을 받을 때까지 기다려야 한다는 것입니다. 자신에게 주어진 은사가 무엇인지 발견하고 그 은사를 교회의 덕을 세우는 데 사용하는 것은 정말 귀한 일입니다. 그러나 주어진 은사가 온전히 쓰임 받으려면 교회 내에서 반드시 검증을 받아야 합니다. 또한 교회의 질서에 따라 목사님 및 권위자의 감독하에 행해야 하고, 교회의 덕(德)이 되어야 합니다.

예를 들어서 하나님께서 자신에게 어떤 은사를 분명히 주셨고 그 은사에 따르는 다양한 징표가 나타남에도 불구하고 다른 사람들이 인정해주지 않으면 불편한 마음을 갖거나 적대적인 생각을 갖는 경우가 있습니다. 한 번만 더 생각해보십시오. 은사에 맞게 쓰임 받기 원하는 당신보다 당신에게 은사를 주신 하나님이 당신을 더 쓰고 싶어 하신다는 것을 말입니다. 그런데도 사람들이 당신을 인정하지 않고 교회에서 당신을 세워주지 않는다면 아직까지 자신의 인격, 자신의 성령의 열매에 검증받을 부분이 있다고 생각해야 합니다. 그 부분을 통과하면 하나님께서 교회를 통해 당신을 세우시고 직분을 맡겨 사역하게 하실 것입

니다.

은사가 주어진 많은 사람들이 실족하는 경우는 대부분 기다리지 못해서입니다. 교회에서 인정해주지 않으면 그 교회를 떠나 다른 교회로 옮기는 식으로 반복하다가는 점점 이상한 쪽으로 빠지게 되는 경우가 적지 않습니다. 교회가 은사에 대해 부정적이고 하나님이 주신 은사를 알아주지 않거나 사용하지 못하게 한다면 기도하고 기다리십시오. 그렇지 않고 목회자의 허락 없이 교회 내에서 사역하거나, 자신의 집으로 성도를 불러들이거나, 왜 이런 사역을 허락하지 않느냐고 교회를 비난하면 분란만 일어납니다. 교회에서 검증을 마치고 사역에 세워지기 전까지는 하나님의 능하신 손 앞에서 겸손히 기다리십시오. 하나님의 때에 하나님께서 세우신 곳에서 사역할 때 당신의 사역은 가장 아름답게 꽃필 수 있습니다.

벧전 5:5-6 5 젊은 자들아 이와 같이 장로들에게 순종하고 다 서로 겸손으로 허리를 동이라 하나님은 교만한 자를 대적하시되 겸손한 자들에게는 은혜를 주시느니라 6 그러므로 하나님의 능하신 손 아래에서 겸손하라 때가 되면 너희를 높이시리라

지금까지 교회 내에서의 은사의 발견과 활성화 그리고 사역에 대해서 살펴보았지만, 이런 일은 각자의 삶터와 일터에서도 동일하게 일어나고 적용됩니다.

다음 질문에 답하면서 오늘 내용을 자신에게 적용해보세요.

1. 하나님의 전부, 즉 신성과 원복 전부가 당신 안에 있는 것이 믿어지나요? 하나님이 당신을 위해 예비하신 모든 은사가 이미 당신 안에 있다는 사실이 어떻게 받아들여지나요?

2. 당신은 당신을 향한 하나님의 소명과 은사를 발견하셨나요? 발견하셨다면 그것에 대해 구체적으로 적어보세요. 아직 발견하지 못하셨다면 오늘 내용을 통해 자신의 소명과 은사를 발견하기 위해 당신이 해야 할 일을 적어보세요.

3. 당신은 당신에게 주어진 은사를 사랑 안에서 사용하고 있나요? 사랑 없이 은사를 사용하는 것이 왜 문제가 되는 것일까요?

더보기

영상 – 기름부으심과 은사에 대한 올바른 이해

—

방언의 은사란
무엇인가요?

핵심
구절
그들이 다 성령의 충만함을 받고 성령이 말하게 하심을 따라 다른 언어들로 말하기를 시작하니라 **행 2:4**

방언을 말하는 자는 사람에게 하지 아니하고 하나님께 하나니 이는 알아 듣는 자가 없고 영으로 비밀을 말함이라 **고전 14:2**

　방언의 은사처럼 뜨거운 감자로 여겨지는 은사가 또 있을까 싶습니다. 방언에 대해 부정적인 견해를 가진 사람은 방언하는 사람을 열광주의적이고 광신주의적인 사람으로 생각하거나 극단적인 경우에는 귀신에 사로잡혔다고 말하기까지 합니다. 하지만 사도 바울은 그 누구보다도 방언을 많이 말하는 것으로 하나님께 감사하다고 고백할 정도로 방언의 유익을 가장 많이 누린 사람 중 한 명입니다. Day 20에서는 하나님나라 복음의 관점에서 방언의 은사를 집중 조명해봄으로써, 방언이 얼마나 유익한지를 깨닫고 사모하는 모든 분들이 방언의 은사를 받고 누리는 시간이 되었으면 좋겠습니다.

왜 방언이 필요한가?

　방언이 왜 필요한지 알기 위해서는 '방언이라는 현상'에 초점을 두는 것이 아니라 하나님의 창조목적의 회복의 관점에서 '방언이 왜 주어졌는지'를 알아야 합니다.

　우선 방언이 왜 필요한지를 알기 위해서는 구약의 두 군데를 살펴볼 필요가 있습니다. 첫째, 창세기 3장에서 아담과 하와가 죄를 지음으로써 하나님의 영이 떠나고, 에덴동산에서 쫓겨난 사건입니다. 그들이 타락 전 에덴동산에 거할 때는 하나님과 영으로, 그리고 언어로도 소통하였습니다. 그러나 하나님의 영이 떠난 후에 타락한 인간은 더 이상 하나님과 영적으로 교통할 수 없게 되었습니다. 구약에서는 특별한 경우에 하나님의 영을 보내주심으로써 하나님과 언어적으로 교통하였습니다.

둘째, 창세기 11장에 나오는 사건입니다. 노아의 후손들은 번성해 동방 시날 평지에서 함께 거주했습니다. 그때는 온 땅의 언어가 하나고 말이 하나였습니다. 그런데 그들은 하나님을 경외하지도 않고, 마귀의 통치를 받으며, 자신들의 힘으로 바벨탑을 쌓았습니다. 하나님께서 당대의 의인인 노아를 부르셔서 피조세계를 새롭게 하고자 하셨지만, 그 후손들은 여호와 하나님을 잃어버리고, 자신들의 지혜와 노력으로 하나님과 같이 되고자 한 것입니다. 하나님께서는 그것을 보시고, 그들이 한 족속이고, 언어도 하나이기 때문에 이런 일을 한다고 말씀하시면서 그 족속을 온 지면에 흩으시고, 언어를 혼잡하게 하셨습니다. 그 결과로 각자 민족이 생기게 하시고, 서로 언어가 달라지고, 문화와 풍습도 달라지게 하셨습니다(창 11:1-9).

> **창 11:9** 그러므로 그 이름을 바벨이라 하니 이는 여호와께서 거기서 온 땅의 언어를 혼잡하게 하셨음이니라 여호와께서 거기서 그들을 온 지면에 흩으셨더라

하나님께서는 비밀의 경륜을 이루시기 위해서(엡 3:9-11) 마귀의 통치

를 받는 모든 민족을 포기하시고 야곱(이스라엘)을 택하셔서 그들을 마귀로부터 보호하고, 하나님께서 친히 통치하시는 약속의 땅으로 인도해내기를 원하셨습니다. 그래서 하나님께서는 아브라함을 불러내셨고, 아브라함, 이삭, 야곱의 하나님이 되신 것입니다. 그러나 이스라엘 왕국도 타락함으로 멸망하게 되었고, 마침내 때가 이르러 하나님께서 예수 그리스도를 이 땅에 보내주셨습니다. 하나님께서 예수님을 이 땅에 보내신 이유는 모든 민족들로 하여금 다시 하나님의 자녀가 되어 본래 하나님께서 계획하신 창조목적을 이루도록 하기 위해서입니다.

우리가 다시 하나님의 자녀가 되는 것은 하나님의 영이 우리에게 임하실 때 가능합니다. 그 일을 위해서 예수님께서는 십자가를 지시고 모든 인류의 죄를 대속하신 것입니다. 하나님의 영이 임해야만 다시 하나님과 영으로 대화할 수 있으며, 바벨탑 사건으로 언어가 혼잡해진 이후 언어의 장벽 때문에 서로 대화할 수 없던 우리가 다시 하나님 안에서 대화할 수 있게 하신 것입니다.

오순절 성령강림 이후로 누구든지 예수 그리스도를 믿는 자는 죄사함을 받고 그에게 하나님의 영이 임하십니다. 그때 물과 성령으로 거듭난 자는 모두(민족과 상관없이) 마귀의 통치에서 벗어나 다시 하나님의 한 백성이 되며, 본래 계획하신 하나님의 창조목적을 이루는 삶을 살게 되는 것입니다. 그 일을 위해서 하나님께서는 하나님의 영이 있는 자들이 다시 하나님과 교제하고, 서로 다른 언어를 가진 민족들이 하나님께서 말씀하시는 것을 알아들을 수 있도록 하신 것입니다. 그것을 위해서 주어진 것이 바로 방언의 은사입니다. 그래서 예수님께서는 부활승천 후 오순절 성령강림을 통해 믿는 자에게 일어날 표적 중 방언을 말씀하신 것입니다.

막 16:17-19 17 믿는 자들에게는 이런 표적이 따르리니 곧 그들이 내 이름으로 귀신을 쫓아내며 **새 방언을 말하며** … 19 주 예수께서 말씀을 마치신 후에 하늘로 올려지사 하나님 우편에 앉으시니라

방언에도 종류가 있는가?

성경에 등장하는 방언을 크게 두 가지로 분류를 할 수 있습니다. 첫째, 사도행전 2장 오순절 성령강림 사건에서 나타난 것처럼 성령이 말하게 하심을 따라 말을 했더니 그 당시 실제로 존재하는 다른 지방 언어들로 말이 나온 것입니다. 이것은 방언을 할 때 성령님의 초자연적인 역사하심으로 인해 자신도 모르는 언어를 말하게 되는 경우입니다. 이를 '외국어 방언'이라고 부르기도 합니다. 이러한 외국어 방언은 분명한 목적을 위해 주어집니다.

행 2:1-4 1 오순절 날이 이미 이르매 그들이 다같이 한 곳에 모였더니 2 홀연히 하늘로부터 급하고 강한 바람 같은 소리가 있어 그들이 앉은 온 집에 가득하며 3 마치 불의 혀처럼 갈라지는 것들이 그들에게 보여 각 사람 위에 하나씩 임하여 있더니 4 그들이 다 성령의 충만함을 받고 **성령이 말하게 하심을 따라 다른 언어들로 말하기를 시작하니라**

사도행전 2장에 잘 나타난 것처럼 오순절을 맞이하여 예루살렘으로 모여든 경건한 유대인들에게 각자의 지방 언어로 하나님의 큰일을 말하는 방언이 들렸고, 이때 주신 방언이 표적으로 주신 외국어 방언입니다. 창세기 11장에서 민족과 언어를 흩어 서로 대화하지 못하도록 한 것을,

성령님이 오셔서 모든 민족이 다시 하나님의 한 백성이 되는 하나님의 청사진에 대한 표적으로 보여주신 것입니다.

둘째, 방언은 사도행전 10장 44-46절, 19장 6절에서 사도들의 안수를 받고 성령충만함을 경험한 후에 나오는 방언으로, 고린도전서 14장에서 이에 대해 자세히 설명하고 있습니다. 이것은 인간의 언어가 아닌 천상의 언어 또는 신령한 언어로 말하는 방언입니다. 따라서 방언통변의 은사가 아니고서는 그 누구도 이해할 수 없는 언어입니다.

> **고전 14:2** 방언을 말하는 자는 사람에게 하지 아니하고 하나님께 하나니 **이는 알아 듣는 자가 없고 영으로 비밀을 말함이라**

방언은 성령의 은사이며 성령의 나타나심으로 주어지기 때문에 두 가지 방언 모두 초자연적으로 나타나는 것입니다. 앞서 언급한 것처럼 첫째 부류의 방언은 보통 분명한 목적을 위해 주어지기 때문에 자신이 원할 때 할 수 있는 것이 아닙니다. 만약 원할 때마다 외국어 방언으로 말할 수 있다면 굳이 외국어를 배울 필요가 없을 것입니다. 하지만 둘째 부류의 방언은 자신의 덕을 세우기 위해 성령님께서 주신 은사로서 성령님 안에서 자신이 원할 때 언제든지 할 수 있습니다. 이 두 가지 방언에 대해 잘 묘사하고 있는 구절이 바로 우리가 '사랑장'으로 잘 알고 있는 고린도전서 13장 1절 말씀입니다.

> **고전 13:1** 내가 **사람의 방언과 천사의 말**(the tongues of men and of angels)을 할지라도 사랑이 없으면 소리 나는 구리와 울리는 꽹과리가 되고

'사람의 방언'이 첫째 부류의 방언을, '천사의 말'이 둘째 부류의 방언을 지칭합니다. Day 20에서는 이 둘째 부류의 방언을 집중적으로 알아보도록 하겠습니다.

어떻게 방언이 주어지는가?

앞서 말한 두 가지 방언은 모두 하나님의 영이 우리의 혼과 몸을 통치하실 때 우리의 의지를 그분께 내어드림으로 그분께서 우리의 발성기관을 빌려 말하게 하시는 것입니다.

> **행 2:4** 그들이 **다 성령의 충만함을 받고 성령이 말하게 하심을 따라** 다른 언어들로 말하기를 시작하니라

> **고전 14:2** 방언을 말하는 자는 사람에게 하지 아니하고 하나님께 하나니 **이는 알아 듣는 자가 없고 영으로**(by the power of the Spirit) **비밀을 말함이라**

방언의 은사를 인정하는 사람들은 "방언을 많이 하면 영이 강건해진다", "영이 성장한다", "방언을 하면 영에 발전기를 돌리는 것과 같다"라는 표현을 사용하고는 합니다. 하지만 이것은 하나님나라 복음의 관점에서 볼 때 잘못된 표현입니다. 우리의 영은 하나님의 영에 의해 거듭나 그 영과 온전히 연합하여 이미 성령님으로 충만한데 어떻게 더 강건해질 수 있겠습니까? 영이 강건하고 성장한다는 것은 성경적으로 정확한 표현이 아닙니다. 방언은 성령님의 능력으로 하는 것이며 사실 우리의 영을 위한 것이 아니라 우리의 혼과 몸을 위한 것입니다.

또 알아야 할 중요한 진리는 방언을 하는 주체는 우리가 아니라 우리 안에 계신 성령님이라는 것입니다. 성령님께서는 우리 심중에 있는 것을 하나님 아버지께 온전히 전하시고, 반대로 하나님의 뜻을 우리의 심중에 부어주십니다. 따라서 성령님께서 우리를 사로잡지 않고서는 온전한 방언을 할 수 없습니다. 다른 말로 성령충만함을 받은 자들이 성령이 말하게 하심을 허용할 때 방언하게 되는 것입니다. 이것은 로마서 8장 26절의 말씀과 일맥상통합니다.

> **롬 8:26** 이와 같이 성령도 우리의 연약함을 도우시나니 우리는 마땅히 기도할 바를 알지 못하나 **오직 성령이 말할 수 없는 탄식으로 우리를 위하여 친히 간구하시느니라**

영으로 기도하고 마음으로 기도한다는 의미

하나님 자녀는 성령님을 통하여 하나님과 교제하고 자신이 이해할 수 있는 언어로도 하나님과 교제해야 합니다.

> **고전 14:14-15** 14 내가 만일 방언으로 기도하면 나의 영이 기도하거니와 나의 마음은 열매를 맺지 못하리라 15 그러면 어떻게 할까 **내가 영으로 기도하고 또 마음으로 기도하며 내가 영으로 찬송하고 또 마음으로 찬송하리라**

이 말씀을 잘못 이해하여 영으로 방언을 하면서 동시에 자신의 생각으로 다른 기도를 하는 사람이 있습니다. 그렇게 하는 것이 일석이조로 매우 효과적이라고 생각합니다. 하지만 이 말씀의 진짜 의미는 방언하면서 동시에 생각으로도 기도한다는 뜻이 아닙니다. 어떤 때는 방언(영)으로 기도하고, 또 어떨 때는 이해할 수 있는 언어로 기도할 수 있다는 뜻입니다.

무엇보다 우리가 방언을 할 때는 혼이 자신의 마음에서 벗어나야 하며(자신의 생각을 가지지 말아야 하며), 그리스도 안에서 자신의 심중에 부어지는 하나님의 말씀이 무엇인지 알기 위해서 잠잠히 기다리며 기대해야 합니다. 그렇게 방언할 때 성령의 감동으로 방언통변의 은사도 주어집니다.

방언이 주는 유익

다른 민족들에게 복음을 전하기 위한 외국어 방언이 아닌 천상의 언어로서의 방언은 하나님과 영적으로 교제함으로써 다른 사람이 아닌 자신의 덕을 세우는 것입니다. 여기에 "덕을 세운다"에 해당하는 헬라어는 '오이코도메오'로 "건축하다, 세우다"라는 뜻입니다. 주님께서 이미 법적으로 우리의 영혼몸을 새롭게 하신 것을, 우리의 영이 새로워짐으로 인해 성령님께서 우리의 혼과 몸을 새롭게 세워나가는 것입니다. 그래서 사도 바울은 누구보다도 방언을 많이 한다고 말하고 있습니다.

고전 14:4 **방언을 말하는 자는 자기의 덕을 세우고** 예언하는 자는 교회의 덕을 세우나니

고전 14:18 내가 너희 모든 사람보다 방언을 더 말하므로 하나님께 감사하노라

방언에는 대표적으로 다음과 같은 세 가지 유익이 있습니다.

1 하나님나라의 삶을 살게 합니다

하나님과 영적으로 교제함으로써 우리의 혼은 더 온전하게 하나님의 영 안에 거할 수 있으며, 영이고 생명이신 말씀이 우리의 심중에 부어지게 됩니다. 그럴 때 우리의 혼은 더 이상 자신의 경험과 지식을 붙들지 않고 생명의 말씀대로 생각하고 느끼게 되는 것입니다.

> **유 1:20** 사랑하는 자들아 너희는 너희의 지극히 거룩한 믿음 위에 자신을 세우며 성령으로 기도하며

2 하나님의 영이 우리의 혼과 몸을 통치하는 것을 경험하게 됩니다

우리가 성령충만한 가운데서 하나님과 영적으로 교제할 때는, 하나님의 영이 우리의 혼과 몸을 통치하게 됩니다. 그때 우리는 하나님의 임재를 강력하게 느끼고, 우리의 몸이 새로워지는 것을 경험하게 됩니다. 특별히 다음과 같은 상황에서 방언으로 기도하면 엄청난 유익을 얻게 됩니다.

- 너무 힘들어서 어떻게 기도해야 할지 모를 때 방언으로 기도하면, 하나님께서 우리에게 지혜를 주시고, 길을 열어주십니다.
- 갑자기 슬퍼지고, 우울해지고, 무기력해질 때 방언으로 기도하면 다시 하나님의 평강과 기쁨을 체험하게 됩니다. 슬픔과 우울과 무기력은 악한 영이 우리의 혼과 몸을 붙잡기 때문에 생기는 것입니다. 방언을 통해 그것들이 떠나가는 것을 느끼게 됩니다.

■ 하나님과 더 깊은 교제를 원할 때 방언으로 기도하면 하나님과 영적으로 교제함으로 우리의 육체로서는 얻을 수 없는 상쾌함과 안식을 느끼게 됩니다.

사. 28:11-12 11 그러므로 더듬는 입술과 다른 방언으로 그가 이 백성에게 말씀하시리라 12 전에 그들에게 이르시기를 이것이 너희 안식이요 이것이 너희 상쾌함이니 너희는 곤비한 자에게 안식을 주라 하셨으나 그들이 듣지 아니하였으므로

❸ 다른 은사가 쉽게 활성화되는 통로가 열립니다

모든 은사는 삼위일체 하나님에 의해서 주어집니다. 그리고 방언으로 하나님과 영적으로 교제할 때 우리의 혼이 새롭게 되고, 몸이 통치함을 받게 됩니다. 즉 기름부으심의 통로가 열리게 되는 것입니다. 그럴 때 하나님께서 우리 각자에게 맡기신 소명을 온전히 이루기 위한 각종 은사를 받을 수 있는 통로가 열리게 됩니다.

방언이 유익이 되지 못하는 경우

하나님의 영이 우리의 혼과 몸을 통치하시면 자신의 지식과 의지로 알지 못하는 사이에 방언을 받게 됩니다. 그러나 다음 두 가지 경우에는 아무리 방언을 해도 유익을 누릴 수 없습니다.

첫째, 성령충만함 없이 스스로, 혹은 다른 사람의 인도로 알지 못하는 말, "할렐루야"나 "아멘"을 되풀이함으로써 혀가 꼬여서 이상한 말이 나온 것을 방언이라고 생각하고 체험하는 경우입니다. 이것은 사실 방

언의 은사를 받지 못한 경우이기 때문에 방언에 대한 확신도 없을 뿐만 아니라 그 방언을 해도 내적 유익을 느끼지 못하게 됩니다.

둘째, 자신의 혼이 하나님의 영 안에 머문 상태에서, 즉 자기를 부인하고 자기 십자가를 진 상태에서 방언을 하지 않고, 혼이 다른 생각을 하면서 방언을 하면 하나님의 말씀이 우리의 심중에 부어질 수 없습니다. 방언할 때는 자신의 혼이 하나님의 영 안에 거하면서 하나님의 영이 심중에 부어주시는 것들이 무엇인지를 잠잠히 기다리며 느낄 줄 알아야 합니다. 그렇지 않으면 아무리 오랜 시간을 방언한다 하더라도 그것은 자기 의를 쌓는 것일 뿐이며 시간낭비입니다.

잘못된 방언이 있을 수 있는가?

"마귀가 주는 방언도 있는가?"라는 질문을 하는 분들이 있습니다. 어떤 사람은 매우 거친 쇳소리를 내거나 혀를 날름거리는 등 보기 좋지 않은 모습으로 방언하기 때문입니다. 그런데 다음 진리를 알면 그런 혼란에서 벗어날 수 있습니다.

원칙적으로 자신이 구원받았다는 것을 확신한다면 마귀 방언을 할 수 없습니다. 그러나 성령님께서 우리의 발성기관을 통해서 나타나실 때 우리의 육신에 붙어 있는 귀신들이 그 방언을 방해함으로 소리가 거칠어지거나 계속 방언하기 힘들게 되는 경우도 있습니다. 그것은 악한 영이 우리로 하여금 방언을 하지 못하도록 하는 것입니다. 내면에 상처와 쓴뿌리가 많을수록 그러한 일이 빈번하게 발생합니다. 그런 경우에는 "예수 그리스도의 이름으로 명하노니 성령님이 주시는 방언이 아니라면 입을 다물지어다"라고 선포해보십시오. 만약에 더 이상 방언이 나오지 않는다면, 사역자에게 가서 축사를 받는 것이 좋습니다. 그러나 기도했음에 불구하고 방언은 계속 나오는데 자연스럽지 않고, 오히려 더 힘들어진다면 회개와 용서와 더불어 악한 영을 쫓아내야 합니다. 그렇게 한 뒤 성령님 안에서 방언을 계속해나가면 숨어서 방해하던 것들이 떠나가고 자연스러운 방언이 나오게 됩니다.

방언의 은사는 어떻게 받을 수 있는가?

방언의 은사를 받기 원한다면 먼저 방언에 대한 잘못된 생각을 회개하고 자기 자신을 포기함으로써 자신을 성령님께 맡길 줄 알아야 합니다. 만약 은사중지론을 가르치는 교단에서 방언은 잘못된 것이며 할 필요가 없다고 가르침을 받았다면 회개하고 잘못된 생각을 버려야 합니다.

방언의 은사를 가장 받기 힘든 케이스는 많은 학식으로 자신의 생각이 강한 사람, 자수성가하여 생존의식과 경쟁의식이 강한 사람입니다. 이들처럼 자아의식이 강한 사람들은 자신의 말을 포기한다는 것은 생각을 포기하는 것이고, 그것은 자신을 포기하는 것으로 느낍니다. 즉 죽음과 같은 두려움을 느끼는 것입니다. 그리고 한 번도 자신이 사용하는 언어를 포기해본 적도 없고 어떻게 해야 할지도 모르는 사람은 자신의 발성기관을 성령님께 맡겨드리는 데 큰 어려움을 겪습니다.

그렇다면 어떻게 방언의 은사를 받을 수 있을까요? 다음 세 단계가 선행되어야 합니다.

■ Day 20 내용을 통해 방언의 은사에 대한 진리를 믿어야 합니다. 그리고

기존에 가지고 있었던 방언에 대한 잘못된 생각을 회개하고 버리십시오.

■ 개인적으로 기도할 때 자기를 부인하고 자기 십자가를 짐으로써 늘 성령의 임재를 간구하고 하나님과 영으로 기도하고 싶다는 마음을 가지십시오.

■ 혼과 몸이 성령님의 통치함을 경험하는 성령체험을 갈망하십시오.

행 2:4 그들이 다 성령의 충만함을 받고 **성령이 말하게 하심을 따라** 다른 언어들로 말하기를 시작하니라

행 19:6 **바울이 그들에게 안수하매 성령이 그들에게 임하시므로** 방언도 하고 예언도 하니

방언은 성령 하나님께서 우리의 영에 오셔서 우리의 발성기관을 통해 직접 말씀하시는 것입니다. 따라서 성령체험 없이(자신의 혼과 몸이 성령님의 통치함을 받는 것 없이) 자신의 의지로 어떤 개념을 나타내기 위한 마음을 가질 때는 결코 방언이 주어지지 않습니다. 우리는 태어나서부터 지금까지 언어와 개념을 배워왔으며 그 언어체계에서 벗어난 말을 해본 적이 없습니다. 그렇게 하면 정신이 이상해지는 것이 아닐까 하는 생각 또는 다른 사람들이 자신을 이상한 사람으로 보면 어쩌나 하는 생각 등으로 인해 거부감이 드는 것입니다. 왜냐하면 우리는 자신의 언어와 개념으로 만들어진 생각을 함으로써 자신의 정체성을 의식하기 때문입니다. 자기를 포기하는 것을 두려워하는 사람은 방언을 받을 수 없습니다.

따라서 방언을 한다는 것은 자신의 생각을 언어로 표현하기를 포기

한다는 것입니다. 즉 방언은 뇌로부터 나오는 것이 아니라 영으로부터 나오는 것입니다. 그때 우리의 발성기관과 혀를 성령님께 맡겨 드리고, 그분께서 말씀하시도록 허용하는 것입니다. 예를 들어 방언을 너무나 받고 싶은 나머지, "주님, 정말로 방언받고 싶어요"라고 말한다면 절대로 방언은 주어지지 않습니다. 왜냐하면 자신의 혼이 자신의 발성기관을 통해서 말하고 있기 때문입니다. 무엇을 말하고자 하는 자신의 의지 그리고 개념이 있는 언어를 말하고자 하는 것조차 포기할 때 비로소 성령님께서 우리의 혀를 통하여 말씀하십니다. 자신 안에 가장 깊은 곳으로부터 생수의 강이 흘러나오는 것처럼 자신의 발성기관을 성령님께 내어드릴 때 방언이 나오는 것을 경험하게 됩니다.

> **요 7:38-39** 38 나를 믿는 자는 성경에 이름과 같이 그 배에서 생수의 강이 흘러나오리라 하시니 39 이는 그를 믿는 자들이 받을 성령을 가리켜 말씀하신 것이라(예수께서 아직 영광을 받지 않으셨으므로 성령이 아직 그들에게 계시지 아니하시더라)

Day 20 내용을 통해 방언의 은사 받기를 갈망하시는 분은 화요말씀치유집회 유튜브 영상 "방언받는 법과 방언기도의 비밀"을 사모하는 마음으로 보시기 바랍니다(수많은 분들이 이 영상을 통해 온라인으로 방언의 은사를 받았습니다).

다음 질문에 답하면서 오늘 내용을 자신에게 적용해보세요.

1. 오늘 내용을 통해 방언의 은사에 대해 새롭게 깨달은 것이 있다면 적어보세요.

2. 방언의 은사를 통해 누리고 있는 유익은 무엇인지 적어보세요. 혹시 당신에게 방언
   의 은사가 아무런 유익이 되지 않았다면 그 이유는 무엇일까요?

3. 방언의 유익을 마음껏 누리기 위해서는 지속적으로 방언을 하는 훈련이 필요합니
   다. 방언으로 마음껏 기도할 수 있는 시간과 장소를 확보해보세요. 그리고 본문의
   내용대로 방언을 함으로써 당신의 소명에 따른 다른 은사들도 활성화되도록 해보
   세요.

더보기

영상 – 방언 받는 법과 방언기도의 비밀

—

성령의 은사에 대해
질문해도 되나요?

성령의 은사에 대한 다양한 질문들이 있습니다. Day 21에서는 대표적인 세 가지 질문에 대한 답을 알아보도록 하겠습니다.

은사가 꼭 필요한가? 사랑의 은사가 최고 아닌가?

오늘날 은사를 비판적으로 보고 사랑의 은사를 구해야 한다고 주장하는 자가 주로 인용하는 구절이 바로 고린도전서 12장 28-31절입니다.

고전 12:28-31 28 하나님이 교회 중에 몇을 세우셨으니 첫째는 사도요 둘째는 선지자요 셋째는 교사요 그 다음은 능력을 행하는 자요 그 다음은 병 고치는 은사와 서로 돕는 것과 다스리는 것과 각종 방언을 말하는 것이라 29 다 사도이겠느냐 다 선지자이겠느냐 다 교사이겠느냐 다 능력을 행하는 자이겠느냐 30 다 병 고치는 은사를 가진 자이겠느냐 다 방언을 말하는 자이겠느냐 다 통역하는 자이겠느냐 31 너희는 더욱 큰 은사(gifts)를 사모하라 (and yet : 그럼에도 불구하고) 내가 또한 가장 좋은 길을 너희에게 보이리라 사도 바울이 이 말을 한 배경은 고린도교회에서 왜 은사가 주어졌는지도 모른 채 은사에 대해 다툼이 있었기 때문입니다. 그래서 바울은 고린도전서 12장 27절에서 "너희는 그리스도의 몸이요 지체의 각 부분이라"라고 말한 것입니다. 또한 은사는 그리스도의 몸의 각 지체가 각자의 소명을 이루어감으로써 교회를 통해 하나님의 창조목적을 이루어가기 위해서 주신 것입니다. 고린도전서 14장에서 방언과 예언의 은사에 대해 심도 있게 다루는 것을 비추어볼 때 고린도교회 그리스도인들은 방언과 예언을 무질서하고 규모 없게 행했던 것 같습니다.

고전 14:32-33 32 예언하는 자들의 영은 예언하는 자들에게 제재를 받나니 33 하나님은 무질서의 하나님이 아니시요 오직 화평의 하나님이시니라…

은사에 대해서 비판적인 사람들은 고린도전서 12장 31절의 말씀을 인용하며 다른 은사보다 큰 은사인 사랑의 은사를 구하라는 식으로 주장합니다. 그러나 그런 주장은 분명히 이 구절을 자의적으로 해석했기 때문에 나오는 것입니다.

대부분의 번역본은 31절의 두 문장을 "and yet"으로 연결하고 있습니다. "너희는 더욱 큰 은사를 사모하라"(a)와 "내가 또한 가장 좋은 길을 너희에게 보이리라"(b) 사이에 '그럼에도 불구하고'(and yet)가 위치하고 있는 것입니다. 이를 통해 알 수 있는 것은 앞 문장은 고린도전서 12장에 속한 것이고, 뒤 문장은 다음에 오는 13장에 속한 것이라는 것입니다.

따라서 고린도전서 12장 31절은 다음 장인 13장을 인용해 "사랑이 가장 큰 은사이고, 다른 은사는 필요 없다"라고 말하는 것이 아닙니다.

이것을 뒷받침해줄 근거는 다음과 같습니다.

첫째, 사랑은 성령의 열매이지 은사가 아니라는 것입니다.

갈 5:22 **오직 성령의 열매는 사랑과** 희락과 화평과 오래 참음과 자비와 양선과 충성과

둘째, '더욱 큰 은사'(gifts)는 단수가 아니라 복수입니다. 사랑이 복수가 될 수는 없습니다. 셋째, 은사는 각 사람의 소명에 따라 성령님의 뜻대로 나누어주는 것이기 때문에 어떤 은사가 주어지는지는 사람에게 달려 있는 것이 아니라 성령님께 달려 있는 것입니다. 만약 사랑이 은사라면 그 은사를 받지 못하는 사람은 사랑을 하지 않아도 되는 어처구니없는 상황이 발생할 수 있습니다.

이 구절의 성경적인 의미는 "은사를 구하고 사모하되 가장 좋은 길은 모든 은사는 사랑 가운데서 행해야 한다"라는 뜻입니다. 그래서 '사랑장'인 고린도전서 13장에서 방언과 예언, 믿음, 구제, 순교 등과 같은 은사가 강력하게 나타나도 사랑이 없다면 아무런 의미가 없다고 말하는 것입니다.

고전 13:1-3 1 내가 사람의 방언과 천사의 말을 할지라도 사랑이 없으면 소리 나는 구리와 울리는 꽹과리가 되고 2 내가 예언하는 능력이 있어 모든 비밀과 모든 지식을 알고 또 산을 옮길 만한 모든 믿음이 있을지라도 사랑이 없으면 내가 아무 것도 아니요 3 내가 내게 있는 모든 것으로 구제하고 또 내 몸을 불사르게 내줄지라도 사랑이 없으면 내게 아무 유익이 없느니라

오늘날에도 성령의 은사들이 나타나는가?

은사중지론은 성령에 의해서 이루어지는 초자연적인 능력은 오직 사도에 의해서 행해졌으며, 성경의 정경이 완성될 때까지만 필요한 것이었고, 그 후에는 소멸되었다고 보는 신학적 견해입니다. 이러한 은사중지론을 주장하는 대표적인 책은 세대주의 신학자인 존 맥아더가 쓴《무질서한 은사주의》(부흥과개혁사)입니다. 그는 오순절 운동과 은사 운동에 대해서 강도 높게 비판하며 기사와 표적은 모세와 여호수아 시대, 엘리야와 엘리사 시대 그리고 그리스도와 사도들의 시대에만 집중적으로 일어났을 뿐 그 후에는 사라졌다고 주장합니다.

그들의 주장에 따르면 AD 397년 카르타고 종교 회의를 통해 정경화 작업이 완료된 이후에는 고린도전서 12장에 나오는 성령의 은사들이 더 이상 주어질 필요가 없다는 것입니다.

고전 13:8-10 8 사랑은 언제까지나 떨어지지 아니하되 예언도 폐하고 방언도 그치고 지식도 폐하리라 9 우리는 부분적으로 알고 부분적으로 예언하니 10 온전한 것이 올 때에는 부분적으로 하던 것이 폐하리라

그들은 이 구절에서 "온전한 것이 올 때"를 정경이 완성된 것으로 보고, "부분적으로 하던 것이"를 성령의 초자연적인 역사로 해석한 것입니다. 즉 초대교회는 완성된 성경을 가지고 있지 않았기 때문에 하나님께서 일시적으로 초자연적인 은사들을 허용하셨으며, 정경이 완성된 이후로는 더 이상 초자연적인 역사가 필요하지 않으며 일어나지도 않는다고 보는 것입니다. 백번 양보해서 일어난다고 하더라도 하나님의 절대주권에 의해 가뭄에 콩 나듯 아주 가끔씩 일어난다고 보는 것입니다.

그러나 성경의 이야기를 하나님의 창조목적의 회복, 확장, 완성의 관점으로 보면, 그리고 예수님께서 그 일을 이루시기 위해서 이 땅에 인자로 오셔서 하나님나라의 복음을 세상에 전파하시고 보여주신 것을 고려하면 그들의 주장이야말로 비성경적임을 알 수 있습니다. 왜냐하면 첫째, 하나님나라의 복음이 무엇인지 알지 못한 채 개혁주의나 세대주의적 프레임으로 성경을 보기 때문입니다. 둘째, 기사와 표적들이 점차 사라지게 된 원인을 보기보다는 그런 일들이 사라진 역사적 현상을 보고 판단하기 때문입니다. 셋째, 이성의 합리적인 논리에서 벗어난 통제 불가능한 일들에 대한 두려움, 왜곡, 확대 해석과 진리를 수호한다는 미명 하에 붙들고 있는 죽은 전통과 교리의 통제권을 잃어버리지 않을까 하는 두려움 그리고 광신주의로 평가받지 않을까 하는 두려움 등으로 만들어놓은 본인들만의 안전지대(safe zone)에서 성령님의 역사를 판단하기 때문입니다. 그렇기 때문에 지금도 교회 내에서 성령 하나님의 기적적인 역사가 나타나면 그들은 자신들이 만든 주장에 따라 그러한 하나님의 역사를 폄하하거나 비난하며 극단적인 경우에는 이단시하곤 합니다.

언약신학의 프레임으로 하나님나라의 복음을 보는 것이 아니라 하나님나라 신학의 프레임으로 언약에 기초한 구속사를 보면, 우리의 잘못된 신학과 신앙 때문에 기사와 표적이 일어나지 않는다는 것을 알 수 있습니다. 또한 교회가 정상적으로 성령님의 인도하심을 경험한다면 과거에 일어났던 것보다 지금 더 많은 기사와 표적이 일어나야 하는 것이 성경적임을 알 수 있습니다. 성령님은 말씀을 통해서 역사하십니다. 그렇다면 정경이 완성된 뒤에 그 말씀을 알고 믿는 자를 통하여 성령의 역사가 더 많이 일어나야 하지 않을까요? 지나온 역사를 볼 때 점점 더

가속화되는 인간의 타락, 인본주의적 사고방식, 왜곡된 신학이 성령의 역사를 막고 있는 것입니다.

> **마 23:13** 화 있을진저 외식하는 서기관들과 바리새인들이여 너희는 천국 문을 사람들 앞에서 닫고 너희도 들어가지 않고 들어가려 하는 자도 들어가지 못하게 하는도다

> **눅 6:39** 또 비유로 말씀하시되 맹인이 맹인을 인도할 수 있느냐 둘이 다 구덩이에 빠지지 아니하겠느냐

예수님의 초림과 재림 사이를 나타내는 현재적 하나님나라는 종말의 시대입니다. 예수님께서 성육신하셔서 성령의 능력으로 마귀의 일을 멸하시고, 십자가의 대속으로 타락한 인간을 하나님의 자녀로 다시 회복시키시고, 그들로 하여금 부활하신 예수 그리스도 안에서 그분께서 인자로 행하셨던 하나님의 창조목적을 이루어가는 시대인 것입니다. 종말의 시대는 이미 시작되었지만 아직 완성되지 못한 시대입니다. 왜냐하면 예수님에 의한 법적 구원은 이루어졌지만, 현실적 구원은 현재 진행 중이기 때문입니다. 그리고 하나님의 자녀에 의해서 마귀의 일이 무력화될 수는 있지만, 예수님의 재림 전까지는 여전히 마귀가 믿지 않는 사람들을 속이고 다스림으로써 이 세상 신으로 통치하고 있기 때문입니다.

그렇다면 우리가 다시 한번 기억해야 할 것이 있습니다. 예수님께서도 하나님의 백성들을 구원하시기 위해서 성령의 능력 가운데 하나님의 말씀으로 기사와 표적을 일으키심으로써 하나님의 통치가 임했음을 보

여주었다는 사실입니다. 그런데 지금 우리는 어이없게도 성령의 능력 없이 오직 말씀만으로 온전한 신앙생활을 할 수 있고, 마귀의 일을 무력화시킬 수 있고, 하나님의 통치의 복음을 전할 수 있다고 믿고 있는 것입니다. 이것은 마치 전쟁터에 갑옷과 무기 없이 나가는 것과 같습니다. 예수님께서는 기사와 표적으로 자신이 전한 하나님의 말씀이 참된 진리임을 증명해주셨습니다. 그렇다면 우리도 예수 그리스도의 이름으로 행하고 전하는 모든 일에 하나님의 능력을 나타냄으로 하나님의 말씀이 진리임을 증명해야 하지 않을까요?

> **막 16:20** 제자들이 나가 두루 전파할새 주께서 함께 역사하사 그 따르는 표적으로 말씀을 확실히 증언하시니라

> **고전 1:7** 너희가 모든 은사에 부족함이 없이 우리 주 예수 그리스도의 나타나심을 기다림이라

성령의 은사와 열매 중 한 가지만 나타나는 이유는 무엇일까?

오랜 세월 많은 사람이 의문을 갖지만 잘 풀리지 않는 수수께끼가 바로 이 질문입니다. 성령의 능력과 성령의 열매는 성령님으로부터 나오는 것인데, 성령의 능력은 있는데 성령의 열매에 해당하는 인격이 부족한 사람이 있는 반면에, 인격은 있는데 성령의 능력은 나타나지 않는 사람도 있습니다. 그 이유가 무엇일까요?

이 문제를 제대로 이해하기 위해서는 먼저 현실을 직시해야 합니다. 흔히 제자훈련을 신앙생활에서 가장 중요한 훈련으로 꼽습니다. 제자

훈련의 핵심은 예수님을 닮아가는 것입니다. 참으로 이상한 것은 교단, 교파에 따라 예수님의 반쪽만을 닮고자 노력하고, 서로를 부정적으로 본다는 사실입니다. 오늘날 기독교계를 보면, 개혁복음주의에서는 주로 예수님의 성품만을 따르고자 하고, 오순절 은사주의에서는 예수님의 능력만을 따르고자 합니다. 예수님께서 제자들에게 보여주시고 가르치실 때, 하나님의 성품만 가르치시거나 하나님의 능력만 가르치신 것이 아닙니다. 제자들도 마찬가지였습니다. 성령과 말씀에 의해서 성령의 능력과 열매 모두 나타나도록 가르쳤습니다. 오늘날의 현실은 왜곡된 신학에 의해 만들어진 것뿐입니다. 이제는 이러한 잘못된 믿음에서 벗어나 성령의 은사와 열매가 모두 회복되어야 합니다.

왜 성령의 능력과 열매가 온전히 드러나지 못하는지를 제대로 이해하기 위해서는 먼저 성령의 능력도 열매도 성령체험 이후에 일어나는 일임을 알아야 합니다(Day 6 참조). 즉 우리의 혼이 하나님의 영 안에 거할 때 비로소 예수 그리스도 안에 있는 믿음이 체험되고, 하나님의 사랑, 평강, 말씀이 심중에 부어진다는 것을 알아야 합니다.

먼저 성령의 능력은 성령님을 통하여(기름부으심이 나타나는 가운데) 능력에 대한 약속의 말씀대로 이루어진 것을 믿음으로(심중에 상상하고 느끼고 선포함으로써) 심은 대로 거두는 것입니다. 즉 보이지 않는 세계에 이루어진 실상에 따른 실체가 보이는 세계에 나타나는 것입니다. 즉 뜻이 하늘에서 이루어진 것같이 땅에서도 이루어지도록 하는 것입니다(마 6:10).

좀 더 정확하게 설명하자면, 내 혼이 하나님의 영 안에 거한 상태에서 어떤 일이나 사건에 대한 말씀을 예수 그리스도 안에 있는 믿음으로 굳게 붙듦으로써 그 일이 이루어지도록 하는 것입니다. 그것은 어떤 일에 하나님의 역사를 나타내는 것입니다. 내 심중에 있는 기존의 경험과 지식의 변화 없이도 그 일이 일어날 수 있습니다. 따라서 기적을 일으키는 일을 행한다고 해서 내 인격이 변화되는 것은 아닙니다.

막 11:22-23 22 예수께서 그들에게 대답하여 이르시되 하나님을 믿으라 23 내가 진실로 너희에게 이르노니 누구든지 이 산더러 들리어 바다에 던져지라 하며 그 말하는 것이 이루어질 줄 믿고 마음에 의심하지 아니하면 그대로 되리라

한편 성령의 열매에 대해서 생각해봅시다. 우리가 기적을 행한다고 하더라도, 우리의 심중에는 여전히 과거의 경험과 지식이 남아 있고, 일상적인 우리의 생각과 감정은 그것에 기초하여 판단하고 이해하고 말합니다. 따라서 우리의 혼은 성령님의 인도하심에 따라 하나님의 영 안에 거하면서 심중에 들어 있는 부정적 경험과 상처와 쓴뿌리를 제거하고, 날마다 말씀으로 자신의 몸을 새롭게 해나가야 합니다. 그러면 그럴수록 점차적으로 그리스도의 인격이 나타나는 것입니다. 그럴 때 우리는 하나님의 선하시고 기뻐하시고 온전한 뜻이 무엇인지를 분별하게 되고, 그것에 따라 생각하고 말하게 되는 것입니다.

다른 말로 매일 삶에서 혼이 기억에 저장된 생각과 감정을 선택함으로써 몸의 종노릇을 하지 않고, 하나님의 영 안에서 심중에 심겨진 말씀대로 생각과 감정을 선택하는 것입니다. 즉 삶의 모든 측면에서 거짓자아로 반응하지 않고, 그리스도 의식으로 반응하는 것입니다. 그런 측면에서 이 변화는 속사람이 겉사람을 뚫고 나타나는 삶이며 점진적으로 하나님의 성품이 더 나타나는 것입니다.

고후 4:16 그러므로 우리가 낙심하지 아니하노니 우리의 겉사람은 낡아지나 우리의 속사람은 날로 새로워지도다

롬 12:1-2 1 그러므로 형제들아 내가 하나님의 모든 자비하심으로 너희를 권하노니 **너희 몸을 하나님이 기뻐하시는 거룩한 산 제물로 드리라** 이는 너희가 드릴 영적 예배니라 2 너희는 이 세대를 본받지 말고 **오직 마음을 새롭게 함으로 변화를 받아** 하나님의 선하시고 기뻐하시고 온전하신 뜻이 무엇인지 분별하도록 하라

정리하면 성령의 능력은 외부의 기사와 표적으로 나타나지만, 성령의 열매는 내부의 인격으로 나타난다는 것입니다. 즉 성령의 능력은 우리를 통하여 주님께서 무엇을 하실 수 있는지를 나타내는 것이라면, 성령의 열매는 우리를 통하여 주님께서 어떤 분이신지를 나타내는 것이라고 할 수 있습니다. 성령의 능력은 한순간에 나타날 수 있지만, 성령의 열매는 맺히는 데 시간이 걸립니다. 또한 은사는 비활성화되고 때로는 사라질 수 있지만, 열매는 영구적입니다. 그래서 예수님께서 사람을 분별하는 기준이 '은사'가 아니라 '열매'라고 말씀하신 것입니다.

마 7:15-16 15 거짓 선지자들을 삼가라 양의 옷을 입고 너희에게 나아오나 속에는 노략질하는 이리라 16 그들의 열매로 그들을 알지니 가시나무에서 포도를, 또는 엉겅퀴에서 무화과를 따겠느냐

따라서 아무리 기적을 일으켰다 할지라도 인격이 온전하지 못한 사역자가 있을 수 있습니다. 반대로 자신의 심중에 주님의 말씀대로 이루

어진 것을 매일 심음으로써 그리스도의 인격이 나타나지만, 하나님의 능력을 나타내지 못하는 사역자도 있을 수 있는 것입니다.

우리는 약속의 말씀대로 이루어진 것을 우리의 심중에 심고 선포함으로써 주님의 뜻을 이루는 삶을 살아야 합니다. 동시에 그리스도 안에서 하나님의 사랑과 말씀이 우리의 몸을 새롭게 하는 훈련도 함께해야 합니다. 이를 통해 성령의 열매와 능력으로 하나님 아버지의 뜻을 이루신 예수님을 나타내는 하나님 자녀의 삶을 살아가야 하는 것입니다.

질문과 적용

다음 질문에 답하면서 오늘 내용을 자신에게 적용해보세요.

1. 왜 모든 은사를 사랑 가운데서 사용해야 할까요? 당신은 은사를 탁월하게 사용했지만 사랑 가운데 사용하지 못해 실패한 경험이 있나요?

2. 더 이상 성령의 은사가 나타나지 않는다고 주장하는 사람에게 오늘날에도 성령의 은사가 나타난다는 것을 어떻게 설득할 수 있을까요? 당신만의 답변을 적어보세요.

3. 현재 당신의 삶에서 성령의 은사와 열매가 균형 있게 나타나고 있나요? 아니면 은사와 열매 중 어느 한쪽에 치우쳐 있나요? 혼의 관점에서 은사와 열매가 균형 있게 나타나게 하려면 어떻게 해야 할까요?

더보기

영상 - 기름부으심과 은사에 대한 올바른 이해

DAY

22

—

성령사역과 사역자를
어떤 기준으로 보아야 하나요?

나더러 주여 주여 하는 자마다 다 천국에 들어갈 것이 아니요 다만 하늘에 계신 내 아버지의 뜻대로 행하는 자라야 들어가리라 그 날에 많은 사람이 나더러 이르되 주여 주여 우리가 주의 이름으로 선지자 노릇 하며 주의 이름으로 귀신을 쫓아 내며 주의 이름으로 많은 권능을 행하지 아니하였나이까 하리니 마 7:21-22

유튜브와 같은 영상 플랫폼 시대가 도래함에 따라 다양한 온라인 성령사역들이 일어나고 있습니다. 자발적 관심으로 스스로 찾아보거나 우연히 알고리즘의 추천에 의해서, 또는 지인의 공유로 그런 영상들을 시청하는 일들이 늘어나고 있습니다. 요엘서 2장 28-32절 말씀처럼 종말의 마지막(말세지말)이 가까워지면 질수록 하나님으로부터 오는 기사와 표적이 빈번하게 일어나게 될 것입니다. 그와 동시에 마지막 때를 향한 예수님의 예언처럼 "거짓 그리스도들과 거짓 선지자들이 일어나 큰 표적과 기사를 보여 할 수만 있으면 택하신 자들도 미혹하리라"(마 24:24) 하신 일도 일어나게 될 것입니다. 미혹되지 않고 진리 위에 굳게 서서 성령님의 역사를 체험하고 나타내기 위해서 우리는 어떠한 성경적 기준을 가져야 할까요?

성령의 역사를 어떻게 볼 것인가?

복음 자체가 초자연적인 신비입니다. 왜냐하면 하나님의 말씀과 그에 따른 표적은 현재의 세상적인 관점, 현실적인 관점, 물리적인 관점에서 볼 때 비합리적이고, 비논리적이고, 비과학적이기 때문입니다. 그럼에도 불구하고 비판을 위한 비판자들은 성령사역을 통해서 나타난 모든 일들이, 믿음이 아니라 과학에 의해 입증되어야 한다는 관점을 가지고 있습니다. 기사와 표적이 주님의 말씀을 믿음으로 이루어진다는 사실을 부인하는 것입니다. 신앙의 영역에서 일어난 사건이 이성과 과학적 논리로 이해되지 않는다고 해서 문제가 있다고 단정짓는 일이 과연 정당한가 생각해보아야 합니다. 사실 그렇게 판단하는 사람은 자신도 모르는 사이에 성경의 이야기 중 대다수는 '신화'라고 주장하고 있는 것입니다.

만약 성령사역의 결과가 인간의 이성과 논리와 과학으로 설명되는 것이라면 그것은 초자연적이고 신비한 하나님의 영역에 속한 것이 아니라 자연적이고 평범한 인간의 영역에 속한 것이 될 것입니다. 하지만 삼위일체 하나님께서는 창조주로서 창조 세계를 초월해서 존재하시는 분이시기 때문에 그분의 역사는 인간의 관점에서 볼 때 초합리적, 초논리적, 초과학적입니다. 그렇기 때문에 이성으로 접근해서는 절대로 그분의 역사를 이해할 수도, 체험할 수도 없습니다.

우리는 '이해를 추구하는 믿음'(Faith seeking understanding)으로 잘 알려진 중세 신학자인 안셀무스의 말을 기억해야 합니다. "나는 믿기 위해서 이해하려고 하지 않습니다. 나는 이해하기 위해서 믿는 것입니다"(I do not seek to understand in order that I may believe, but I believe in order to understand).

성령사역을 어떻게 볼 것인가?

말씀사역은 사람을 점진적으로 변화시키지만, 성령사역은 눈에 띄는 여러 가지 현상들을 동반하기 때문에 늘 시험과 비판의 대상이 되어왔습니다. 이러한 일들은 예수님 당시에도 있었던 현상으로, 예수님께서 성령님의 능력으로 귀신을 쫓아낼 때 바리새인들은 그것이 귀신의 왕인 바알세불의 짓이라고 매도했습니다(마 12:22-37). 따라서 우리는 성령사역을 판단할 때 매우 신중해야 합니다. 왜냐하면 잘못된 판단을 할 경우, 그로 말미암아 본의 아니게 당사자에게 돌이킬 수 없는 피해를 줄 수 있고, 자신 또한 그 판단에 대해 책임을 져야 하기 때문입니다. 현상만을 보고 판단하기 전에 적어도 다음과 같은 사항을 종합적으로 고려하여 판단을 내려야 합니다.

1 각자(교회, 단체, 개인)에 주어진 소명과 비전에 따라 보아야 합니다

우리 모두는 그리스도의 몸의 지체로서 머리 되신 예수 그리스도 안에 있지만, 각 지체마다 하나님나라를 이루기 위한 섬김이 다르고, 전도 및 선교의 대상이 다르고, 방법과 수단 또한 다릅니다. 이에 우리는 어떤 개인, 교회, 기관을 판단할 때 하나님께서 각자에게 주신 소명과 비전이 무엇인지 볼 줄 알아야 하며 이를 바탕으로 평가해야 합니다.

예를 들어 어떤 사역 단체에 치유사역의 소명을 주시고 그 일을 행하도록 하셨을 때 그 단체의 사역이 치유사역에 집중되어 있다는 이유로 왜 사회 참여나 구제 사역 등을 하지 않느냐고 따지는 것은 맞지 않다는 것입니다. 만약 특정 사역 단체가 그 단체의 비전에 따라 움직이고 있음에도, 자기와 동일한 사역을 하지 않는다는 이유로 비판한다면, 거꾸로 그 비판하는 자 역시 동일한 이유로 비판받아 마땅하지 않을까요? 개인이든 사역 단체든 간에 자신에게 주어진 소명과 비전만이 올바른 길이며 전부라고 주장한다면 그것은 이미 교만과 독단으로 탈선한 것입니다.

❷ 성령사역이 십자가에 기초하고 있는지 보아야 합니다

성령사역을 하는 집회에서 많은 경우 십자가의 도에 기초하지 않은 성령의 역사와 다양한 현상에 대해서만 가르칩니다. 그 결과로 하나님께서 베푸신 기사와 표적을 경험했음에도 불구하고, 온전한 그리스도인의 삶을 살지 못하게 됩니다. 그러한 일들로 인하여 성령사역을 부정적으로 볼 뿐만 아니라 심지어 왜곡된 복음관을 가지게 됩니다.

그리스도인의 죄사함은 십자가에서 시작됩니다. 그러나 하나님 자녀의 삶은 부활과 오순절의 성령강림과 같은 성령체험을 통해서 시작됩니다. 온전한 성령님의 역사가 일어나기 위해서는 그 기초와 중심에 십자가가 놓여 있어야 합니다. 성령님과 성령님의 역사 그리고 영적 전쟁은 십자가를 통한 예수 그리스도의 죽으심과 부활, 믿음을 통한 주님과의 연합, 내 안에 계신 성령님, 성령님의 인도로 인한 십자가에서 겉사람(거짓자아)의 죽음, 의의 병기를 통한 성령님의 나타나심의 기초 위에서 이루어져야 합니다. 십자가에 기초하지 않은 성령사역은 마귀에게 틈을 주게 되고, 결과적으로 잘못된 길로 갈 확률이 매우 높습니다. 또한 모든 그리스도인이 연합하여 하나 될 수 있는 것은 성령님의 임재 가운데 십자가를 볼 때입니다. 그 십자가를 통해서 자신의 죽음과 부활이 체험될 때 우리는 나이, 직업과 신분, 교단과 교파를 떠나서 성령님 안에 하나가 될 수 있습니다.

❸ 나타난 현상만으로 판단하지 말아야 합니다

성령 집회에서 나타난 대부분의 현상들은 성령님 자체의 나타나심으로 인한 것이 아니라 성령님의 임재로 인해 인간의 죄악이 드러나고 인간을 사로잡고 있는 악한 영들이 드러나면서 나타나는 현상들입니다. 성령님께서는 거룩하시고 영화로우시며 사랑이시며 말할 수 없는 평강을 주시는 삼위 하나님이십니다. 사람들은 이것을 제대로 구분하지 못하고 '성령님이라면 어떻게 이런 현상이 나타날 수 있는가?' 하고 의심합니다. 실제로 하나님의 영광의 임재에 의해서도, 악한 영의 발악에 의해서도 사람들은 쓰러지고 뒹굴 수 있습니다. 그러나 대부분의 현상은 빛이 어두움을 비출 때 어두움 안에 숨어 있는 쥐들(귀신들)이 떠나면서 일어나는 것입니다.

4 자신의 신학적 견해와 관점이 아닌 성경을 기준으로 판단해야 합니다

자신이 소속된 교단이나 교파 또는 자신들이 추종하는 주의(主義)를 기준으로 성령사역을 판단한다면, 결국 자신의 입장과 다른 의견은 받아들일 수 없을 뿐 아니라 부정적으로 판단할 수밖에 없습니다. 그런 식의 판단은 자신이 속한 교파나 교단이 지지하는 신학적 견해와 관점(교리와 전통)을 지지하거나 보호하기 위한 비판에 그칠 수밖에 없습니다. 오늘날 기독교 내 많은 교단과 교회들은 서로 다른 신학적 해석을 가지고 있습니다. 따라서 자신이 선택한 신학적 체계에 맞는 성경의 말씀을 이용하여 자신의 주장에 따르지 않는 사람들을 비성경적으로(심하면 이단으로) 보는 식의 바리새주의적 태도는 지양되어야 합니다.

또한 성령사역을 비판하는 사람들은 이런저런 이유를 들어 성령사역 전부가 잘못되었다고 지적합니다. 안타깝고 씁쓸한 것은 올바른 성령사역이 무엇인지를 말하지도, 보여주지도 않으면서 자신의 교리와 전통에 맞지 않는다는 이유만으로 그러한 주장을 펼친다는 것입니다. 성경적 근거가 없음에도 불구하고, 은사중지론 또는 은사신중론을 고수하며 다른 사람들의 성령사역을 비판만 하는 것은 설득력이 없을 뿐만 아니라 오히려 다른 사람을 시기하는 것으로 비춰질 수밖에 없습니다. 본인의 교리와 전통에 기초하여 비판하기보다는 성경이 말씀하고 있는 올바르고 균형 잡힌 성령사역이 무엇인지 보여주고 권면하며 함께 나아가야 합니다.

교단과 교파가 다른 사역이라도 다음과 같은 관점에서 판단해야 합니다. "해당 사역자의 주장이나 신앙이 예수 그리스도와의 연합을 이루게 하는가?", "사역의 결과로 일상의 삶에서 하나님의 사랑이 더 나타나는가?", "하나님나라의 회복과 복음 전파에 선한 영향력을 미치는가?" 그럴 때 서로 존중하고 배워감으로써 하나님의 온전하심을 더 볼 수 있게 되는 것입니다.

5 정확한 출처에 기초한 자료와 나타난 열매로 판단해야 합니다

어떤 단체나 사역자에 대한 판단을 내리기 전에 조사한 자료가 정확한 사실에 기초하고 있는지 반드시 확인해야 합니다. 또한 해당 단체나 사역자에게 문제가 있다고 생각한다면 직접 질문하여 충분히 소명할 기회를 주어야 합니다. 잘못된 정보를 바탕으로 그릇된 판단을 내리는 것은 빈대 잡으려고 초가삼간을 태움으로써 하나님나라의 일을 저해하고 사탄의 왕국에 이익을 가져다주는 것이기 때문입니다.

예를 들어 인터넷에 떠도는 출처가 불분명한 내용으로 판단(비난)하거나 다른 사람의 말을 조사나 확인 없이 인용하거나 수천 건의 선한 열매가 있음에도 불구하고 그 사역에 대한 소수의 부정적인 증언을 토대로 그 사역 전체를 판단하는 것은 잘못된 것입니다.

성령사역자를 어떻게 판단해야 하는가?

성령사역자가 사역시 다양한 현상들과 체험들이 나타나기 때문에 사람들의 지나친 관심을 받게 되고, 자신도 모르는 사이에 교만해져서 자신의 능력을 과시할 수도 있습니다. 또한 성령사역은 마귀들이 가장 싫어하는 일이기 때문에 마귀의 공격 대상이 되기도 합니다. 다른 말로 마귀들이 사역자를 더 강력하고 교묘하게 시험하고, 유혹하고, 속일 수 있다는 것입니다. 그렇기 때문에 성령사역을 하는 분들이 끝까지 믿음의 선한 싸움을 완주하기 어려울 수도 있습니다. 그만큼 힘들고, 자신을 드러냄으로써 유혹이 많기도 하고, 교만해질 수 있는 사역이기 때문입니다.

■ 자신을 나타내는가?

성령사역에서 나타나는 기사와 표적은 특별한 능력을 나타내는 사람에게 있는 것이 아니라 하나님나라의 도래를 나타내는 징표로서 매우 중요합니다. 따라서 사역을 할 때 기사와 표적을 통해서 성도들로 하여금 하나님나라로 침노하여 그의 의를 구하도록 해야 합니다. 만약 하나님의 말씀을 전하기보다는 자신의 경험담을 내세우면서 자신의 능력과 은사만을 과시한다면 우리는 이런 사역자를 경계하고 멀리해야 합니다.

② 자신을 신격화시키는가?

인간은 누구나 다 온전하지 못하기 때문에 하나님의 권능을 자신의 권능으로 착각하고, 자신에게 주어진 능력을 자신의 인격으로 착각하고, 주위 사람들의 따름과 순종으로 인하여 자신을 스스로 높이는 일들이 일어날 수 있습니다. 그럴 때 우리가 보는 것처럼 자신을 신격화하고 교주가 되는 것입니다. 주위에 함께하는 사람들이 그 사역자를 어떻게 보는지 살펴보아야 합니다. 예를 들어 사역자가 겸손히 섬기는 리더십을 지닌 사람인지, 폭군처럼 군림하는 리더인지, 그리고 존경과 사랑을 받는 사람인지, 추종과 숭배를 받는 사람인지를 말입니다.

③ 자신의 왕국을 만드는 사람인가 아니면 하나님나라가 이루어지도록 하는 사람인가?

자신의 왕국을 만드는 사람은 두려움을 무기로 사람들을 조종하려 하지만 하나님나라를 이루는 사람은 사람들을 사랑으로 각자의 소명과 비전에 따라 세우고 동역합니다. 자신의 왕국을 만드는 사람은 자신을 따르는 사람들을 세상으로부터 격리시키지만, 하나님나라를 이루는 자는 사람들을 세상으로 보내어 각자의 삶터에서 하나님을 나타내게 합니다.

④ 끊임없이 자신을 개혁하는가?

그 사람이 아무리 어제 위대한 하나님의 사람이었다고 해도 그 사람의 신앙 수준은 지금 이 순간 여기에서 하나님과 얼마나 생명적 관계를 누리고 있느냐로 결정됩니다. 신앙은 계단 오르기가 아닌 뜀뛰기입니다. 어제 높이 뛰었다고 해서 오늘 멈춰 있다면 이미 퇴보하고 있는 것입니다. 흐르지 않아 고인 물과 기름은 썩게 되어 있습니다. 어제의 기름부으심으로 오늘의 기름부으심을 대체할 수 없습니다. 매일 신선한 기름부으심을 누리며 나타내기 위해서는 이 땅을 떠날 때까지 날마다 거짓자아를 부인함으로써 그리스도 안에 들어가는 훈련을 해야 합니다.

5 다른 사람의 판단에 어떻게 대처하는가?

온전한 성령사역자라면 비판자들의 비판을 겸허하게 받아들여 자신을 돌아보아야 하며, 억울한 면이 있더라도 타산지석으로 삼고, 더 온전하고 구비하여 지속적으로 조금도 부족함이 없도록 해야 합니다. 부당한 비판에 분노하며 동일한 방식으로 상대를 비난하는 것은 하나님 나라의 관점에서 볼 때 온전치 못한 것입니다. 또한 "앞에 가는 수레가 엎어지는 것을 보면 뒤에 오는 수레가 그것을 보고 교훈을 삼는다"라는 뜻의 전차복후차계(前車覆後車戒)처럼 앞사람의 실패를 교훈 삼아 끝까지 주님만 바라보며 나아가야 합니다.

6 사역자의 삶과 그로부터 배운 사람들의 삶은 어떠한가?

사역자가 전하는 메시지는 사역자 자신에게도 온전히 적용되어야 합니다. 따라서 메시지를 전하고 사역하는 동안이 아니라 그 나머지 삶이 자신의 메시지에 대한 온전한 실천으로 나타나는지를 보아야 합니다. 또한 사역자에게 듣고 배운 사람들의 삶에 어떤 열매와 선한 영향력이 나타나는지 보아야 합니다. 만약 어떤 사역자의 가르침을 받은 사람들의 삶에 진정한 변화가 없다면 그 메시지와 사역은 온전치 못한 것입니다.

결론적으로 그 사람의 사역에 하나님의 능력이 나타날 수 있지만, 그 사람의 인격은 온전하지 않을 수 있습니다. 이런 관점에서 사역과 사역자에 대한 검증에는 시간이 필요합니다. 우리는 성경에서 가르침을 받은 대로 "그들의 열매로 그들을 알리라"(마 7:20) 하신 말씀을 되새겨볼 필요가 있습니다.

온라인 성령사역을 판단하는 데 도움이 되는 기준들

이미 언급한 바와 같이 메시지와 사역 자체만으로 한 사역자나 단체를 판단하는 것은 쉽지 않습니다. 다만 다음과 같은 기준이 판단에 도움에 될 수 있을 것입니다.

- 하나님나라의 복음(하나님의 통치)에 대한 것인가, 아니면 초월의식과 같은 자기계발에 대한 것인가?
- 이 땅에 몸을 가지고 주님을 나타내는 실제적인 삶 없이 신비주의적 사상이나 추구만을 말하는가?
- 말씀에 기초하지 않고 자신의 경험에 기초한 것을 말하는가?
- 하나님의 지혜와 권능으로 행하는가, 아니면 세상의 지혜와 지식으로 말하는가?
- 사람의 필요와 문제해결만을 위한 메시지인가, 아니면 인간의 존재를 변화시키고자 하는 메시지인가?
- 십자가의 도에 기초한 사역인가, 아니면 오직 영적 능력만을 추구하는 사역인가?
- 하나님과의 생명적 관계를 추구하는가, 아니면 세상의 평화나 공존, 공영과 생존을 위한 말인가?
- 자기를 부인하고 자기 십자가를 지도록 하는 말인가, 아니면 다른 생각이나 대체 방법을 찾도록 하는 메시지인가?
- 이미 영적 존재가 되었기 때문에 새로운 육체를 경험하도록 촉구하는 메시지인가, 아니면 육체를 쳐서 더 거룩한 존재가 되도록 촉구하는 메시지인가?
- 시청하는 자들에게 무언가를 요구하는 메시지인가, 하나님의 은혜를 나

누어주는 메시지인가?

- 내 심중에 고통과 더불어 자유함을 주는가, 아니면 그 메시지를 들을 때 감각적인 기쁨과 시원함을 주는 메시지인가?
- 옳고 그름, 선과 악을 판단하는 메시지인가, 아니면 거기서 벗어나 그리스도 안에 거하게 하는 메시지인가?

질문과 적용

다음 질문에 답하면서 오늘 내용을 자신에게 적용해보세요.

1. 오늘 배운 내용을 통해 성령사역과 사역자를 판단하는 기준 중 당신에게 가장 큰 깨달음을 준 것은 무엇인가요?

2. 하나님께서 당신을 성령사역자로 부르시고 사용하신다면 당신에게 가장 훈련이 필요한 자질은 무엇이라고 생각하나요?

3. 오늘 배운 내용을 통해 여러분이 경험했던 성령사역과 사역자 그리고 유튜브 영상에 대해서 판단해보고 느낀 점을 적어보세요.

더보기

영상 – 기름부으심과 은사에 대한 올바른 이해

Welcome Holy Spirit

5
PART

성령님의
인도하심

먼저 잘못된 믿음체계에서
벗어나야 합니다

성령님의 인도하심을 받는 것은 노하우나 테크닉을 익힌다고 되는 것이 아닙니다. 거짓자아에서 벗어나 하나님과의 생명적 관계 가운데 진짜 나로 살아갈 때 체험되는 것입니다. 예를 들어, 어떤 물건을 조립할 때 매뉴얼대로 하면 본래 계획된 결과물을 자연스럽게 얻게 되지만, 자기 방식대로 하면 어떤 단계나 상황이나 결과물에서 문제가 발생하기 마련입니다. 그럴 때 "왜 보여준대로 되지 않는가"라고 질문한다면 어리석은 일이 될 것입니다. 이와 마찬가지로 성령님의 인도하심을 받는다는 것은 지금 이 순간 여기에서 영원히 현존하시는 하나님과 생명적 관계를 가지고 그분과 교제하며 그분의 뜻대로 산다는 것입니다. Day 23부터 Day 28까지 성령님의 인도하심을 받기 위해서 먼저 깨닫고 체험해야 하는 진리에 대해 함께 살펴보겠습니다.

성령님의 인도하심을 정말 받고 있는가?

흔히 성령님의 인도하심을 받는 삶을 살라고 말하면 많은 사람들이 자신 안에도 성령님이 계시기 때문에 자신도 성령님의 인도하심을 받고 있다고 말합니다. 그러나 그 사람의 삶을 들여다보면 실제로는 성령님의 인도하심을 받는 삶이 무엇인지를 알지 못하고 있음을 보게 됩니다. 단지 자신 안에도 성령님이 내주하시기 때문에 자신의 삶도 성령님의 인도하심을 받는 삶이라고 착각하는 것뿐입니다. 대부분은 혼이 자신의 경험과 지식에 기초한 인지 과정과 방식을 가지고 선택한 하나님의 말씀으로 자신이 상상의 이야기를 만들고 있음에도 성령님의 인도하심을 받고 있다고 착각하는 것입니다.

거짓자아가 주체가 되어서 말씀에 따라 자신의 믿음으로 성령님의 인도하심을 받는다고 착각하는 삶과 성령의 내주 후에 성령체험을 통해서 그 혼이 하나님의 통치함을 받는 삶은 하늘과 땅만큼 다르다는 것을 알아야 합니다. 자신이 정말로 성령님의 인도하심을 받고 있는지 어떻게 알 수 있을까요? 가장 쉬운 방법은 자신의 느낌(또는 직관, 내적 증거)의 출처를 보면 됩니다. 어떤 생각을 통해서 얻어낸 느낌인지, 아니면 스스로 생각하기를 멈추었을 때 하나님의 영으로부터 주어지는 느낌인지를 분별하는 것입니다. 좀 더 정확한 방법은 성령님의 인도하심을 받는 삶을 사는 자는 자신의 존재도, 삶의 목적도, 사고방식도 다르기 때문에 그 사람의 삶을 보면 정말 성령님의 인도하심을 받고 있는지 아닌지를 알 수 있습니다.

잘못된 믿음체계에서 벗어나라

우리가 성령님의 인도하심을 온전히 받기 위해서는 역사적으로, 성경적으로, 그리고 현상적으로 나타난 성령님의 역사에 대한 잘못된 믿음체계로부터 벗어나야 합니다. 왜냐하면 우리는 자신의 믿음체계 이상의 것은 알 수도, 경험할 수도 없기 때문입니다.

1 역사적인 측면

서구 사회는 오랜 세월 동안 헬레니즘의 영향을 받아왔으며, 그 결과로 이성에 기초한 인본주의와 합리주의가 모든 사고와 사상에 영향을 미쳐 왔습니다. 그것은 지성과 언어와 개념, 보이는 세계와 과학적 법칙에 기초한 사고체계입니다. 그리고 타락 후 스스로 자존자가 되어 "내가 안다(판단한다)"로 살아가며 보이는 세계(물리세계)에서 인간의 지성과 경험과 지식 그리고 의지와 노력이 전부인 것처럼 여기는 것입니다.

16세기 종교개혁은 그 시대상을 볼 때 과학주의, 인본주의 그리고 합리주의의 영향력에서 벗어나지 못한 상태에서 일어났습니다. 그럼에도 불구하고 그때 가톨릭의 전제주의에서 벗어나 인간이 누군가에 의하지 않고 하나님 앞에 나갈 수 있다는 진리가 회복되었습니다. 그렇지만 여전히 자신을 포기하고 성령님의 인도하심을 받는 것에 대해서는 부정적인 입장을 취했습니다. 이러한 입장은 오늘날 종교개혁의 후예라고 할 수 있는 개혁주의 교단에서 여전히 발견되고 있습니다.

20세기에 들어와 성령의 역사가 다시 불일 듯 임하자 사람들은 인간의 이성으로는 합리화할 수 없는 새로운 신앙에 눈뜨게 되었습니다. 그럼에도 불구하고 20세기 성령의 역사는 하나님의 자녀로서 하나님나라에서 하나님의 창조목적을 이루어가는 삶보다는 치유, 축복과 번영, 영성이라는 주제에 초점이 맞춰져 있습니다.

역사적으로 볼 때 우리는 종교개혁을 통해서 하나님과 생명적으로 관계하는 신앙보다는 하나님께서 주신 성경 말씀에만 기초하여 하나님을 믿는 신앙을 전수받았습니다. 그 결과, 성령 하나님의 역사가 회복되었음에도 불구하고 '자신을 통해' 하나님을 나타내는 일보다는 믿음의 대가로 '자신을 위해' 하나님께서 행하신 일에 초점을 두게 되었습니다.

결과적으로 오늘날 기독교는 성경에 빈번히 등장하는 계시, 예언, 환상, 꿈, 내적 음성 등과 같은 수단을 통한 하나님과의 교제를 허용하지 않는 세계관 속에 살고 있습니다. 그 이유는 우리의 세계관이 인본주의, 합리주의(rationalism, 이성주의)에 머물고 있기 때문입니다. 성경이 말하는 초월적 세계관을 허용하면 잘못될 수 있다는 지나친 두려움에 사로잡혀 있는 것 같아 보입니다. 이러한 반응은 성령님의 인도하심을 받는 삶이 무엇인지 알지 못하고 있음을 반증하는 것입니다.

2 성경적인 측면

종교개혁 이후 우리는 하나님께서 기록된 말씀으로만 우리에게 말씀하시는 것처럼 여겨왔습니다. 그 결과 우리가 성경의 기록된 말씀으로만 하나님을 제한하고 있다고 해도 과언이 아닙니다. 그러나 우리는 하나님께서 기록된 성경뿐만 아니라 우리에게 친히 말씀하신다는 것도 알아야 합니다. 종교개혁의 모토 중 하나인 '오직 성경'(Sola Scriptura)은 성경만이 무오한 하나님의 말씀으로 가장 높은 권위를 갖는다는 의미이지, 하나님께서 오직 성경으로만 말씀하신다는 의미가 아닙니다.

한글성경에서 '말씀'으로 번역되는 헬라어에는 '로고스'(logos)와 '레마'(rhema)가 있습니다. 신약성경에 로고스는 329번, 레마는 66번 나옵니다. 로고스는 기록된 말씀으로 말씀의 내용에 초점을 두는 말입니다. 한편 레마는 살아있는 목소리에 의해 들려지는 말씀을 뜻합니다. 즉 하나님께서 개인에게 주시는 말씀으로 말이 전달되는 방법에 초점을 두고 있습니다. 성령님의 자연스러운 계시의 흐름을 통해서 특정한 상황에서 주어지는 말씀이 바로 레마입니다. 레마는 기록된 말씀이라는 의미로는 거의 사용되지 않습니다.

성경의 기자들이 하나님으로부터 받은 레마의 말씀을 기록한 것이 성경입니다. 하나님께서 성경 기자들에게 말씀하신 것을 우리는 기록된 성경으로 보고 있습니다. 그것이 바로 로고스입니다. 이 말씀(로고스)을 성령의 감동함으로 받을 때 다시 레마가 되는 것입니다. 이러한 의미에서 칼 바르트(Karl Barth)가 성령님의 감동 가운데 말씀이 선포될 때 "성경은 하나님의 말씀이 된다"(The Bible becomes the Word of God)라고 말한 것입니다.

성경의 기록된 말씀은 진리이기 때문에 우리에게 삶의 지침과 기준이 무엇인지 알려줍니다. 그러나 그 로고스 자체만으로는 우리의 존재와 삶을 변화시키지는 못합니다. 한번 생각해보십시오. 구약의 대제사장과 서기관과 바리새인은 그 당시 로고스인 구약 성경을 누구보다 잘 아는 사람들이었습니다. 하지만 그 로고스가 그들을 변화시키지는 못했습니다. 회심하기 전 사도 바울도 생각해보십시오. 로고스가 성령님에 의해서 레마가 될 때(즉 특별한 상황에서 하나님께서 성령을 통하여 내게 주시는 말씀이 될 때) 자신의 존재와 삶이 변화되는 것입니다.

고후 3:6 그가 또한 우리를 새언약의 일꾼 되기에 만족하게 하셨으니 율법 조문으로 하지 아니하고 오직 영으로 함이니 율법 조문은 죽이는 것이요 영은 살리는 것이니라

오늘날 성령님의 인도하심을 받는 삶에 가장 방해가 되는 잘못된 믿음 두 가지가 있습니다. 첫째, "하나님께서 우리에게 성경 말씀을 주셨

기 때문에 하나님은 더 이상 우리와 직접적으로 교제하지 않는다"라고 믿는 것입니다. 성경 속 모든 사람들은 하나님과 교제했습니다. 다른 말로 지속적으로 하나님과 대화했다는 것입니다. 그런데 "이제 말씀을 주셨기 때문에 더 이상 대화하지 않으신다"라고 주장하는 것은 하나님을 벙어리로 만드는 것과 다름없습니다.

> **요 5:38-40** 38 그 말씀이 너희 속에 거하지 아니하니 이는 그가 보내신 이를 믿지 아니함이라 39 너희가 성경에서 영생을 얻는 줄 생각하고 성경을 연구하거니와 이 성경이 곧 내게 대하여 증언하는 것이니라 40 그러나 너희가 영생을 얻기 위하여 내게 오기를 원하지 아니하는도다

하나님께서 원하시는 것이 무엇일까요? 그분의 자녀들과 교제하며 사랑을 나누는 것이고, 우리를 통하여 그분의 위대하심을 나타내는 것입니다. 왜 이스라엘 민족에게 율법을 주셨을까요? 우리는 죄를 지었기 때문이라고 생각합니다. 하지만 죄를 짓는 근원적인 이유는 무엇일까요? 하나님의 영이 떠남으로써 타락한 혼이 하나님과 대화하기를 싫어하기 때문입니다.

> **출 20:19** 모세에게 이르되 당신이 우리에게 말씀하소서 우리가 들으리이다 하나님이 우리에게 말씀하시지 말게 하소서 우리가 죽을까 하나이다

하나님께서 그분과 대화하기 싫어하는 자들을 마귀로부터 보호하고 살릴 수 있는 유일한 길은 임시적이지만 규범, 율법, 규약을 만들어 지키게 하는 것입니다. 사실 율법은 이스라엘 민족을 보호하기 위해 주

신 것입니다. 그렇다면 하나님께서 예수 그리스도를 통하여 새언약을 주신 이유는 무엇일까요? 바로 하나님의 영이 다시 임하심으로 그분의 자녀와 하나가 되어 다시 사랑의 교제를 나누기 위해서입니다(요 17:20-23). 하나님께서 말씀을 주신 것은 지키라고 주신 것이 아니라 그 말씀을 통해 하나님 아버지와 교제하라고 주신 것입니다. 그 일을 행하시는 분이 성령 하나님이십니다.

둘째, "하나님께서는 성경의 말씀 외에는 말씀하시지 않는다"라고 믿는 것입니다. 물론 하나님께서는 우리에게 성경을 통해서 말씀하십니다. 그렇지만 동시에 하나님께서는 말씀이 가리키는 것을 통해 말씀하신다는 것을 알아야 합니다. 예를 들어 당신이 지금 대장암으로 고통받고 있는데 하나님께서 "너의 대장암이 고침을 받았다"라고 정확히 말씀하시는 것을 성경에서 찾을 수 있을까요? 성경 전체를 샅샅이 뒤져도 찾을 수 없습니다. 그렇지만 우리는 베드로전서 2장 24절 말씀이 가리키는 것을 통해 "내 대장암이 고침을 받았다"라고 선포할 수 있는 것입니다.

> **벧전 2:24** 친히 나무에 달려 그 몸으로 우리 죄를 담당하셨으니 이는 우리로 죄에 대하여 죽고 의에 대하여 살게 하려 하심이라 그가 채찍에 맞음으로 너희는 나음을 얻었나니

성경의 모든 이야기를 다시 묵상해보십시오. 성경에는 레마, 예언, 꿈, 환상, 귀로 들리는 음성, 내적 음성이 들림, 천사의 나타남 등과 같은 초자연적인 계시에 대한 이야기로 가득 차 있습니다. 하나님께서는 다양한 방법으로 말씀하십니다. 오늘도 우리에게 기록된 말씀에 기초

하여 기록되지 않은 말씀도 하실 수 있다는 것을 알아야 합니다.

3 현상적인 측면

성경에는 주님께서 사람을 사용하여 기사와 표적을 일으키신 놀라운 이야기가 수없이 기록되어 있습니다. 이것은 신구약 모두에 나타납니다. 그런데 오늘날에는 그러한 하나님의 역사를 인정하지 않는 시대에 살고 있습니다. 모든 기사와 표적은 말씀에 따른 성령의 역사로 나타난 것이며, 그것은 보이지 않는 세계의 결과가 보이는 세계에 나타나는 것임을 볼 수 있습니다. 성경의 이야기는 인간의 지혜와 능력을 뛰어넘는 기적의 세계를 생생하게 보여주고 있습니다.

오늘날 신학체계는 이러한 기사와 표적이 더 이상 일어나지 않는다고 보거나 하나님의 주권에 따라 아주 가끔 일어날 수 있다고 봅니다. 왜냐하면 그들이 성령의 역사에 대해 냉소적인 은사중지론(cessionalism)과 은사신중론(open but cautious to spiritual gifts)을 견지하고 있기 때문입니다. 따라서 오늘날 그리스도인들은 성경의 이야기들을 자신들도 경험하고자 성경을 보는 것이 아니라 자신들의 경험과 지식에 기초하여 그러한 이야기를 판단하거나 제한시키고 있습니다. 그리고 그것에 대한 타당성을 부여하기 위해서 인본주의적 신학을 만들어내고 있습니다.

> **요 14:12** 내가 진실로 진실로 너희에게 이르노니 나를 믿는 자는 내가 하는 일을 그도 할 것이요 또한 그보다 큰 일도 하리니 이는 내가 아버지께로 감이라

이 구절이 진실된 하나님의 말씀이라면 오늘날에도 기사와 표적이 일

어나야 합니다. 하나님의 자녀가 그렇게 행해야 하는 것은 인간의 능력을 과시하기 위함이 아니라 하나님을 나타내기 위해서입니다. 우리는 그러한 일들이 일어나도록 하기 위해서 성령님의 인도하심을 받는 삶을 살아야 합니다. 오늘날 우리는 이성을 벗어난 일들에 대해서는 거짓이거나 불가능한 일로 치부해버리고 맙니다. 성령님의 인도하심을 받는 삶을 살기 위해서는 역사적으로, 성경적으로, 현상적으로, 인본주의와 합리주의, 과학주의만이 진리라고 믿어온 것에서 벗어나야 합니다.

이제는 성령님의 인도하심을 받아야 한다

행 2:17 하나님이 말씀하시기를 말세에 내가 내 영을 모든 육체에 부어 주리니 너희의 자녀들은 예언할 것이요 너희의 젊은이들은 환상을 보고 너희의 늙은이들은 꿈을 꾸리라

이 말씀은 베드로가 오순절 성령강림 때 요엘서 2장 28-29절에 나오는 말씀을 인용한 것이며, 하나님나라의 관점에서 볼 때 BC와 AD가 갈리는 엄청난 선포입니다. 성부 하나님께서 성령 하나님을 통해서 성자 하나님을 이 땅에 보내신 뜻이 이루어진 것을 선포하는 것입니다. 즉 현재적 하나님나라의 삶을 알리는 선포였습니다.

이 구절은 새언약의 결과로 하나님의 영이 다시 임했을 때 어떤 일이 일어난다고 말씀하고 있나요? 거짓자아로 살아가는 인간이 하나님께서 말씀하신 것(율법)을 스스로 듣고 배우고 지키는 삶에서 벗어나 하나님께서 우리에게 말씀하시는 것을 예언, 환상, 꿈을 통해 받을 수 있

다는 것을 말씀하고 있습니다. 우리는 예언에 대해서, 꿈에 대해서는 들어보았지만, 환상에 대해서는 들어본 바가 적습니다. 따라서 하나님의 자녀로서 회복해야 할 가장 중요한 일 중 하나가 하나님께서 주시는 환상을 보는 것입니다.

환상은 자신의 생각이 아니라 하나님께서 보여주시는 대로 생각할 때 주어집니다. 그런데 우리는 환상을 경멸하는 시대에 살고 있습니다. 헬레니즘에 기초한 인본주의가 세상을 뒤덮은 이후에 거짓자아에서 벗어나는 것은 죽음이라고 생각해왔고, 인간답지 못한 것으로 간주되어 왔습니다. 따라서 비전, 환상, 꿈과 같은 계시의 이야기는 그야말로 말도 안 되는 일, 신접한 영매들이나 하는 일로 치부해왔습니다.

그러나 우리가 보고 생각하고 느끼는 세계뿐만 아니라 보이지 않는 세계가 있다는 것을 받아들여야 합니다. 성경에 나타난 하나님의 계시와 우리의 소원함 그리고 기사와 표적이 오늘날에도 일어난다는 것을 받아들일 때 우리는 성령님의 인도하심을 받을 수 있습니다.

롬 8:14 무릇 하나님의 영으로 인도함을 받는 사람은 곧 하나님의 아들이라

하나님께서는 예수 그리스도 안에 있는 그분의 자녀에게 늘 말씀하시고 자녀를 통하여 그분의 뜻을 이루기를 원하십니다. 따라서 하나님의 자녀라면 거짓자아는 죽고 그리스도가 사는 삶을 살아야 합니다(갈 2:20 ; 마 16:24). 따라서 단순히 하나님의 음성을 듣는 것이 중요한 것이 아니라 그 음성대로 생각하고 느끼고 살아내는 것이 중요합니다. 성령님의 인도하심을 받는 삶은 다음과 같은 믿음이 체험될 때 주어집니다.

- 성령님의 인도하심을 받는 삶은 만유의 주관자가 하나님이시며, 그분께서 우리를 통해 그분의 창조목적을 이루어 가신다는 것을 인정할 때 주어집니다.
- 과학과 자연법칙뿐만 아니라 생명과 진리의 초자연적 법칙을 인정할 때 주어집니다.
- 보이는 세계뿐만 아니라 보이지 않는 세계를 인정할 때 주어집니다.
- 우리가 육적 존재가 아니라 영적 존재임을 알고 체험할 때 주어집니다.
- 세상의 크로노스 시간 속에서 하나님께서 카이로스 시간으로 나타나는 차원적인 삶을 살 때 주어집니다.

마지막 때가 되면 마귀의 공격이 더 심해질 것이고(벧전 5:8), 그리스도인들에게는 하나님의 영에 인도함을 받는 삶이 더욱더 중요하게 될 것입니다. 우리가 끝까지 혼의 구원을 이루어가는 믿음의 선한 싸움을 싸울 수 있느냐 없느냐는 하나님의 영에 인도하심을 받는 삶에 달려 있다고 해도 과언이 아닙니다. 이제는 잘못된 믿음체계라는 옛 가죽부대를 벗어버리고 성령님의 인도하심을 받는 자녀의 삶을 본격적으로 훈련해야 할 때입니다.

질문과 적용

다음 질문에 답하면서 오늘 내용을 자신에게 적용해보세요.

1. 당신은 정말 성령님의 인도하심을 받고 있나요? 혹시 거짓자아가 주체가 되어 말씀에 따라 자신의 믿음으로 성령님의 인도하심을 받는 것으로 착각하고 있지 않나요? 당신의 느낌, 직관, 내적 증거의 출처는 어디인가요?

2. 역사적, 성경적, 현상적인 측면에서 당신이 가지고 있었던 잘못된 믿음체계는 무엇인가요? 왜 그러한 믿음체계가 생긴 것일까요?

3. 오늘 배운 내용을 통해 성령님의 인도하심을 받는 삶에 대해 새롭게 깨닫게 된 것을 적어보시고, 그것을 삶에 어떻게 적용해야 할지 성령님께 여쭤보세요.

더보기

영상 – 이게 되지 않으면 하나님 음성 잘못 듣는다

DAY

24

하나님의 무조건적인 사랑을
체험해야 합니다

보라 아버지께서 어떠한 사랑을 우리에게 베푸사 하나님의 자녀라 일컬음을 받게 하셨는가, 우리가 그러하도다 그러므로 세상이 우리를 알지 못함은 그를 알지 못함이라 사랑하는 자들아 우리가 지금은 하나님의 자녀라 장래에 어떻게 될지는 아직 나타나지 아니하였으나 그가 나타나시면 우리가 그와 같을 줄을 아는 것은 그의 참모습 그대로 볼 것이기 때문이니 **요일 3:1-2**

예수님께서 인자로서 이 땅에 계셨을 때 그분은 성령님을 통하여 늘 하나님 아버지와 생명적 관계를 누리셨습니다. 하나님 아버지와의 관계적 측면에서 볼 때 예수님께서 공생애 사역 동안 보여주신 것은 사랑, 의탁, 영광입니다. 하나님의 사랑을 늘 체험하셨기 때문에 자신을 포기하고 하나님 아버지께 자신을 전적으로 의탁하실 수 있었습니다. 그랬기 때문에 하나님의 영광이 그분을 통치하시고 나타나신 것입니다.

진정한 그리스도인이라면 누구나 예수님처럼 늘 성령님의 인도하심을 받고 하나님의 영광을 나타내는 삶을 갈망하지만, 그러한 삶이 가능하게 하는 사랑과 의탁의 단계를 건너뛰는 경우가 너무 많습니다. 이런 경우에 "뱁새가 황새를 따라가면 다리가 찢어진다"라는 속담처럼 예수님처럼 살고자 하는 동기와 열정은 귀하지만, 어떻게 그러한 삶을 살 수 있는지 그 방법을 알지 못해 '번아웃'이 와서 신앙의 정로에서 탈선할 확률이 무척 높습니다. Day 24에서는 성령님의 인도하심을 받기 위해 반드시 필요한 하나님의 무조건적인 사랑을 어떻게 체험할 수 있는지 살펴보겠습니다.

하나님 아버지는 나를 어떻게 생각하실까?

이 질문을 던져보지 않은 사람은 없을 것입니다. 진정한 사랑은 관계 안에서만 존재하기 때문에 서로에 대한 생각과 마음을 아는 것은 너무나 중요합니다. 혹시 하나님 아버지에 대한 당신의 생각이 다음과 같지는 않은가요?

- 하나님께서는 나를 사랑하셔서 독생자 예수 그리스도를 십자가에 못 박아 나를 구원하시고 자녀 삼아주셨는데, 나는 지금 하나님께서 원하시는 삶을 제대로 살고 있지 못하는 것 같아.
- 좀 더 잘 할 수 있는데 그렇지 못한 나를 바라보시며 편치 않은 마음을 가지고 계시겠지.
- 회개하고 용서를 받았음에도 계속 같은 잘못을 저지르고 있는 나에게 실망한 얼굴을 하고 계시겠지.

아이러니하게도 우리는 하나님에 대해 좋은 생각을 가지기가 쉽지 않습니다. 자신을 자녀 삼아주신 하나님의 놀라운 사랑과 신뢰에 비해서 자신은 하나님 아버지께서 원하시는 대로 살지 못하고 있다고 생각하기 때문입니다. 이 문제를 제대로 해결하지 못하면 우리는 하나님 아버지와 '사랑과 의탁'(부모와 자녀)의 관계가 아닌 '복종과 의무'(주인과 종)의 관계를 가질 수밖에 없습니다. 그러한 관계로는 그분의 자녀로서 그분을 즐거워하며 그분을 나타내는 삶을 살 수 없습니다. 하나님 아버지의 사랑을 경험하기 위해서 우리는 먼저 자신과 하나님 아버지와의 관계를 제대로 이해해야 합니다.

엡 1:4-6 4 곧 창세 전에 그리스도 안에서 우리를 택하사 **우리로 사랑 안에서** 그 앞에 거룩하고 흠이 없게 하시려고 5 그 기쁘신 뜻대로 우리를 예정하사 **예수 그리스도로 말미암아** 자기의 아들들이 되게 하셨으니 6 **이는 그가 사랑하시는 자 안에서** 우리에게 거저 주시는 바 그의 은혜의 영광을 찬송하게 하려는 것이라

우리는 이 말씀을 읽을 때마다 단순히 하나님께서 우리를 사랑하셔서 우리를 구원하셨다고 생각합니다. 물론 우리는 본래 하나님의 자녀였기 때문에 그분의 무조건적인 사랑을 받고 누렸습니다. 그러나 인간이 타락한 이후, 그분은 사랑과 공의의 하나님이시기 때문에 우리를 사랑하고 싶지만 우리를 사랑할 수 없는 상태에 놓이신 것입니다. 왜냐하면 인간이 타락한 후 예수님의 십자가 이전까지는 하나님의 공의가 만족되지 못했기 때문입니다.

에베소서 1장 4절에 나오는 "우리로 사랑 안에서"란 무슨 뜻일까요? 이 뜻을 분명히 말해주고 있는 구절이 6절입니다. "이는 그가 사랑하시는 자 안에서"라고 말씀합니다. 이때 "사랑하시는 자"는 바로 '예수 그리스도'입니다. 하나님께서는 예수 그리스도의 사랑 안에서 우리를 자녀 삼아주시고, 우리의 행실이나 태도와 상관없이 사랑하시는 것입니다. 그런데 우리는 "예수 그리스도 안에서", "예수 그리스도로 말미암아"를 잊어버리고 자신이 자신의 삶에 기초해서 하나님 아버지를 생각한다는 것입니다. 이것은 복음을 제대로 알지 못하기 때문입니다.

정말로 중요한 사실은 우리가 예수 그리스도 안에 있을 때 우리는 새로운 피조물이고, 하나님의 의이며, 영적 존재라는 것입니다. 다른 말로 구원받기 전의 옛사람은 더 이상 내가 아닙니다. 그런데 우리는 하나님

의 사랑을 여전히 옛사람의 관점에서 보는 것입니다.

하나님 아버지께서 우리로 하여금 오직 은혜로 하나님 아버지의 자녀가 되게 하시고, 지금도 우리를 사랑하시는 것은 나 때문이 아니라 우리 안에 계시는 예수 그리스도 때문입니다. 다른 말로 우리가 예수 그리스도 안에 있을 때는 지금도 우리의 행실과 태도와 상관없이 우리를 사랑하실 뿐만 아니라 예수 그리스도를 사랑하시는 동일한 사랑으로 우리를 사랑하십니다.

> **요 17:23** 곧 **내가 그들 안에 있고 아버지께서 내 안에 계시어 그들로 온전**함을 이루어 하나가 되게 하려 함은 아버지께서 나를 보내신 것과 **또 나를 사랑하심 같이 그들도 사랑하신 것을 세상으로 알게 하려 함이로소이다**

우리는 예수님으로 인해 성령님을 통하여 하나님 아버지와 하나가 되었습니다. 삼위일체 하나님과 우리를 하나 되게 하신 것은 하나님께서 예수님을 사랑하신 것처럼 우리를 사랑하신다는 것을 보여주시기 위함입니다.

'나'(거짓자아)로 출발하면 온전한 사랑의 하나님을 볼 수도 없고 그분의 무조건적인 사랑을 체험할 수도 없습니다. 하지만 내가 죽고 '예수 그리스도 안에 있는 나'로 출발하면 언제나 거저 주시는 하나님의 온전한 사랑을 체험할 수 있습니다.

하나님의 사랑을 체험하는 것이 왜 그렇게 힘든 걸까?

하나님 아버지께서는 예수 그리스도를 사랑하신 것과 똑같이 우리를 사랑하심에도 불구하고 왜 우리는 그분의 사랑을 체험하지 못하는 걸까요? 육신의 부모로부터 '나'라는 존재가 만들어졌기 때문입니다.

당신의 육신의 아버지는 어떤 분이셨나요? 물론 사랑이 많고, 온유하고, 자상한 분이셨을 수도 있습니다. 하지만 냉담하고, 가혹하고, 폭력적이고, 분노가 많고, 무관심하고, 함께하지 않고, 학대하고, 지나친 기대감을 가진 분이셨을 수도 있습니다. 오늘날 인간의 성장과 발달에 있어서 발생하는 수많은 문제들은 부모의 사랑을 받지 못하고 자란 데서 비롯됩니다. 사회적인 문제를 일으키는 청소년들의 삶을 들여다보면 부모의 사랑을 받지 못하고 화목하지 못한 가정에서 자란 경우가 대부분입니다.

부모의 사랑을 온전히 체험하지 못한 자는 늘 버림받은 마음과 굶주린 마음으로 살아갑니다. 사랑받지 못한 버림받은 마음, 즉 거절감으로 분노하면서 반항과 잔인함을 표출합니다. 또한 사랑받지 못한 굶주림 때문에 인정받고 싶은 욕구와 더불어 공허함과 상실감과 외로움이 나오는 것입니다.

정말이지 우리는 사랑 없이 살 수 없는 존재입니다. 왜냐하면 사랑을 주고 사랑을 받으며 살아가도록 하나님께서 우리를 그분의 사랑으로 지으셨기 때문입니다. 그 사랑 없이는 내가 누구인지 알 수 없으며, 왜 살아야 하는지 그 답도 찾을 수 없습니다. 인간의 육신이 음식을 먹지 못하면 죽는 것처럼 인간의 영혼은 사랑을 경험하지 못하면 말라비틀어지게 됩니다. 따라서 사랑을 받지 못한 존재는 어떻게 해서든지 사랑을 얻어내고자 온갖 수를 다 쓰게 됩니다.

우리가 예수 그리스도를 믿음으로 죄사함을 받고 구원을 얻으면, 새로운 하늘 아버지, 사랑의 아버지를 갖게 되는 것입니다. 그런데 자신이 누구인지 알지 못한 채 거짓자아로 살아가는 사람은 하나님의 사랑을 체험하지 못하기 때문에 마음과 목숨과 뜻과 힘을 다하여 하나님을 사랑하고자 애씁니다. 이는 우리가 육신의 아버지에게 사랑을 얻어내려고 노력했듯이 진짜 아버지로부터 사랑을 얻어내고자 하는 것입니다. 그러나 여전히 수많은 그리스도인들이 사랑에 지쳐 있고 사랑에 목말라 있습니다. 하나님의 존재 자체가 사랑이신데도 말입니다.

그러면 우리가 왜 하나님의 사랑을 누리지 못할까요? 혼이 가지는 죄의식 때문입니다. 구원받은 후에 하나님의 영이 우리 안에 계시지만, 혼이 하나님의 영 안에 거하지 못한 채 완전하고 거룩하신 하나님 앞에서 자신을 볼 때마다 하나님의 사랑을 받을 자격이 없다고 생각하기 때문입니다. 하나님의 자녀이면서도 예수 그리스도 안에서 새로운 피조물로 하나님의 사랑을 체험하지 못하고, 여전히 거짓자아의 상태로 하나님의 사랑을 받고자 하기 때문입니다.

하나님을 가장 슬프게 하는 일

하나님의 마음을 가장 아프게 하는 일이 무엇일까요? 우리가 그분의 말씀에 불순종하고 죄를 짓는 것일까요? 그렇지 않습니다. 하나님께서 그분의 자녀인 우리를 그분의 목숨처럼 사랑하신다는 것을 우리가 믿지 않는 것입니다. 이것이 하나님 아버지의 가슴을 찢어질 듯 아프게 합니다.

만약 당신이 양자를 입양한 부모라고 생각해보십시오. 당신의 모든 사랑을 주기 위해서 자녀를 입양했는데, 그 자녀가 당신의 사랑을 믿지도 않고 받아들이지도 않으며, 어떻게 해야 할지 몰라 한쪽 구석에 쭈 그리고 앉아 있거나 늘 잘못해서 꾸중을 듣지 않을까 두려워한다면 당신의 마음이 어떨까요?

만약 자녀가 식탁에 놓인 과자를 보고 "이거 먹어도 되나요? 이거 먹으려면 제가 어떤 착한 일을 해야 할까요?"라고 묻는다면, 당신의 사랑을 누리지 못하고 죄짓지 않고 벌 받지 않기 위해 안절부절못하고 있다면 당신은 어떤 마음이 들 것 같은가요?

'내가 이렇게 하면 부모님이 기분 나빠 하시지 않을까?', '죄를 짓거나 잘못을 저지르면 나를 입양한 것을 후회하면서 나를 내쫓으실지도 몰라', '무엇이든지 내 마음대로 할 수 없어. 눈치 보며 적당히 해야 해' 이와 같은 마음으로 당신을 대한다면 어떨까요?

당신이 무엇을 해주기만 하면, "고맙습니다. 감사합니다. 더 잘하겠습니다", "최선을 다해서 순종하겠습니다" 그렇게 말한다면 당신은 정말 기쁠까요?

나의 모든 것을 나누기 위해서, 사랑을 나누기 위해서, 세상에서 가장 사랑받는 자로 만들기 위해서, 원하는 것은 다 해주고 싶어서 입양한 자녀인데도 불구하고, 그 자녀가 이런 반응을 보인다면 당신의 마음이 찢어지지 않을까요? 이런 반응은 입양된 자녀로서 아버지 또는 어머니라고 부르기는 하지만, 부모님을 사랑하지도 않고 좋아하지도 않는 것입니다.

혹시 우리의 모습이 이와 같지 않나요? 하나님과 자신의 관계를 생각해보십시오. 우리는 하나님 아버지를 위해서 최선을 다해 살지만, 그분을 사랑하지도 좋아하지도 즐거워하지도 않습니다. 단지 입양된 것만으로 감사하고, 혹시나 쫓겨나지 않을까 노심초사하며 은혜가 끊어지면 죽기 때문에 최선을 다해 신앙생활을 하는 것입니다. 그런데 하나님께서 그렇게 살라고 우리를 자녀 삼으신 것일까요? 우리가 계속해서 그런 삶을 살기를 원하실까요?

우리는 그리스도 안에서 하나님의 사랑을 누리지 않고 거짓자아로 하나님의 사랑을 판단하고 있습니다. 거듭나 하나님의 자녀가 된 우리는 태생과 신분이 달라졌음에도 불구하고 그분의 사랑을 누릴 줄도, 그분을 즐거워할 줄도, 자랑할 줄도 모릅니다. 하나님 아버지께서는 애타는 마음으로 그분의 자녀인 우리가 그분의 무조건적인 사랑을 누림으로써 그분을 좋아하고 사랑하며 즐거워하고 자랑하기를 원하십니다. 복종은 분리됨을 전제하기 때문에 하나님의 사랑은 절대로 복종을 요구하지 않습니다. 그분의 사랑은 우리가 그분과 하나가 되는 것입니다. 그분은 우리가 의탁과 순종을 통해 그분을 나타내기를 원하십니다.

습 3:17 너의 하나님 여호와가 너의 가운데에 계시니 그는 구원을 베푸실 전능자이시라 그가 너로 말미암아 기쁨을 이기지 못하시며 너를 잠잠히 사랑하시며 너로 말미암아 즐거이 부르며 기뻐하시리라 하리라

나에게 이미 하나님의 사랑 전부가 주어졌다

하나님께서 우리를 거듭나게 하셔서 그분의 자녀 삼으신 이유는 그분의 무조건적인 사랑을 받음으로써 그 사랑 안에서 아버지를 나타내는 새로운 삶을 살도록 하기 위해서입니다.

고전 1:30 너희는 하나님으로부터 나서 그리스도 예수 안에 있고 예수는 하나님으로부터 나와서 우리에게 지혜와 의로움과 거룩함과 구원함이 되셨

으니

요일 3:1-2 1 보라 **아버지께서 어떠한 사랑을 우리에게 베푸사 하나님의 자녀라 일컬음을 받게 하셨는가, 우리가 그러하도다** 그러므로 세상이 우리를 알지 못함은 그를 알지 못함이라 2 사랑하는 자들아 **우리가 지금은 하나님의 자녀라** 장래에 어떻게 될지는 아직 나타나지 아니하였으나 그가 나타나시면 우리가 그와 같을 줄을 아는 것은 그의 참모습 그대로 볼 것이기 때문이니

이제 우리는 육신의 아버지를 통해서 하나님 아버지를 보는 것이 아니라 예수 그리스도를 통해서 영원한 하나님 아버지를 보아야 합니다. 예수 그리스도를 통하지 않고는 하나님 아버지를 알 수도 없고 경험할 수도 없습니다.

요 14:6 예수께서 이르시되 내가 곧 길이요 진리요 생명이니 나로 말미암지 않고는 아버지께로 올 자가 없느니라

요 10:30 나와 아버지는 하나이니라 하신대

우리는 예수 그리스도 안에서 성령님의 도우심으로 하나님 아버지께 나아갈 수 있습니다. 또한 예수 그리스도 안에서 성령님을 통해서 하나님의 사랑을 체험할 수 있습니다. 성령님을 통해 이미 우리 안에 그분의 사랑 전부가 부어졌기 때문입니다.

롬 5:5 소망이 우리를 부끄럽게 하지 아니함은 **우리에게 주신 성령으로 말**

미암아 하나님의 사랑이 우리 마음에 부은 바 됨이니

하나님의 사랑을 어떻게 체험할 수 있는가?

예수 그리스도 안에서 모든 변화는 성령님으로부터 하나님 아버지의 사랑을 체험하는 것에서 시작됩니다. 하나님의 사랑에 대해서 안다고 하나님의 사랑을 체험한 것이 아닙니다. 성령님만이 우리로 하여금 그 사랑이 무엇인지 경험하게 하실 수 있습니다. 우리가 아버지의 사랑을 경험하는 만큼 모든 것에서 자유함을 누릴 수 있게 됩니다.

그렇다면 우리가 어떻게 예수님처럼 하나님 아버지와 하나가 되어 그분의 사랑을 체험함으로써 그분을 즐거워하고 그분을 나타내는 삶을 살 수 있을까요? 가장 먼저 하나님의 사랑을 받아내고자 하는 거짓 자아의 노력을 멈춰야 합니다. 그리고 자신의 방식으로 하나님의 사랑을 느끼고자 애쓰지 말아야 합니다. 그분의 사랑 전부가 지금 우리 안에 있습니다. 그분은 지금 우리를 예수 그리스도처럼 사랑하고 계십니다. 지금 이 순간에도 그분께서 우리에게 주신 모든 것을 우리가 누리기 원하십니다.

우리가 물과 성령으로 거듭났다는 것은 새롭게 태어났다는 것입니다. 하나님 아버지로부터 태어나 예수 그리스도 안에 있는 자가 된 것입니다. 엄마의 품속에 있는 갓난아이를 생각해보십시오. 엄마의 사랑은 어린아이와 상관없이 주어지는 것처럼 하나님 아버지의 사랑을 받는 것도 나와 아무런 상관이 없습니다. 엄마의 사랑에 조건이 있을 수 있나요? 자기 새끼이기 때문에 아이의 태도나 상태와는 관계없이 무조건적으로 사랑하는 것입니다. 하나님의 사랑도 이와 같습니다.

시 131:2 실로 내가 내 영혼(헬, 네페쉬 : 혼)으로 고요하고 평온하게 하기를 **젖 뗀 아이가 그의 어머니 품에 있음 같게 하였나니** 내 영혼(헬, 네페쉬 : 혼)이 젖 뗀 아이와 같도다

갓난아이가 어떻게 하면 엄마의 사랑을 받아낼 수 있을까 생각할까요? 엄마가 자신을 사랑한다는 믿음을 가지고 있을까요? 어떻게 해야 사랑을 얻어낼 수 있는지 심각하게 고민하고 노력할까요? 엄마가 나를 어떻게 생각하는지 판단할까요? 전혀 그렇지 않습니다.

이처럼 하나님의 사랑을 체험하는 데에 당신의 과거의 경험이 필요한 것이 아닙니다. 당신의 지혜와 노력이 필요한 것이 아닙니다. 당신의 공로와는 아무런 상관이 없습니다. 당신 때문이 아니라 예수 그리스도 때문에 당신의 국적도 태생도 신분도 바뀐 것입니다. 하나님의 사랑을 체험하는 것은 갓난아이가 엄마의 사랑을 아무런 조건 없이 받는 것처럼 그분의 자녀로서 마땅히 누려야 할 생득권(Birth Right)입니다.16 당신의 생각으로 하나님의 사랑을 어떻게 체험해야 하는지 판단하지 마십시오. 그냥 그 사랑을 누리면 되는 것입니다. 더 이상 거짓자아로 하나님의 사랑을 얻어내어 누리고자 하는 모든 노력을 멈출 때 이미 자신 안에 부어진 하나님의 사랑이 성령님에 의해 자연스럽게 체험되는 것입니다. 그때부터 당신은 그 사랑 때문에 매일 새로운 육체를 경험하게 되는 것입니다.

---

16 생득권으로 주어진 신성과 원복에 대해서는 Day 26 "하나님나라의 법을 깨닫고 훈련해야 합니다"에서 더 자세히 다룹니다.

다음 질문에 답하면서 오늘 내용을 자신에게 적용해보세요.

1. 그동안 당신은 하나님께서 당신을 어떻게 생각하신다고 여겨왔나요? 당신에게 하나님은 어떤 하나님이신가요?

2. 입양된 아이의 이야기를 통해 무엇을 깨달으셨나요? 그 깨달음을 바탕으로 하나님의 입장에서 그동안 그분의 무조건적인 사랑을 누리지 못하는 당신(입양된 아이처럼)을 바라보며 하나님이 느끼셨을 감정을 적어보세요.

3. 당신은 '왜? 어떻게?'라는 생각 없이 하나님의 사랑을 느껴본 적이 있나요? 없다면 하나님 아버지께서 예수 그리스도로 말미암아 우리에게 주신 조건 없는 놀라운 사랑을 성령님을 통해서 느껴보세요. 지금 당신의 입으로 이렇게 말해보세요. "나는 지금 이 순간 예수 그리스도 안에서 말할 수 없는 아버지의 생명과 사랑을 느낍니다. 너무나 감사하고 기쁩니다."

더보기

영상 – 하나님의 마음을 가장 아프게 하는 일

Welcome Holy Spirit

—

혼이 스스로 생각하기를
멈춰야 합니다

하나님을 가까이하라 그리하면 너희를 가까이하시리라 죄인들아 손을 깨끗이 하라 두 마음
을 품은 자들아 마음을 성결하게 하라 약 4:8

하나님 아는 것을 대적하여 높아진 것을 다 무너뜨리고 모든 생각을 사로잡아 그리스도에게
복종하게 하니 고후 10:5

하나님의 무조건적인 사랑을 체험했다면, 이제 우리는 자신을 전적
으로 하나님께 의탁할 줄 알아야 합니다. 어떻게 우리 자신을 하나님께
전적으로 의탁할 수 있을까요? 그것은 마태복음 16장 24-25절의 비밀
을 깨달을 때 가능해집니다.

> **마 16:24-25** 24 이에 예수께서 제자들에게 이르시되 누구든지 나를 따라오
> 려거든 자기를 부인하고 자기 십자가를 지고 나를 따를 것이니라 25 누구든
> 지 제 **목숨**(헬, 프쉬케 : 혼)을 구원하고자 하면 잃을 것이요 누구든지 나를 위
> 하여 제 **목숨**(헬, 프쉬케 : 혼)을 잃으면 찾으리라

자기를 부인한다는 것은 자신의 생각과 감정이 진리도 아니고 실재
도 아니며 나도 아니고 어떤 힘도 없다는 것을 깨닫는 것입니다. '자기
부인'에서 '자기'는 거짓자아를 의미하는 것입니다. 그렇기 때문에 자신
의 생각으로 만들어진 거짓자아를 부인함으로써 혼이 자신의 생각과
감정으로부터 분리를 체험하는 것입니다. 자기부인이 될 때 비로소 자
기 십자가를 질 수 있습니다. 자기 십자가를 진다는 것은 혼이 스스로

생각하기를 멈추는 것입니다. 그때 비로소 25절 말씀처럼 하나님의 영 안에 있는 자신의 혼을 의식하게 되고 체험하게 되는 것입니다. Day 25 에서는 혼이 스스로 생각하기를 멈추는 것이 무엇인지 함께 알아보겠습니다.

타락한 인간의 혼은 늘 목마르다

본래 우리는 하나님의 생명으로 지음 받은 생혼을 가진 영적 존재였습니다. 영은 자아이며, 영을 의식하며 나타내는 혼을 자아의식체 또는 의식이라고 표현할 수 있습니다. 인간은 하나님의 성품(영, 생명)을 의식하고 누리는 존재였습니다. 타락 전 인간의 혼은 하나님으로부터 주어진 본래적 감정(사랑, 평강, 희락, 만족, 감사)을 누리고 나타내는 존재였습니다.

그런데 하나님의 영이 떠난 후에는 자신의 정체성을 잃어버렸기 때문에 자유의지를 가진 혼은 자신의 생각을 자신과 동일시함으로써 자기 생각을 자신이라고 믿게 되었습니다. 타락한 인간은 세상을 있는 그대로 보지 못하고 어릴 때 무의도적으로, 무의식적으로 받아들인 경험에 기초한 자신만의 인지 과정과 방식대로 떠오른 생각을 붙들어서(즉 생각함으로) 만든 상상의 이야기를 실재라고 믿으며 살아가고 있습니다.

타락 후 인간의 혼은 하나님으로부터 주어지는 사랑, 기쁨, 평강을 누리지 못하기 때문에 늘 온전하지 못함과 죄책감과 두려움, 결핍과 부족, 공허함과 상실감을 겪게 되었습니다. 타락한 혼이 느끼는 영적 갈증은 하나님으로부터 주어지는 '본래적 감정'을 느낄 때 비로소 해갈될 수 있습니다. 이러한 것들을 느끼지 못하면 우리의 혼은 말라비틀어져

죽게 됩니다. 그렇기 때문에 인간은 혼의 만족을 누리기 위해 끝없이 생각하고 행동하는 것입니다.

'생각의 내용'이 아니라 '스스로 생각하기'가 문제다

생각은 하나님께서 이 땅을 다스리도록 주신 선물입니다. 생각 자체에는 문제가 없습니다. 수많은 생각 중에 '나'라는 존재를 유지하기 위해서 자신의 인지 과정과 방식을 바탕으로 생각을 선택하는 것(스스로 생각하기)이 문제인 것입니다. 우리는 그 생각을 붙들어서 자신의 정체성을 유지하고 자신을 보호하며 그 생각대로 살아가고 있습니다. 하지만 그 생각은 진리도 아니고 실재도 아니고 힘도 없습니다. 혼이 감각을 통해 마음판에 재생된 수많은 외부 이미지 중에 믿음체계의 인지 과정과 방식을 기초로 스스로 선택한 생각은 매우 제한적일 수밖에 없습니다(이것을 '내 생각'이라고 부르는 것입니다). 그 제한된 생각은 그리스도 안에 있는 혼이 하나님으로부터 주어지는 무한한 지혜와 지식에 기초하여 마음판에 재생된 것을 선택할 기회, 즉 말씀대로 생각할 기회를 빼앗아 버립니다.

하나님의 영이 떠난 타락한 혼을 가진 인간은 늘 거짓자아의 의식인 생존의식, 결핍의식, 피해의식, 비교의식, 경쟁의식에 시달립니다. 이로 인해 내면에서 올라오는 죄책감과 두려움, 결핍과 부족, 공허함과 상실감에 고통받고 있습니다. 그것을 없애기 위해서 인간의 혼은 매 순간 좋은 생각을 함으로써 육신으로부터 주어지는 좋은 감정을 느끼고자 합니다. 그러나 아무리 좋은 감정이라도 제한적이고 일시적이며 더 큰 갈증을 만들어내고, 결국에는 부정적인 감정이 됩니다. 그런데도 인간은 더 좋은 생각을 함으로써 긍정적인 감정을 누릴 수 있다고 착각하는 것입니다.

> **렘 2:13** 내 백성이 두 가지 악을 행하였나니 곧 그들이 생수의 근원되는 나를 버린 것과 스스로 웅덩이를 판 것인데 그것은 그 물을 가두지 못할 터진 웅덩이들이니라

설령 우리에게 만족을 줄 수 있는 좋은 생각을 할지라도 우리는 그 생각을 자신의 인지 과정과 방식으로 제한하고, 판단하고, 비판하고, 규정하고, 조건화합니다. 또한 그 생각이 이루어질 수 없는 이유, 소유할 수 없는 이유, 행할 수 없는 이유, 불가능한 이유를 만들어냅니다. 생각한다는 것은 그 내용이 무엇이든 궁극적으로 내 육신에서 부정적인 감정을 만들어낼 뿐입니다. 그 이유는 첫째, 생각하는 자체(스스로 생각하기)가 이미 부정적 의식에 의한 인지 과정과 방식에 기초하기 때문입니다. 둘째, 좋은 생각도 결국은 내가 이루어야 하기에 '내가'라는 한계에서 벗어날 수 없기 때문입니다.

좋은 생각을 한다 해도 곧바로 다음과 같은 내면의 음성이 들려옵니다.

- 자신의 상태에 따라 제한적인 이유를 만들어냅니다. '지금은 ○○ 때문에 안 될 거야'
- 인과법칙에 따른 조건화를 만들어냅니다. '○○하지 않고는 안 될 거야'
- 자신의 능력으로 불가능한 이유를 만들어냅니다. '나는 ○○이 부족해서 안 될 거야'

그렇기 때문에 '생각의 내용'이 문제가 아니라 '스스로 생각하기'가 문제라는 것입니다. 정리하면 내가 스스로 생각하는 그 자체가 거짓자아를 만들어내고, 모든 스트레스의 근원이 되고, 모든 부정적인 감정의 근원이 된다는 것입니다. 즉 타락한 혼이 자신의 인지 과정과 방식대로 사고한다는 것은 거짓자아(에고)를 만드는 것이며, 자신의 삶을 제한시키는 것이며, 모든 고통과 괴로움을 만들어낸다는 것을 알아야 합니다. 마귀는 우리로 하여금 좋은 생각, 올바른 생각을 하도록 부추깁니다. 좋은 생각을 통해 좋은 감정을 가지면 행복하게 될 것이라고 속이는 것입니다. 마귀는 우리의 혼이 '스스로 생각하기'에 묶이도록 만듭니다. 그렇게 함으로써 우리가 하나님의 영 안에 거하며 하나님의 말씀대로 생각하고 느끼지 못하게 합니다.

나는 생각한다 고로 나는 괴로워한다

스스로 생각하는 것 자체가 모든 괴로움의 근원인데도 불구하고 왜 인간은 끊임없이 자기 방식대로 생각하며 살아가는 것일까요? 계몽주의 이후 이성이 가장 높은 권위를 가지면서 인본주의적 사고방식이 자리 잡았기 때문입니다. 생각하는 것을 인간이 가지는 고유한 속성이자 존재적 특성이라고 믿는 것입니다. 이 특성이 데카르트의 "나는 생각한다. 고로 나는 존재한다"라는 한 문장에 담겨 있습니다.

하지만 사실 "나는 생각한다. 고로 나는 괴로워한다"가 타락한 인간이 스스로 생각하기 때문에 겪게 되는 현실인 것입니다. 생각하지 않는다고 죽지 않습니다. 사실 타락 전 우리의 혼은 생각을 통해서 하나님의 영을 나타내는 의식이었습니다. 그런데 타락 후 하나님의 영이 떠나자 인간이 자신의 혼으로 자신의 인지 과정과 방식대로 생각하는 것을 자신과 동일시함으로써 '내 생각'이 곧 '나'가 되어버렸습니다. 그것이 육적 존재의 속성이자 거짓자아의 기원입니다. 내 혼이 자신의 생각을 붙들지 않으면 죽는 것이 아니라 '내 생각'에서 '나'와 '생각'이 분리되는 것, 거짓자아가 없어지는 것입니다. 스스로 생각하지 않을 때 혼이 몸의 종노릇에서 벗어나 자유와 해방을 경험하게 되는 것입니다.

히 2:15 또 죽기를 무서워하므로 한평생 매여 종 노릇 하는 모든 자들을 놓아 주려 하심이니

우리는 내 생각이 곧 나라고 믿고 있지만, 진정한 자아의식체는 혼입니다. 따라서 혼이 자신의 생각을 자신과 동일시하지 않을 때 비로소 거짓자아(에고)가 사라지게 되어 진정한 자기의식을 가지게 됩니다. 그리고 그 혼이 하나님의 영 안에 거할 때 자신의 경험과 지식에 기초한 생각에서 벗어나 예수 그리스도 안에 있는 '나'(진짜 나)를 체험하게 되는 것입니다. 다른 말로 "나는 ○○이다"라고 설명할 수 없지만(왜냐하면 영적 존재는 말로써 설명할 수 없기 때문에) 내가 존재하는 것을 의식하게 되는 것입니다.

골 3:3 이는 너희가 죽었고 너희 생명이 그리스도와 함께 하나님 안에 감추어졌음이라

우리의 혼이 그리스도 안에 거할 때부터 우리에게 새로운 삶이 시작됩니다. 즉 자유의지를 가진 혼이 자신의 생각을 붙들고 "나는"이라고

하는 것이 아니라 하나님의 영을 의식하고 하나님의 말씀대로 생각하고 느끼는 새로운 존재가 되는 것입니다.

스스로 생각하기를 멈출 때 그토록 원하던 본래적 감정이 느껴진다

진정한 희열, 감격, 놀라운 흥분은 주로 생각하지 않을 때 주어집니다. 멋진 광경을 볼 때 느끼는 감격을 생각을 통해 얻을 수 있을까요? 절대 그렇지 않습니다. 혼이 자기 경험에 비추어보는 것이 아니라 생각하지 않음으로써 있는 그대로 보는 것이며, 그때 생각하기를 통해 얻었던 것과는 다른 차원의 감정을 느끼는 것입니다. 왜 사람들이 마약 같은 중독에 빠질까요? 좋은 감정을 누리고 싶기 때문입니다. 그때 느끼는 쾌락은 생각을 통해서 오는 것이 아니라 오히려 생각하지 않음으로써 옵니다. 고통과 괴로움이 생각에서 오기 때문에 그 생각에서 벗어나기 위해(부정적 결과를 가져오지만 자아상실을 경험하기 위해서) 중독에 빠지는 것입니다.

따라서 우리의 혼은 두 가지 느낌을 분별할 줄 알아야 합니다. 하나는 하나님의 영으로부터 주어지는 생명적이고 자연스러운 느낌입니다. 살아있음을 느끼게 하고, 목적 없이 주어지는 느낌입니다. 다른 하나는 육신으로부터 주어지는 느낌입니다. 이것은 목적을 추구해서 얻어내는 것이며 욕구 충족적이고 살기 위해서 필요한 느낌입니다. 우리는 하나님께서 주시는 느낌을 누리며 살 줄 알아야 합니다. 그래야만 하나님의 의를 이룰 수 있습니다. 이제는 혼이 하나님의 영 안에 거하고, 하나님의 생명에 의해 주어지는 인지 과정과 방식대로 생각하는 것을 배워야 합니다. 이렇게 살아가도록 해주시는 분이 성령 하나님이시며, 우리는 그러한 삶을 성령님의 인도하심을 받는 삶이라고 말합니다.

스스로 생각하지 않으면 그때부터 성령님에 의해서 하나님께서 주신 본래적 감정인 사랑, 평강, 희락, 인정, 감사 등을 체험할 수 있습니다. 실제로는 그것을 지속적으로 체험하는 자가 적습니다. 성령체험을 통해서 하나님의 임재 안에 안식하며 잠시 동안 그것을 경험할 수는 있지만, 타락한 혼은 자기를 포기하지 못하고, 다시 자신의 정체성을 찾고자 합니다. 그리고 그때 느낀 본래적 감정을 다시 찾고 느끼고자 하지만, 자신이(거짓자아가) 죽기 전까지는 그 감정을 느낄 수 없습니다. 이것이 매 순간 일어나는 겉사람과 속사람의 싸움입니다. 거짓자아가 죽는다는 것은 혼이 지금 이 순간 여기에 초점을 두는 것입니다. 그곳은 과거와 미래에 대한 나의 생각이 없어지는 곳입니다. 나의 생각이 없으면 생각할 수 없고, 스스로 생각하기를 멈출 때 그 시간 그 장소에서 하나님의 생명을 경험할 수 있게 됩니다. 나(거짓자아)라는 것이 없어지는 순간 그리스도 안에 감춰져 있는 진짜 나를 발견하게 되고 주님으로부터 흘러나오는 본래적 감정을 누리는 것입니다.

스스로 생각하기를 멈출 때 더 많은 것을 할 수 있다

열심히 생각하면서 살아도 쉽지 않은데, 생각을 하지 않으면 삶이 더 힘들어지고 아무것도 못할 것이라고 생각하는 사람들이 많습니다. 그도 그럴 것이 한 번도 스스로 생각하는 것을 멈추어본 적이 없기 때문입니다. 모든 일에서 생각이 감정과 행동보다 앞서기에 생각하지 않고서는 아무것도 할 수 없다는 말이 너무 당연하게 느껴지는 것입니다. 그렇지만 실상은 전혀 반대입니다.

뛰어난 예술가를 생각해보십시오. 자기(거짓자아)가 없어질 때 그 객체와 하나가 되어 자신의 생각으로는 상상할 수 없던 뛰어난 작품을 만들어내는 것을 볼 수 있습니다. 자기의 생각이 없어질 때 몰입 상태가 되어 놀라운 지혜와 능력을 발휘할 수 있다는 것은 이미 잘 알려진 '영감과 창의력의 비밀'입니다. 생각하지 않으면 거짓자아의 제한적이고, 한계적이고, 욕구적인 인지 과정과 방식에 따른 생각에서 벗어나 오히려 무한한 생각을 선택할 수 있는 기회가 주어진다는 것을 알아야 합니다.

하나님의 자녀가 스스로 생각하지 않으면 아무것도 할 수 없는 것이 아닙니다. 스스로 생각하지 않을 때 비로소 하나님의 말씀대로 생각할 수 있게 되고, 그때부터는 모든 일에 하나님의 개입하심이 있게 되면서 자연스럽게 하나님의 뜻대로 풀려나가고 온전해지기 시작합니다. 객체와의 분리가 아니라 있는 그대로의 객체와 하나 되는 것을 경험합니다. 거짓자아가 만든 고통과 괴로움이 사라집니다. 내 방식이 아닌 하나님의 방식대로 살아가는 것을 경험하게 됩니다. 타락한 혼이 자신의 인지 과정과 방식대로 생각하지 않을 때 비로소 그 혼은 말씀대로 생각하기 시작하며 하나님의 영 안에서 그리스도를 나타내는 삶을 살 수 있게 되는 것입니다. 그리고 그때부터 성령님의 인도하심을 받고 주님의 뜻을 나타낼 수 있게 됩니다. 즉 내가 무엇을 하는 것이 아니라 성령님께서 나를 통해서 일하시는 것을 체험하게 됩니다. 내(거짓자아)가 내 지혜로, 내 능력으로, 최선을 다해서 자신의 방식대로 해야 한다는 것이 사라지면, 그때 성령 하나님의 사랑과 지혜와 능력이 자연스럽게 적시에 나타나는 신비를 체험하게 됩니다.

어떻게 혼이 스스로 생각하기를 멈출 수 있는가?

혼이 스스로 생각하기를 멈추는 첫 단계는 서두에서 살펴본 것처럼 자기를 부인하는 것입니다. 즉 거짓자아가 무엇인지를 온전히 깨달을 때 진정한 내가 누구인지를 발견할 수 있습니다. 그동안 거짓자아로 살아온 것이 신물이 날 정도로 싫어져야 하며, 이제는 더 이상 거짓자아로 살고 싶지 않다는 갈망이 일어나야 합니다. 이러한 갈망은 하나님 나라 복음을 깨닫고 체험할 때 올라옵니다.

자기부인을 통해 혼이 자기 생각과의 분리를 체험했다면 혼이 자동화된 육신의 소욕의 이끌림을 받을 때 "내가 지금 또 생각의 내용에 사로잡혀 있구나"라는 것을 의식할 수 있습니다. 바로 그 순간 혼이 생각하기를 멈추고 스스로 생각하는 것 자체가 모든 부정적인 감정의 근원이라는 것을 체험적으로 알게 됩니다. 즉 자기 십자가를 지는 것을 경험하는 것입니다.

이러한 자기부인과 자기 십자가를 지는 훈련이 거듭될수록 그리스도 안에 있는 진정한 자아와 내면으로부터 올라오는 본래적 감정을 느끼게 됩니다. 그럼으로써 새로운 차원의 삶의 문이 점점 더 열리게 되는 것입니다.

물론 본래적 감정을 한번 느꼈다고 해서 계속해서 느낄 수 있는 것은 아닙니다. 우리의 혼이 항상 하나님의 영 안에 거하는 것이 아직 훈련되지 않았기 때문입니다. 하지만 생각의 내용에 빠져 또 스스로 생각하고 있음을 의식한 순간(성령님의 도우심으로) 자기부인과 자기 십자가를 지고 혼이 그리스도 안에 거하는 훈련을 해야 합니다. 그리고 나의 노력과 상관없이 주어지는 사랑, 충만함, 평강, 기쁨이라는 본래적 감정을 누려야 합니다. 그럴수록 우리의 혼이 하나님의 영 안에 거하는 시간이 길어지게 됩니다.

롬 14:17 하나님의 나라는 먹는 것과 마시는 것이 아니요 **오직 성령 안에 있는 의와 평강과 희락이라**

맑은 날이나 비가 오는 날이나 구름 위에 늘 태양이 찬란하게 빛나고 있습니다. 마찬가지로 우리가 스스로 생각하여 만들어내는 거짓자아의 구름이 사라지면 우리를 향한 하나님의 영광이 언제나 찬란하게 빛나고 있음을 체험할 수 있습니다. 이처럼 우리의 혼이 느끼지 못할 뿐이지 예수 그리스도를 믿은 후 그분으로부터 흘러나오는 본래적 감정은 언제 어디서나 우리를 향해 흐르고 있습니다. 그 감정은 외부에서 받아내는 것이 아니라 스스로 생각하기를 멈출 때 내부에서 자연스럽게 올라오는 것입니다.

혼이 스스로 생각하기를 멈춘다는 것은 그동안 살아왔던 방식을 역행하는 것이기 때문에 거짓자아의 관점에서는 두려움입니다. 하지만 무조건적인 사랑을 체험함으로써 두려움을 극복했다면 이제는 성령님의 인도하심으로 나보다 나를 더 잘 아시고 사랑하시는 하나님께 내 전부를 의탁하는 훈련을 해야 합니다.

딤후 1:7 하나님이 우리에게 주신 것은 두려워하는 마음이 아니요 오직 능력과 사랑과 절제하는 마음이니

어떤 일이나 문제를 만났을 때 그것을 해결하기 위해서 스스로 생각하는 것을 멈추어보십시오. 당신이 예수 그리스도 안에 있으며 성부 하

나님께서 성령 하나님을 통하여 우리의 삶을 이끌어가신다는 것을 믿음으로 선포하십시오. 그리고 자기부인과 자기 십자가 지기를 통해 스스로 생각하기를 멈춤으로써 혼의 자유함을 누려보십시오. 그때 하나님께서 당신의 삶에 개입하셔서 가장 선한 길로 이끌어가시는 것을 체험하게 될 것입니다. 그것이 바로 성령님의 인도하심을 받는 삶이며, 하나님의 자녀로서 주님의 뜻을 이루는 삶입니다.

사 55:8 이는 내 생각이 너희의 생각과 다르며 내 길은 너희의 길과 다름이니라 여호와의 말씀이니라

질문과 적용

다음 질문에 답하면서 오늘 내용을 자신에게 적용해보세요.

1. 웅장한 자연의 모습을 있는 그대로 바라보며 압도되었던 경험이 있나요? 그 당시의 희열, 감격, 놀라운 흥분을 생각만으로 한번 끌어올려보세요. 그때와 어떤 차이점이 있나요?

2. 그동안 당신의 혼이 주로 느꼈던 감정은 무엇이었나요? 그런 감정은 어떠한 생각으로부터 오게 되었나요? 사랑, 충만함, 평강, 기쁨과 같은 본래적 감정을 더욱 풍성하게 누리기 위해 당신에게 무엇이 필요할까요?

3. 스스로 생각하기를 멈췄을 때 불현듯 놀라운 아이디어나 문제해결의 실마리를 얻은 경험이 있지 않나요? 그런 경험들을 더욱 많이 하기 위해 일상생활 속에서 만들 수 있는 루틴(또는 습관)으로 무엇이 있을까요?

더보기

영상 – 타락한 인간의 속성과 거짓 믿음에서 벗어나기

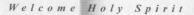

Welcome Holy Spirit

—

하나님나라의 법을 깨닫고 훈련해야 합니다

만약 우리가 다른 나라에 장기간 체류하거나 이민을 간다면 그 나라의 언어와 문화뿐만 아니라 법률을 알아야 합니다. 그 나라에서 다양한 사회복지 혜택을 받고 누리기 위해서, 모르고 법을 어김으로써 불이익을 당하지 않기 위해서 필요한 법과 제도를 익혀야 합니다. 이와 마찬가지로 하나님나라에서 성령님의 인도하심을 경험하는 천국시민으로서의 삶을 살기 위해서는 하나님나라의 법을 알아야 합니다.

이미 주어진 생득권과 원복을 누려라

부모로부터 태어난 자녀가 아무런 조건 없이 자녀라는 이유 하나만으로 태어날 때부터 가지는 권리가 '생득권'(Birth Right)입니다. 이 생득권은 그 사람이 노력하거나 애쓴다고 얻어낼 수 있는 것이 아닙니다. 자녀이기 때문에 은혜로 주어지는 것입니다.

예수 그리스도를 믿음으로 거듭난 자라면 누구나 하나님의 자녀입니다. 마귀에게 종노릇하였던 옛사람이 죽고 성령님의 능력으로 하나님 아버지로부터 다시 태어나 새사람이 되는 것입니다. 우리가 진실로 거듭났다면 하나님은 우리의 아버지가 되시며, 그분은 사랑의 아버지이시기 때문에 예수 그리스도 안에서 우리에게 그분의 전부를 이미 주셨습니다. 성경은 하나님께서 그리스도 안에 있는 우리에게 하늘에 속한 모든 신령한 복(엡 1:3)을 이미 주셨다고 말씀합니다.

> **엡 1:3** 찬송하리로다 하나님 곧 우리 주 예수 그리스도의 아버지께서 그리스도 안에서 하늘에 속한 모든 신령한 복을 우리에게 주시되

에베소서 1장 3절의 "모든 신령한 복"이 바로 원복(Original Blessing)입니다. '원복'이라는 말은 아마 많은 분들에게 생소한 단어가 아닐까 싶습니다. 그에 반해 '원죄'라는 단어는 귀에 딱지가 앉도록 들어보셨을 것입니다. 사실 원죄보다 원복이라는 개념이 성경에 먼저 등장하고 훨씬 중요한 개념임에도 불구하고 잘 알려지지 않았습니다. 하나님께서는 인간을 창조하시고 그들에게 복(원복)을 주시며 하나님의 생명과 영광을 나타내고, 그들이 하나님이 지으신 피조세계에서 생육하고 번성하기를 원하셨습니다. 인간의 타락으로 인해 원복을 상실하기는 했지만, 그렇다고 해서 인간을 향한 하나님의 원뜻까지 변해버린 것은 아닙니다. 하나님은 신실하고 변함없는 사랑이시기 때문입니다.

오늘날 '복'이라는 개념은 특히 물질적인 풍요나 이 땅에서의 성공으로 이해되는 경향이 매우 강합니다. 창세기 1장에서 하나님께서 인간에게 복을 주시는 구절을 유의하여 읽어보면 하나님이 주신 '원복'은 그러한 개념이 아니라는 것을 금방 눈치챌 수 있습니다. 원복은 우리가 흔히 생각하는 물질세계의 어떠한 상태나 행위에 관한 것이 아닙니다.

'원복'에는 하나님의 형상과 모양대로 지음 받은 인간의 존재론적 정

체성과 하나님이 인간을 창조하시면서 계획하신 뜻과 목적의 발현과 성취에 필요한 "하늘에 속한 신령한 복"(엡 1:3)이 담겨 있습니다. 타락으로 상실되었던 원복이 예수 그리스도 안에서 거듭난 자에게는 온전히 회복되어 다시 주어집니다. 마귀의 자식에서 하나님의 자녀로 다시 태어난 우리는 회복된 원복을 마음껏 누리며 그분을 나타내는 삶을 살아가는 자가 된 것입니다.

벧후 1:3 그의 신기한 능력으로 생명과 경건에 속한 모든 것을 우리에게 주셨으니 이는 자기의 영광과 덕으로써 우리를 부르신 이를 앎으로 말미암음이라

우리는 이러한 원복의 결과로 복된 삶을 살 수 있게 되었습니다.

요삼 1:2 사랑하는 자여 네 영혼이 잘됨 같이 네가 범사에 잘되고 강건하기를 내가 간구하노라

누가복음 15장의 탕자의 이야기에서 탕자의 아버지가 첫째 아들에게 "내 것이 다 네 것이로되"라고 말한 것을 묵상해보십시오. 첫째 아들은 늘 아버지를 섬기고 명을 어김이 없이 행함으로써 아버지의 것을 갖고 누리길 원했습니다. 하지만 아이러니하게 그가 아버지 말에 열심히 순종하고 아버지를 섬김으로써 갖고 누리기 원했던 것은 이미 생득권으로 태어날 때부터 그에게 주어진 것이었습니다. 첫째 아들은 그것을 알지 못했기에 생득권을 누리지 못했을 뿐만 아니라 사랑의 아버지와 생명적으로 관계하지 못했습니다. 하나님의 자녀가 되었다는 것은 하나님나

라로 침노하여 천국시민이 된 것과 같은 의미입니다. 하나님나라의 시민이 되었을 때 자동적으로 주어지는 권리를 이제는 깨닫고 마음껏 누려야 합니다.

주체 파악을 해야 한다

'주체 파악'이라는 말을 들어보셨나요? 많은 분들에게 생소한 단어일 것 같습니다. 하지만 하나님나라 복음의 핵심 중의 핵심이 '주체 파악'이며 하나님나라 복음을 배우는 것도 주체를 파악하기 위함입니다. 즉 진정한 내가 누구인지를 알고 체험하기 위함입니다.

우리는 '주체 파악'의 중요성에 대해 잘 알고 있지만 정작 '주체 파악'을 하는 주체에 대해서는 깊이 생각하지 않습니다. Day 25에서 자세히 살펴보았듯이 자유의지를 가진 혼이 자신의 생각과 감정을 자신과 동일시하면서 만든 거짓자아에 속아 붙들려서 살아가는 삶의 주체는 '거짓자아'입니다. 이러한 사람은 자신의 생각과 감정으로 만든 정신세계, 가공세계, 관념세계에서 살아가기 때문에 자신 안에 있는 영적 세계인 하나님나라에서의 삶은 살지 못합니다.

이와 반대로 거짓자아를 부인하고 혼이 스스로 생각하기를 멈춤으로써 그리스도 안에 있는 진정한 나를 발견한 사람의 삶의 주체는 '그리스도 안에 있는 나', '내 안에 계신 그리스도'입니다. 이러한 삶을 사는 사람은 자신의 거짓자아로 만든 정신세계가 아니라 이 땅에 도래한 하나님나라에서 살아갑니다. 자신의 생각과 감정이라는 거짓자아의 렌즈로 세상을 바라보는 것이 아니라 자신 안에 계신 예수 그리스도의 렌즈를 통해 세상을 바라봅니다. 그리고 뜻이 하늘에서 이미 이루어진 것처럼 땅에서도 이루어지게 하는 하나님나라의 대사적 삶을 살아갑니다.

'주체 파악'이란 성령님의 조명하심 속에서 자신의 삶을 이끌어가는 주체가 '거짓자아'인지 '그리스도 안에 있는 나'인지를 파악하는 것입니다. 그럼으로써 구원받은 후 성령님에 의해 소생케 된 혼이 그리스도 안에 거하는 삶, '진짜 나'로 살아가며 성령님의 인도하심을 받으며 하나님을 나타내는 삶을 체험하는 것입니다.

그리스도 안에 있는 믿음이 체험되어야 한다

하나님나라의 법은 모두 '믿음'을 통해 역사합니다. 그런데 여기서 말하는 '믿음'은 우리가 흔히 생각하는 '믿음'이 아닙니다. 기독교에서 가장 많이 사용되는 단어 중 하나가 '믿음'일 것입니다. 신약성경에서만 '믿음'과 관련된 용어(동사, 명사, 형용사 모두 포함)가 600번 이상 등장합니다. 기독교인이라면 누구나 인간의 어떤 행위가 아닌 예수 그리스도를 믿음으로만 구원받을 수 있으며, 구원받아 의롭게 된 자는 믿음으로 살아야 한다는 성경 말씀을 잘 알고 있습니다. 그토록 익숙한 믿음이지만 정작 믿음이라는 것이 무엇인지 성경적으로 설명하라는 질문에 명쾌하게 답할 수 있는 사람은 많지 않은 것 같습니다.

성경이 말하는 믿음을 알기 위해서는 다음 질문에 답할 수 있어야 합니다.

■ 구원받기 전의 '믿음'과 구원받은 후의 '믿음'에는 어떠한 차이가 있을까요?
■ 구원받은 후에도 겉사람에 끌려다니는 사람의 '믿음'과 속사람으로 살아가는 사람의 '믿음'에는 어떠한 차이가 있을까요?

사실 믿음이라는 것이 간단해 보이지만 다른 각도에서 보면 심오한 신비처럼 느껴지는 이유가 바로 여기에 있습니다. 성경이 말하는 믿음은 단순히 한 종류의 믿음이 아니라 주체에 따른 다른 종류의 믿음이 존재하기 때문입니다. 하나님나라 복음의 관점에서 믿음을 바라볼 때 이 진리를 깨닫고 체험할 수 있습니다.

자신의 의지로 무엇인가를 신뢰하고 받아들이는 믿음, 즉 일반적이고 보편적인 믿음은 일반 사람들이 살아갈 때 가지는 믿음입니다. 이런 종류의 믿음을 '거짓자아의 믿음'이라고 하겠습니다. 우리가 구원받기 전에는 다 이러한 믿음만을 가지고 있었습니다. 하지만 구원받을 때 그리스도 안에서 새로운 피조물이 되는 존재적 변혁을 경험하면서 다른 차원의 믿음을 가집니다. 이 믿음이 바로 예수 그리스도 안에 있는 믿음, '하나님의 믿음'입니다.

롬 1:17 복음에는 하나님의 의가 나타나서 **믿음으로 믿음에 이르게 하나니** 기록된 바 오직 의인은 믿음으로 말미암아 살리라 함과 같으니라

딤후 3:15 또 어려서부터 성경을 알았나니 성경은 능히 너로 하여금 **그리스도 예수 안에 있는 믿음으로 말미암아** 구원에 이르는 지혜가 있게 하느니라

우리가 예수 그리스도 안에서 하나님의 의가 될 때 그 결과로 우리의 혼이 하나님의 영 안에 거함으로써 주어지는 믿음이 사도 바울이 로마서 1장 17절에서 말하는 두 번째 믿음이고, 그리스도 예수 안에 있는 믿음입니다.

하지만 안타깝게도 구원받을 때 생득권으로 주어지는 존재적 변혁

을 체험하지 못함으로써 구원받기 전과 후의 믿음의 차이가 무엇인지 알지 못하는 기독교인이 많습니다. 그렇기 때문에 구원받은 후에도 여전히 불신자 때 가졌던 거짓자아의 믿음으로 신앙생활을 하고 있는 것입니다. 거짓자아의 믿음으로는 "주님의 말씀이 진리인 것을 믿습니다. 나는 하나님의 자녀인 것을 믿습니다. 하나님께서 제 기도를 들어주실 것이라는 것을 믿습니다"라는 행위보상적, 미래지향적 신앙생활밖에 할 수 없습니다.

하지만 성령님께서 자신의 혼과 몸을 통치하는 것을 경험한 사람은 자신의 생각과 감정 그리고 자신의 의지를 포기하는 믿음을 가지게 되며, 자신의 생각과 감정에 진리의 말씀을 맞추는 것이 아니라 오히려 자신의 생각과 감정을 진리의 말씀에 일치시키는 것을 경험하게 됩니다. 이러한 믿음은 '자신의 생각과 감정을 포기하는 믿음'이라고 할 수 있습니다. 이 믿음이 체험될 때 비로소 성령님의 인도하심을 받을 수 있으며, 이를 통해 주님의 뜻을 자신의 삶터와 일터에서 나타내는 하나님 자녀의 삶을 살 수 있습니다.

차원적 인과법칙을 누리는 삶을 살라

"아니 땐 굴뚝에 연기 날까?"라는 우리나라 속담과 "There's no smoke without fire"의 영어권 속담은 인과법칙을 한 문장으로 잘 나타냅니다. 인과법칙이란 모든 일이 원인에서 발생한 결과이며 원인 없이는 아무것도 생기지 않는다는 것입니다. 법칙(law)은 단순한 이론(theory)이 아니라 기적과 같은 초자연적인 개입이 아니고서는 항상 적용될 때 사용하는 용어입니다.

하나님나라의 차원적 인과법칙과 구분하기 위해서 세상에서 보편적으로 사용되는 인과법칙을 시간적(선형적) 인과법칙이라고 하겠습니다. 시간적 인과법칙은 선형적으로 '과거-현재-미래'라는 시공간의 제약된 틀 속에서 적용되는 법칙입니다. 시간적 인과법칙은 어떠한 결과를 얻기 위해서는 시간과 에너지를 투입해야 하는 것입니다. 즉 반드시 원인이 있어야 합니다. 굳이 부가적인 설명을 하지 않아도 이 법칙은 누구에게나 적용될 뿐만 아니라 우리도 매일의 삶 속에서 경험하고 있습니다. 이러한 시간적 인과법칙으로 인해 자연스럽게 행위보상적 사고방식이 생겨나게 되었습니다. "어떠한 보상을 받기 위해서는, 혹은 열매를 얻기 위해서는 시간을 들여 이러한 행위를 해야 한다"라는 것입니다.

이 세상의 모든 법은 시간적 인과법칙에 기초합니다. 하지만 하나님나라의 모든 법은 차원적 인과법칙에 기초합니다. 차원적 인과법칙은 분명 시간적인 원인이 없는데 시간적인 결과가 나타나기 때문에, 이런 법칙이 적용되는 하나님 자녀의 삶을 현실 세계에서는 '기적'이라고 부릅니다. 예수 그리스도의 이름으로 기도했는데 한순간에 질병이 치유되는 것은 시간적 인과법칙으로는 도저히 설명할 수 없는 일입니다. 현실 세계에서 시간적 인과법칙이 당연한 '법칙'인 것처럼, 하나님나라에서 차원적 인과법칙은 당연한 '법칙'입니다.

하나님나라는 시공간을 초월한 영적 세계이며 예수 그리스도께서 모든 것을 이미 다 이루어놓으셨기 때문에, 하나님 자녀는 예수 그리스도께서 이루신 모든 것을 '하나님 자녀'라는 단 하나의 이유만으로 언제든지 누릴 수 있는 것입니다(앞서 살펴본 생득권 때문입니다). 차원적 인과법칙이라고 불리는 이유는 하나님나라는 시공간을 초월한 다른 차원, 즉 영적 세계로 하나님의 통치를 나타내기 때문입니다. 따라서 하나님의 자녀는 차원적 법칙에 따라 '하나님의 영의 세계(말씀세계)-보이지 않는 세계(정신세계)-보이는 세계(물리세계)'라는 차원을 뚫고 나타나는 법칙을 적용하는 삶을 살아야 합니다.

예수님께서는 주기도문과 산상수훈에서 하나님의 자녀가 된 자가 어떻게 하나님의 뜻을 이루는지를 분명하게 말씀해주셨습니다.

마 6:10 나라가 임하시오며 뜻이 하늘에서 이루어진 것 같이 땅에서도 이루어지이다

마 6:33 그런즉 너희는 먼저 그의 나라와 그의 의를 구하라 그리하면 이 모든 것을 너희에게 더하시리라

차원적 인과법칙을 누리며 사는 하나님 자녀의 삶을 '은혜의 삶', '호의의 삶'이라고 합니다. 인간적인 관점에서 보았을 때 어떤 일을 성취하기 위해서 아무것도 하지 않았는데도 하나님의 은혜와 호의(favor)가 시공간을 뚫고 그 사람의 삶에 나타나는 것을 세상 사람들이 목도하기 때문입니다.

엡 1:4-6 4 곧 창세 전에 그리스도 안에서 우리를 택하사 우리로 사랑 안에서 그 앞에 거룩하고 흠이 없게 하시려고 5 그 기쁘신 뜻대로 우리를 예정하사 예수 그리스도로 말미암아 자기의 아들들이 되게 하셨으니 6 이는 그가 사랑하시는 자 안에서 우리에게 거저 주시는 바 그의 은혜의 영광을 찬송하게 하려는 것이라

하나님의 자녀인 우리는 하나님께서 예수 그리스도 안에서 우리에게 거저 주시는 그분의 은혜의 영광을 온 세상에 나타내기 위해 부름을 받았습니다.

행동보다 말이 더 앞서야 한다

이 세상에서는 행동보다 말이 앞서는 사람을 '별 볼 일 없는 사람', '허풍쟁이'라고 생각합니다. 하지만 하나님나라에서는 행동보다 말이 더 앞서야 합니다. 단 자신의 생각을 말하는 것이 아니라 하나님의 말씀대로 말해야 합니다. 말씀대로 말하는 것이 바로 차원적 인과법칙을 누리는 핵심 열쇠입니다.

> **막 11:23** 내가 진실로 너희에게 이르노니 **누구든지 이 산더러 들리어 바다에 던져지라 하며**(anyone says to…) 그 말하는 것이 이루어질 줄 믿고 마음에 의심하지 아니하면 그대로 되리라

이 말씀은 보이지 않는 생명의 말씀을 이 땅에 그 말씀의 실체로 나타나게 하는 비밀을 알려주고 있습니다. 첫째, 말씀대로 이루어진 것을 보기 전에 먼저 말하는 것입니다. 둘째, 이것은 "불가능하게 생각되는 일이라 할지라도 말하고"라는 뜻입니다.

우리는 하나님의 말씀이 진리인 것을 알고 믿는다고는 하지만 실상은 자신의 입술을 통해서 말하지는 않습니다. 왜냐하면 거짓자아가 그것을 못하게 만들기 때문입니다. 우리는 일평생 거짓자아가 주체가 되어 자신의 경험과 지식에 기초한 생각으로 보이는 세계에서 일어나는

사실만 말하도록 훈련해왔습니다. 즉 자신이 만든 프레임에서 벗어나지 못하고, 보이는 세계에 묶여 있다는 것입니다. 우리는 자신의 경험과 지식에서 벗어나 하나님께서 우리를 통해서 행하시도록 해야 합니다.

우리는 살면서 자신의 상황이나 처지에 꼭 맞는 하나님의 말씀을 거의 듣지 못했습니다. 이따금씩 다른 사람, 책, 환경으로부터 들은 것이 전부입니다. 그렇게 우리 심중에 하나님나라의 말씀으로 이루어진 것이 없기 때문에 말씀대로 이루어진 것을 상상할 수도 없고 느낄 수도 없고, 말할 수도 없는 것입니다.

우리는 흔히 믿는 것을 말한다고 생각하며, 믿지 않는 것을 말한다면 자신을 속이는 것이라고 생각합니다. 그렇지만 우리의 삶을 생각해 보면 그렇지도 않습니다. 우리는 예의상 그리고 상황을 피하기 위해 마음에도 없는 말이나 거짓말을 생각보다 자주 하고 살아갑니다. 그런데 유독 하나님의 말씀에 대해서는 "믿음이 없는데 어떻게 그렇게 말할 수 있는가"라고 스스로 반문하고 억제합니다. 이처럼 우리가 믿음이 없다고 믿게 하는 것이 바로 마귀의 계략입니다. 사실은 믿음이 없어서 말씀대로 말하지 못하는 것이 아니라 말씀대로 말하지 않기 때문에 믿음이 생기지 않는 것입니다.

하나님의 자녀로서 하나님의 뜻을 이루기 위해서는 먼저 하나님의 말씀대로 말해야 합니다. 그것이 마귀의 궤계를 물리치는 능력입니다. 말할 때부터 성령님이 역사하시고 믿음이 생깁니다. 마귀에게 맞서십시오. 세상에서는 걸핏하면 말도 못하냐고 따지면서 정작 마귀 앞에서는 찍소리도 못하고 살면 안됩니다. 마귀를 향해서 "말도 못하냐! 이 더러운 마귀야!"라고 선포해보세요.

그렇다면 누가 지금 당신의 상황에 꼭 맞고 필요한 하나님의 말씀을 해줄 수 있나요? 가장 쉬운 방법은 당신 스스로 하나님의 말씀대로 말하고 듣고 믿는 것입니다. 어떻게 해야 자신의 상황과 문제에 대한 하나님의 믿음을 가질 수 있습니까? 먼저 말씀대로 말하는 것입니다. 믿음은 들음에서, 들음은 그리스도의 말씀으로 말미암기 때문입니다.

롬 10:17 그러므로 믿음은 들음에서 나며 들음은 그리스도의 말씀으로 말미암았느니라

물론 만약 당신이 거짓자아로 문제를 해결하기 위해서 말한다면 그것은 공허한 메아리이자 자기세뇌일 뿐입니다. 그러나 그리스도 안에서 주님의 뜻을 이루기 위해서 성령님의 도우심으로 하나님의 말씀대로 말하는 것은 차원적 인과법칙을 누리는 것입니다. 산을 향하여(불가능하게 느껴지는 것이라도) 선포하십시오. 자신이 말한 것을 스스로 들으십시오. 그리고 자신의 심중에 심고 믿으십시오.

불가능하게 느껴지는 것을 말하는 것은 보이는 세계에 나타난 것에 대해서 말하는 것이 아닙니다. 보이지 않는 세계에 이루어진 것을 말하는 것입니다. 즉 현실에 나타난 실체가 아니라 하나님께서 보이는 세계에 나타나게 하실 실상을 말하는 것입니다.[17] 이것이 얼마나 중요한지 모릅니다.

히 11:1 믿음은 바라는 것들의 **실상**(헬, 휘포스타시스)이요 보이지 않는 것들

---

17 실상은 보이는 세계에서 감각할 수 있는 어떤 실체의 (보이지 않는 세계에 존재하는) 근원, 본질이 되는 것을 의미합니다.

의 증거니

보이는 세계의 모든 실체는 하나님께서 그 마음에 있는 것을 말씀하심으로 지어진 것입니다. 실체가 나타나기 전에 보이지 않는 세계에 말씀으로 이루어진 실상이 있었기 때문입니다. 그러나 선험적 지식 안에서 오감에 기초하여 살아가는 거짓자아는 그것을 비이성적이라고 치부합니다. 왜냐하면 보이는 세계의 관점에서 그 말은 시간적 인과법칙에 부합하지 않고 비논리적, 비합리적, 비과학적이기 때문입니다.

우리는 하나님께서 이 땅에서 나타나게 하실 것의 원형, 본질이 되는 실상을 만들기 위해서 보이지 않는 세계에 하나님의 말씀을 선포해야 합니다. 이때 명심해야 할 것은 하나님의 말씀은 내 안에 계신 예수 그리스도의 이름으로 말할 때 이루어진다는 것입니다. 우리는 내가 죽고 내 안에 그리스도께서 사시는 삶을 사는 자입니다. 그분의 이름으로 그분의 말씀을 말하십시오. 하나님께서는 그분의 자녀들이 예수 그리스도의 이름으로 선포할 때 성령님을 통하여 그분의 말씀을 이루십니다.

요 16:23-24 23 그 날에는 너희가 아무 것도 내게 묻지 아니하리라 내가 진실로 진실로 너희에게 이르노니 너희가 무엇이든지 아버지께 구하는 것을 내 이름으로 주시리라 24 지금까지는 너희가 내 이름으로 아무 것도 구하지 아니하였으나 구하라 그리하면 받으리니 너희 기쁨이 충만하리라

따라서 예수 그리스도의 이름만 들어도 우리의 어깨가 들썩일 정도로 기분이 좋아야 합니다. 왜냐하면 이천 년 전에 하나님 아버지께서 예수 그리스도를 통하여 그분의 말씀을 이루셨던 것처럼 지금은 우리 안에

계신 예수 그리스도의 이름으로 우리가 말씀대로 말할 때 성령님을 통하여 그분의 말씀을 이루시기 때문입니다.

> **요일 5:14-15** 14 그를 향하여 우리가 가진 바 담대함이 이것이니 그의 뜻대로 무엇을 구하면 들으심이라 15 우리가 무엇이든지 구하는 바를 들으시는 줄을 안즉 우리가 그에게 구한 그것을 얻은 줄을 또한 아느니라

질문과 적용

다음 질문에 답하면서 오늘 내용을 자신에게 적용해보세요.

1. 당신의 신앙생활은 어떤가요? 하나님의 자녀로서 그분께서 우리에게 생득권으로 주신 모든 것을 누리고 있나요? 아니면 탕자 비유의 첫째 아들처럼 아버지에게 무언가를 받아내기 위해 열심히 종교활동을 하고 있나요?

2. 당신이 아무것도 하지 않았는데도 불구하고 하나님의 은혜와 호의로 성취를 이룬 경험이 있나요? 하나님께서는 그 일을 통하여 당신이 무엇을 깨닫기를 원하셨을까요?

3. 당신은 그동안 말과 행동 중 어떤 것이 더 앞섰나요? 그동안 왜 말씀대로 말하는 것의 중요성을 깨닫지 못했을까요? 지금 당신의 상황에 꼭 필요한 하나님의 말씀을 자신의 상황에 맞게 적어보시고 성령님 안에서 예수 그리스도의 이름으로 10번 크게 선포해보세요.

더보기

영상 – '주체 파악'을 하면 신앙생활이 술술 풀린다! – 하나님나라의 패러독스 5
　　　이렇게 말해야 기적을 체험한다

Welcome Holy Spirit

의존자의 삶을
살아야 합니다

하나님의 무조건적인 사랑을 체험함으로써 자신의 전부를 그분께 의탁한 사람은 그분과 분리된 자존자의 삶이 아니라 그분과 하나된 의존자의 삶을 살아야 합니다. 의존자의 삶을 살기 위해서는 '스스로 생각하기'를 멈춤으로써(Day 25 참조) 혼이 새로운 인지 과정과 방식을 익혀야 합니다.

독도법 vs GPS-내비게이션

자존자로서 거짓자아가 주체가 되어 살아가는 삶과 의존자로서 성령님의 인도하심을 받는 삶의 차이는 '독도법'과 'GPS-내비게이션 시스템'의 비교를 통해 명확하게 깨달을 수 있습니다. 독도법[讀圖法, 읽을 독(讀) ; 그림 도(圖)]이란 지도와 나침반을 가지고 목적지를 찾아가는 방법입니다. 비유적으로 지도는 성경책으로 볼 수 있으며, 나침판은 자신의 판단기준, 즉 거짓자아가 형성될 때 만들어진 자기만의 인지 과정과 방식으로 볼 수 있습니다.

'GPS-내비게이션 시스템'은 오늘날 우리가 운전할 때 자주 사용하는 시스템입니다. GPS는 'Global Positioning System'으로 위성에서 보내는 신호를 수신해 사용자의 현재 위치를 계산하는 위성 항법 시스템입니다. 내비게이션은 GPS를 이용하여 현재 위치를 표시해주며 길 안내를 해주는 소프트웨어입니다. 이때 내비게이션은 비유적으로 '독도법'의 지도 역할을 하며 '성경책'으로 볼 수 있고, 인공위성은 '성령님'으로 볼 수 있습니다. 그리고 GPS에서 인공위성으로부터 오는 신호를 받는 안테나는 '혼'으로 볼 수 있습니다.

> **고전 2:10** 오직 하나님이 성령으로 이것을 우리에게 보이셨으니 성령은 모든 것 곧 하나님의 깊은 것까지도 통달하시느니라

GPS-내비게이션 시스템을 사용하여 운전할 때 안테나를 통해서 인공위성과 교신을 해야 내비게이션에 자신의 위치가 표시될 뿐만 아니라 목적지까지 가장 적절한 길을 안내받을 수 있습니다. 만약 내비게이션이 없다면 목적지의 위치 그리고 가는 길과 주위 환경 등을 알 수가 없습니다. 반대로 GPS가 없다면 자신의 현재 위치를 알 수 없으며, 목적지까지 실시간 안내를 받을 수 없습니다. 또한 지금 자신이 올바른 길로 가고 있는지도 알 수 없으며, 잘못된 경로로 들어섰을 때 재탐색하여 목적지까지 갈 수 있는 새로운 경로를 안내받을 수도 없습니다.

이처럼 성경을 아무리 많이 알아도, 그리고 성경 속 새로운 진리를 깨달아도 진리의 영이신 성령님께서 인도하시지 않으면 말씀을 자신의 삶에 적용할 수 없습니다. 과거와 달리 지금 우리는 누구든지 성경을 가질 수 있고 읽을 수 있습니다. 그렇지만 성령님의 계시와 인도하심이 없이는 단지 하나님에 대한 지식과 정보일 뿐입니다. 그 말씀(로고스)이 지

식과 정보를 넘어 영이요 생명(레마)이 되기 위해서는 성령님의 조명하심이 있어야 합니다. 이처럼 내비게이션(성경)과 GPS 신호(성령님) 그리고 그 신호를 받아낼 수 있는 안테나(혼)가 모두 정상적으로 작동할 때 성령님의 인도하심을 받을 수 있는 것입니다.

피곤한 자존자의 삶 vs 평안한 의존자의 삶

독도법과 GPS-내비게이션 시스템을 구체적으로 비교해보도록 합시다. 독도법으로 살아가는 자존자의 삶은 아무리 정밀한 지도를 가지고 있다 할지라도 자신이 가진 경험과 지식으로 지도를 읽고 판단해야 하는 삶입니다. 앞에 산과 골짜기가 있는 것은 볼 수 있어도 그 뒤에는 무엇이 있는지 정확히 알 수 없습니다. 그냥 지도를 가지고 경험에 기초하여 추측할 뿐입니다.

그러나 GPS-내비게이션 시스템을 생각해보십시오. 최신형 시스템은 단순한 2차원의 단면이 아니라 마치 공중에서 내려다보는 것처럼 3차원의 입체적인 지도를 보여줍니다. 게다가 인공위성에서 나오는 GPS 신호도 더욱 정밀해져 자신의 현재 위치와 화면에 표시된 위치의 오차 범위가 점점 줄고 있습니다. 독도법과 비교한다면, GPS-내비게이션 시스템은 한마디로 완전히 다른 차원의 것이라고 할 수 있습니다.

독도법에서 가장 중요한 것은 경험입니다. 그러나 GPS-내비게이션 시스템에서 가장 중요한 것은 자신의 경험이 아니라 안테나를 통해 GPS 신호를 지속적으로 받는 것입니다. 이와 마찬가지로 성령님의 인도하심을 받는 삶에서 가장 중요한 것이 하나님과의 생명적 관계입니다. 진리의 영이신 성령님으로부터 오는 신호를 계속해서 받음으로써 자신의 판단을 의지하는 자존적 삶이 아니라 매 순간 성령님의 인도하심을 받는 의존자의 삶을 살아가는 것입니다. 그렇지만 아무리 성능이 뛰어난 GPS-내비게이션 시스템이라고 할지라도 터널 안으로 들어가면 (거짓자아에 속으면) GPS 신호가 잡히지 않아 더 이상 현재 위치를 알 수 없으며 내비게이션의 안내도 받을 수 없어서 헤매게 됩니다.

독도법은 지형지물을 보고 내가 어디로 어떻게 가야 할지 예측하고 계획을 세워야 합니다. 그리고 주기적으로 지도와 나침반을 통해 자신의 현재 위치를 확인하고 나아가야 할 방향을 예측해야 합니다. 결국 지도는 있지만, 지금 나의 상황과 처지를 보고 내가 판단하고 결정해야 하는 것입니다. 또한 독도법은 자신의 존재를 목적지에 두고 끊임없이 자신의 능력에 의존하여 찾아가야 하기 때문에 '지금의 내가 잘못되면 어떡할까'라는 두려움과 '길을 잘못 들어 되돌아가야 하는 상황이 생기진 않을까' 하는 염려 속에서 매 발걸음을 내딛어야 합니다. 게다가 과거의 힘들었던 경험이나 미래가 어떻게 될지 모르는 불안함까지 더해지기 때문에 자존자의 삶은 고단할 수밖에 없습니다.

그렇지만 GPS-내비게이션 시스템은 GPS가 알려주는 대로 생각하고 그에 따라 움직입니다. 매 순간 자신이 판단하는 것이 아니라 성령님의 인도하심에 순종할 뿐입니다. 내비게이션 지도에 뜨는 자신의 현재 위치를 보고 어디로 가야 할지 판단하거나 질문하지 않습니다. 단지 내비게이션의 안내 음성을 믿고 따를 뿐입니다. 경험적으로 우리 모두 알고 있듯이 내비게이션은 바로 앞에 있을 일을 우선적으로 안내해줍니다. "100미터 앞에서 우회전하세요", "1차선으로 서행하세요", "지하 차도 옆길로 진입 후 좌회전하세요" 등과 같은 내비게이션의 안내를 하나하나 따라가다보면 어느새 목적지에 도달하게 됩니다.

우리는 내비게이션의 안내를 판단하지 않습니다. 믿고 따를 뿐입니다. 성령님의 인도하심도 마찬가지입니다. 성령님의 인도하심을 받는 삶의 핵심은 판단이 아니라 '순종'입니다. 자존자로서 거짓자아가 주체가 되어 판단하는 것이 아니라 의존자로서 하나님의 영 안에 있는 혼이 순종하는 것입니다. 그런데 성령님께서 자신 안에 계심에도 불구하고 그분의 인도하심에 순종하는 것이 아니라 판단하는 경우가 너무 많습니다. '내가 받은 감동이 정말 성령님이 주신 걸까?', '성령님의 음성이 맞는 거 같은데, 혹시 아니면 어떡하지?' 등과 같이 순종이 아닌 판단을 하는 것입니다. 판단은 거짓자아의 상태에서 이루어지는 것입니다.

만약 당신이 받은 감동이 성경 말씀에 명백히 위배되거나 죄를 짓는 것이 아니라면 판단하기보다는 순종해보십시오. 많은 사람들이 실수 없이 한번에 성령님의 인도하심을 받기 원하지만, 그것은 처음 걸음마를 배우는 아기가 넘어지지 않고 단번에 걷기를 원하는 것과 같습니다. '꽃길'만을 걷기 원하는 사람은 절대로 성령님의 인도하심을 경험할 수 없습니다. 그리스도 안에 있는 사람이라면 성령님의 인도하심을 받는 도중에 일어나는 실수를 두려워하지 않아도 됩니다. 왜냐하면 바로 '재탐색' 기능이 있기 때문입니다.

우리가 내비게이션의 안내를 놓치거나 따르지 않아서 잘못된 길로 갔을 때, 내비게이션은 화를 내며 네가 불순종했으니 더 이상 안내하지 않겠다고 으름장을 놓지 않습니다. 그저 빠르게 재탐색하여 그 위치에서 최적의 경로로 다시 안내해줍니다. 하물며 내비게이션도 그렇게 반응하는데, 전지전능하시고 사랑이신 성령님께서 어떻게 반응하실까요? 우리가 그분의 인도하심에 불순종했을지라도, 혹은 자신의 생각을 그분의 인도하심으로 착각하여 잘못된 선택을 했을 때라도, 자신이 잘못된 길로 들어섰음을 깨닫고 돌이키는 순간 성령님께서는 기다렸다는 듯이 다시 우리를 인도해주십니다. 우리는 우리의 판단을 의심하고 성령님의 인도하심을 신뢰함으로 순종해야 합니다.

또한 GPS-내비게이션 시스템이 안내하는 대로 순종하며 자연스럽게 따라가다보면 결국 목적지에 도달하게 되어 있습니다. 목적지는 있지만, 그곳에 자신의 존재를 두는 것이 아니라 지금 이 순간 여기에 자신의 존재를 두고 내비게이션의 안내에 순종하는 것입니다. 이와 같이 성령님의 인도하심을 받는 의존자의 삶은 지금 이 순간 여기에서 하나님과의 생명적 관계에 집중하며, 그때그때 주어지는 인도하심에 순종함으로써 하나님의 평안을 누리는 삶입니다.

자신의 능력 이상의 삶을 사는 비결

하나님께서는 우리에게 소명을 주시고 그분이 계획하신 목적지(destiny)를 향해 나아가도록 하십니다. 따라서 의존자의 삶을 통해 성령님의 인도하심을 받고 있다면 우리의 미래가 어떻게 될지 궁금해할 필요가 없습니다. 그리고 어떻게 해야 성공할 수 있을지 열심히 머리를 굴릴 필요도 없습니다. 우리에게 필요한 것은 우리의 혼이 하나님의 영 안에 거할 때 하나님께서 우리를 통해 그분의 일을 이루신다는 것을 믿고 누리는 것입니다. 하나님과의 생명적 관계를 누리고 있다면 내가 무엇을 어떻게 해야 할지 몰라도 괜찮습니다. 필요한 때가 되면 실시간으로 자신이 해야 할 일과 어떻게 해야 하는지를 성령님에 의해 자연스럽게 알게 되기 때문입니다. 정말로 중요한 것은 '거기에 순종할 것인가', '판단함으로 불순종할 것인가'입니다. 자존자로서 자신의 존재를 미래에 두고 최선을 다함으로써 최고의 능력을 나타내는 삶이 아니라, 의존자로서 그분의 인도하심에 순종하는 지금의 삶이 자신의 능력 이상의 삶을 사는 비결입니다. 이것을 경험할 때 소위 우리가 말하는 하나님의 음성을 들을 수 있게 되는 것입니다. 그때 자신의 지혜와 능력을 능가하는 하나님의 개입하심이 삶에서 나타나기 시작합니다.

다시 한번 강조합니다. '내가 생각하지 않고 어떻게 살아갈 수 있을까?'라고 고민하지 마십시오. GPS-내비게이션을 보며 운전할 때 '어떻게 목적지에 도달할 수 있을까?' 고민하는 사람은 없습니다. 내가 스스로 생각하지 않는다고 해서 아무것도 할 수 없는 것이 아닙니다. 내 안에 하나님께서 계시고, 그분께서 내 삶을 인도하시고, 늘 나에게 말씀하십니다. 내 경험에 기초하여 내가 생각하는 것이 아니라 그분께서 가르쳐주시는 대로, 이끄시는 대로, 생각하고 행동해보십시오. 그때 당신이 무엇을 어떻게 해야 할지를 실시간으로 알게 됩니다. 순간순간마다 성령님의 인도하심을 받는 것입니다. 내가 말씀을 이해하고 판단하고 생각하는 것이 아닙니다. 성령님 안에서 말씀대로 생각하고 느끼고 이루는 삶을 사는 것입니다.

타락 전 인간은 하나님을 나타내는 의존자적 삶을 살았지만, 타락 후 인간은 마귀의 통치 안에서 자존자의 삶을 사는 존재로 전락해버렸습니다. 그런데 그 사실을 알지 못하는 인간은 진리에 순종하는 것(의존자의 삶)을 마치 인간이기를 포기하는 것이라고 느낍니다. 우리가 다시 하나님의 자녀가 되었다면 그분께 순종하는 삶을 살 줄 알아야 합니다. 지금 우리가 의존하는 것은 어떤 위대한 사람이 아니라 천지를 창조하시고 나를 창조하신, 그리고 나를 사랑하시는 삼위일체 하나님이십니다.

우리는 어떻게 해야 할지도 모르고, 어떤 일이 일어날지도 모르지만, 그 상황에서도 하나님께서 지혜를 주시고, 감동을 주시고, 새 길을 열어주시는 것을 알아야 하고 경험해야 합니다. 내 방식이 아니라 피조세계 전부를 섭리하시는 그분의 경륜에 따라 그 일들이 일어난다는 것을 믿어야 합니다. 이것은 지금까지의 사고방식(자존자적 사고방식)으로는 경험할 수 없는 삶입니다. 지금까지와는 다른 인지 과정과 방식 그리고 하나님나라에서만 경험할 수 있는 삶입니다. 세상에서는 GPS-내비게이션 시스템이 나온 이후로 지도와 나침반으로 길을 찾아가는 사람이 없어졌습니다. 그런데 오늘날 많은 그리스도인이 성령님의 인도하심을 받는 의존자의 삶이 가능함에도 불구하고 여전히 거짓자아가 주체가 되어 자존자의 삶을 살고 있습니다.

> **고후 10:5** 하나님 아는 것을 대적하여 높아진 것을 다 무너뜨리고 모든 생각을 사로잡아 그리스도에게 복종하게 하니

> **고전 2:9-10** 9 기록된 바 하나님이 자기를 사랑하는 자들을 위하여 예비하신 모든 것은 눈으로 보지 못하고 귀로 듣지 못하고 사람의 마음으로 생각하지도 못하였다 함과 같으니라 10 오직 하나님이 성령으로 이것을 우리에게 보이셨으니 성령은 모든 것 곧 하나님의 깊은 것까지도 통달하시느니라

의존자의 삶을 훈련하라

자존자의 삶을 사는 사람의 혼은 거짓자아가 주체가 되어 말씀을 자기 방식대로 판단하지만, 의존자의 삶을 사는 사람의 혼은 성령님의 인

도하심을 받으며 말씀대로 순종합니다. 이것은 하나님께서 자유의지를 준 혼이 본래적 기능으로 돌아가는 것입니다. 타락 전 인간의 사고방식(혼의 인지방식)이 익숙해질수록 성령님의 인도하심을 받는 것이 자연스러워집니다.

> **벧전 2:25** 너희가 전에는 양과 같이 길을 잃었더니 이제는 너희 영혼(헬, 프쉬케)의 목자와 감독 되신 이에게 돌아왔느니라

'그냥 따르기만 하는 삶은 너무 따분하지 않은가?'라는 의문이 들 수도 있습니다. 실상은 자신의 사고체계의 틀 안에서 사는 것이 따분한 삶입니다. 자신이 만든 거짓자아를 벗어나는 것이 두려워 포로수용소와 같은 자신만의 틀을 만들고, 그 안에서만 살아가는 것은 다람쥐가 쳇바퀴를 도는 것과 별반 다르지 않습니다.

반면에 성령님의 인도하심을 받는 삶을 살아갈 때는 우리의 삶에 어떠한 일들이 일어날까요? 우리는 성경과 교회사에서 성령님의 인도하심을 받음으로써 놀라운 삶을 경험한 사람들을 무수히 찾아볼 수 있습니다. 성령님의 인도하심을 받았을 때 당신이 생각하지 못한 일들이 펼쳐진 것을 경험해보신 적이 있을 겁니다. 성령님의 인도하심을 받을 때 이전에는 생각하지 못한 방식으로 세상을 볼 수 있게 되며, 자신의 능력으로 할 수 없었던 일들이 하나님의 개입하심에 의해 이루어지는 것을 경험하게 됩니다.

우리가 여행을 마칠 때쯤이면 그래도 "내 집만 한 곳이 없다", "집이 최고다"라는 말을 합니다. 자존자의 삶에서 의존자의 삶으로 전환하여 성령님의 인도하심을 경험하게 되면 오랜 시간 외유(거짓자아의 포로수용

소)를 하고 집(하나님 아버지의 품)에 돌아온 느낌이 듭니다. 가장 낯설면서 한편으로 익숙한 느낌이 드는 것이 성령님의 인도하심을 받는 삶입니다. 한번도 그렇게 살아본 적이 없지만, 인간은 본래 그렇게 살도록 지음을 받은 존재이기 때문입니다.

질문과 적용

다음 질문에 답하면서 오늘 내용을 자신에게 적용해보세요.

1. 독도법과 GPS-내비게이션 시스템 비유를 통해 깨닫게 된 것을 바탕으로 당신의 지난 삶이 어떠한 삶이었는지를 성찰해보세요.

2. 성령님의 인도하심이 분명했는데 순종하지 않고 거짓자아로 판단함으로써 잘못된 선택을 한 경험이 있으신가요? 그러한 일이 반복되지 않으려면 어떻게 해야 할지 오늘 깨달은 내용을 바탕으로 적어보세요.

3. 가장 최근에 '왜 또 나에게 이런 일이 일어났을까?'라고 생각했던 일은 무엇입니까? 그때를 다시 돌이켜보며 하나님께서 그 일을 통해 이루시고자 한 것은 무엇이었는지 적어보시기 바랍니다.

더보기

영상 – 이걸 모르면 평생 고생한다!

수단적 목표가 아닌
소원적 목표로 살아야 합니다

너희 안에서 행하시는 이는 하나님이시니 자기의 기쁘신 뜻을 위하여 너희에게 소원을 두고 행하게 하시나니 빌 2:13

Day 27에서 독도법과 GPS-내비게이션 시스템의 비유를 통해 우리는 목표에 이끌림을 받는 삶을 살기 위해 필요한 혼의 새로운 인지방식(거짓자아의 판단이 아닌 소생케 된 혼의 순종)에 대해 알아보았습니다. 그렇다면 이런 질문이 생길 수 있을 것입니다. "어떻게 목표를 정해야 할까요? 목표가 온전치 못하면 아무리 순종해도 잘못될 수밖에 없지 않나요?" 그래서 Day 28에서는 수단적 목표와 소원적 목표에 대해 알아보고 미래의 목표를 정하는 방식에 대해 함께 살펴보도록 하겠습니다.

미래를 위해 현재를 희생하고 있지 않은가?

거짓자아로 살아가는 우리의 삶을 자세히 살펴보면 우리는 과거와 미래의 생각으로 만든 상상의 이야기로 살고 있습니다. 생각을 해야 내가 존재할 수 있고, 자신을 보호하고 유지할 수 있을 뿐만 아니라 육신으로 느끼는 기쁨과 평강을 누릴 수 있다고 생각하기 때문입니다(Day 25 참조).

다른 말로 혼이 스스로 생각함으로써 더 나은 자신을 만들어가고자 한다는 것은 지금 이 순간 여기에서 있는 그대로 만족과 기쁨을 누리지 못한다는 것을 의미합니다. 그래서 우리는 생각을 통해서 자신의 정체 성과 자기 나름대로 살아가는 방식을 만듭니다. 이 방식 중 가장 중요 한 두 가지가 있습니다. 첫째, 우리는 자신만의 체계나 원리를 정하고 그것에 기초해서 생각하고 행동하기를 원한다는 것입니다. 그리고 많 은 경험을 통해서 체계나 원리를 다듬고, 그것에 기초하여 더 많은 지식 과 정보를 체계화하기를 원합니다. 문제는 그것에서 벗어나는 것을 죽 음이라고 생각하고 두려워한다는 것입니다.

둘째, 자신이 미처 인식하지 못한다고 해도 늘 생각을 통해서 어떤 목표를 만들고 그 목표를 이루고자 한다는 것입니다. 이 목표는 몇 초 후, 몇 분 후, 몇 시간 후, 며칠 후, 몇 달 후, 몇 년 후 등 다양합니다. 우리는 어떤 목표를 만들고 그것을 성취해야 살 수 있는 존재로 스스로 규정하고 있습니다. 왜냐하면 그 목표를 달성해야 자신이 원하는 것을 얻을 수 있다고 믿기 때문입니다. 다른 말로 지금 내 존재는 온전하지 못하다고 느끼는 것입니다. 그렇기 때문에 지금은 아니지만 내 방식대 로 내가 원하는 것을(목표를) 추구해서 달성하면 온전해질 것으로 믿고 있는 것입니다. 즉 내 존재를 지금 이 순간 여기에 두고 누리는 삶이 아 니라 내 존재를 미래에 두고 추구하는 삶을 사는 것입니다. 이는 미래 를 위해 현재를 희생하는 삶입니다.

이를 요약하면 다음과 같습니다.

- 우리는 성장하면서 규범을 만들고 그것에 복종하는 것으로 자신을 만들 어가는 삶의 방식을 가집니다.
- 우리는 어떤 목표를 세우고 그것을 이룰 수 있는 계획을 만들고 그것에

따라 행함으로써 자기 삶의 방식을 만듭니다.

- 거짓자아로 살아가는 인간은 생각을 통해 자신이 만든 규칙에 복종하고 목표를 만들어서 자신이 만든 계획을 추구하는 삶을 사는 자라고 규정할 수 있습니다.

하지만 규범이나 계획은 자신을 보호하고 자신의 존재를 나타내는 수단이지, 그것이 목적이나 삶의 방식이 될 수는 없습니다. 우리는 스스로 규칙을 만들어 지키고, 목표를 만들고 계획을 추구하기 위해서 창조된 존재가 아닙니다. 본래 인간은 하나님의 사랑 가운데 온전함을 누리며 하나님의 무한하신 생명을 경험하고, 하나님의 모든 것을 나타내기 위해서 살아가는 존재로 지음을 받았습니다.

수단적 목표란?

거짓자아로 살아가는 삶은 생각을 통해 수단적 목표를 향해 나아가는 삶입니다. 우리가 생각을 통해서 세운 목표는 또 다른 목표를 위한 '수단'이기 때문에 수단적 목표라고 부를 수 있습니다. 수단적 목표는 자신의 정체성을 인식하고자 자신이 보호함을 받고, 안정감을 누리고자, 지금의 부정적 감정에서 벗어나고자 하는 결핍과 부족 때문에 만든 목표입니다. 또한 스스로 결코 누릴 수 없는 본래적 감정을 얻고자 만든 목표입니다.

우리가 목표를 만들어 추구하는 것은 한마디로 지금은 그렇지 못하지만 온전함을 누리는 가운데 살아야 한다는 욕구 때문입니다. 욕구에 기초한 목표는 결핍과 부족에 기초하며 절박감 때문에 만들어진 목표입니다. 거짓자아가 영원한 평강과 기쁨, 사랑을 누리고자 하는 목적으로 만들어낸 것입니다. 그것은 자신의 존재를 항상 미래에 두는 것이며 지금 이 순간 여기에서 자신의 존재를 알지도 못하고 누리지도 못하고 늘 결핍과 부족에 시달리는 것입니다.

또한 수단적 목표를 달성한다 해도 자신이 해낸 일에 대한 온전한 만족을 느낄 수 없기 때문에 자기 자신에 대해서도 불만족스럽게 느낍니다. 그래서 자신의 영혼을 갉아먹는 부정적인 감정에서 벗어나야 한다는 절박감을 바탕으로 또 다른 목표를 세웁니다. 이처럼 결핍과 부족에 기초한 욕구적 목표(절박감에 기초한 목표)는 또 다른 목표를 달성하기 위한 수단에 불과합니다. 이 목표는 내가 반드시 이루어야 하는 부담감으로 다가옵니다. 왜냐하면 만약 목표를 이루지 못한다면, 자신의 존재와 가치가 떨어진다고 느끼기 때문입니다.

그런데 아이러니한 것은 그렇게 목표를 달성해도 전보다 더 큰 공허함을 느끼게 된다는 것입니다. 결국 그 공허함에 기초하여 더 큰 목표를 세우고 달려갈 수밖에 없습니다. 늘 지금 이 순간 여기에 있는 자신의 존재를 알지도 못하고 누리지도 못하는 것입니다. 자신의 공허함을 목표를 달성하고자 하는 노력으로 메꾸는 것입니다. 그렇지 않으면 자신의 존재가 사라지는 두려움을 느끼기 때문입니다.

그렇기 때문에 수단적 목표는 내 경험과 지식의 한계 안에서 추구하는 것입니다. 자신의 제한된 지혜와 능력으로 행해야 하기 때문에 목표를 추구하는 과정 가운데 평강과 기쁨이 없으며, 고통과 괴로움 가운데 달성해야만 합니다. 어떤 목표를 달성한다고 할지라도 영원한 기쁨을 누리지는 못합니다.

소원적 목표란?

자기를 부인하고 자기 십자가를 진 자의 삶의 방식, 즉 그 혼이 몸의 종노릇에서 벗어나 그리스도 안에 있는 자의 삶의 방식은 수단적 목표를 추구하지 않습니다. 자신이 자존자가 아니라 의존자라는 사실을 깨닫고 온전함 가운데 하나님을 나타내는 삶의 방식을 체험한 사람이 성령님의 인도하심을 받는 것은 너무나 당연한 결과입니다. 우리의 혼이 하나님의 영 안에 거할 때 누리는 삶은 수단적 목표를 정하고 추구하는 삶이 아니라 하나님을 나타내고자 하는 소원적 목표를 향해 나아가는 삶입니다.

> **빌 2:13** 너희 안에서 행하시는 이는 하나님이시니 자기의 기쁘신 뜻을 위하여 너희에게 소원을 두고 행하게 하시나니

소원적 목표는 반드시 이루어야 하는 목표가 아니라 이루고 싶은 목표입니다. 내가 이루어가는 것이 아니라 성령님의 인도하심을 받음으로써 이루어지는 목표입니다. 수단적 목표는 그것을 달성하지 않으면 지금의 부정적 감정에서 벗어날 수 없기 때문에 반드시 이루어야 합니다. 그러나 소원적 목표는 지금 있는 그대로 만족하기 때문에 그것을 나타내고자 하는 목표인 것입니다. 목표를 이루는 수단 그 자체가 목적이 되는 것입니다.

또한 소원적 목표는 내 결핍을 채우고자 하는 욕심에 기초한 것이 아니라 하나님을 나타내고자 하는 갈망에 기초합니다. 무엇 때문에 하는 것이 아니라 하고 싶어서 하는 것이며 다른 이유가 존재하지 않습니다. 그래서 소원적 목표는 주어진 소명에 따라 비전을 추구하는 것과 같습

니다. 결핍과 부족을 채우기 위함이 아니라 하나님의 신성과 원복을 나타내고자 하는 목적을 가지며 그 과정에서 하나님의 지혜와 사랑과 능력이 나타나는 것을 경험합니다. 그분을 더 나타내고 싶은 의지가 나타납니다. 그것이 바로 삶의 갈망과 열정(enthusiasm)입니다.

수단적 목표에 따라 살아가는 삶의 방식은 분석하고, 비교하고, 비판하고, 평가하고, 합리화하는 자존자의 삶의 방식입니다. 반면에 소원적 목표에 따라 살아가는 삶의 방식은 순수하고, 사랑하고, 나누고, 베풀고, 창조하고, 성장하고, 양육하는 의존자의 삶의 방식입니다.

그렇다면 지금 본인이 가지고 있는 목표가 수단적 목표인지, 아니면 소원적 목표인지를 어떻게 구분할 수 있을까요? 다음 목표별 특징과 비교해보십시오.

1 거짓자아가 가지는 수단적 목표의 특징

- 지금의 상황과 처지에서 벗어나기 위한 목표이다.
- 다른 목적을 이루기 위한 수단적 목표이다.
- 영원한 만족을 얻기 위한 욕구에 기초한 목표이다.
- 자신의 존재를 증명하기 위한 수단이다.
- 미래지향적이다(지금은 아니지만 미래 언젠가는).

2 성령님의 인도하심을 받는 자가 가지는 소원적 목표의 특징

- 있음과 온전함에서 출발한 목표이다.
- 하나님이 주시는 소원함에 기초를 둔 목표이다.
- 목표를 이루어가는 삶 자체가 목적이다.
- 자신의 존재의 이유를 나타내기 위한 수단이다.

■ 카이로스 지향적이다(지금 이 순간 여기에서 하나님과의 생명적 관계를 통해서 주님을
  나타내고자 함).

소원적 목표로 산다는 것은?

소원적 목표로 산다는 것은 목표의 동기뿐만 아니라 내용 그리고 목표를 달성하는 방법에서 다음과 같은 특징이 있습니다.

■1 보이는 세계가 아니라 보이지 않는 세계에서 가지는 목표입니다

> **고후 5:7** 이는 우리가 믿음으로 행하고 보는 것으로 행하지 아니함이로라

소원적 목표는 이루어야 하는 그 무엇이 아니라 이루고 싶은 그 무엇으로, 감동적이고 직관적이고, 이끌림을 받는 느낌을 줍니다. 소원적 목표로 살아가면 '나'라는 존재가 살아있는 이유, 살아가야 하는 이유를 느끼며, 하나님의 인도하심과 역사하심에 따라 보이지 않는 것들이 현실 세계로 모습을 드러내는 것을 경험합니다.

소원적 목표를 가지고 행하는 것은 내 존재를 의식하고, 유지하기 위한 것이 아니라 본래 지어진 대로의 삶을 살기 위해 하나님께서 주시는 것을 이루고자 하는 것입니다. 그것은 하나님의 영으로부터 우리의 심중에 심겨지는 것이기 때문에 그리스도 안에 있는 혼이 분별함으로 찾아내고 그것대로 행하고자 이끌림을 받는 것입니다. 보이지 않는 것들이 드러나면 드러날수록 하나님께서 주신 목표가 무엇인지 더 알게 됩니다.

요 8:38 나는 내 아버지에게서 본 것을 말하고 너희는 너희 아비에게서 들은 것을 행하느니라

골 3:1-2 1 그러므로 너희가 그리스도와 함께 다시 살리심을 받았으면 위의 것을 찾으라 거기는 그리스도께서 하나님 우편에 앉아 계시느니라 2 위의 것을 생각하고 땅의 것을 생각하지 말라

2 '어떻게 이룰 것인가'가 아니라 '이루고 싶은 무엇'만이 존재합니다

수단적 목표를 이루고자 할 때는 늘 목표의 거대함과 자신의 한계의 차이를 느끼게 되고 과거의 경험과 지식에 기초해서 목표를 세울 수밖에 없습니다. 그리고 결핍과 부족에도 불구하고 자신의 목표를 이루려는 의지와 노력이 있어야 한다고 생각합니다. 즉 자신의 생각으로 만든 수단적 목표를 추구할 때는 "어떻게 달성할 것인가?"에 초점을 두게 됩니다. 결국 내가 세운 목표를 이루어가기 위해서는 오늘을 포기해야 하고, 자신의 존재가 미래에 있게 되며, 그것을 행하는 데 평강과 기쁨이 없습니다.

하지만 소원적 목표는 '이루고 싶은 무엇'에만 관심을 가지지, "어떻게 이룰 것인가"에는 관심을 가지지 않습니다. 왜냐하면 '무엇에' 대한 것은 내가 할 일이지만, '어떻게'에 대해서는 하나님께서 하실 일이라는 것을 알기 때문입니다. 마가복음 11장 24절에서 "받은 줄로 믿는" 것은 우리가 할 일이지만 "그대로 되리라"는 하나님께서 하실 일입니다.

막 11:24 그러므로 내가 너희에게 말하노니 무엇이든지 기도하고 구하는 것은 받은 줄로 믿으라 그리하면 너희에게 그대로 되리라

하나님께서 주신 소원적 목표를 이루어갈 때 내 존재는 미래가 아닌 지금 이 순간 여기에 있습니다. 하나님과의 생명적 관계 가운데 성령님의 인도하심을 받는 것이고, 나를 통해서 그분의 능력과 지혜가 나타나기 때문에 한없는 기쁨과 경이로움을 경험하게 됩니다. 반드시 이루어야 한다는 의무감이 아니라 그분께서 이루실 것이라는 더 큰 믿음을 가지게 됩니다. 이것은 자신의 내면의 결핍을 채우고자 하는 것이 아니라 하나님의 모든 것이 자신을 통해서 나타나는 것을 체험하며 지금 이 순간 여기에서 풍성한 은혜를 누리는 것입니다. 우리는 없는 것을 성취하기 위해서 목표를 세우는 것이 아니라 이미 예수님께서 십자가에서 법적으로, 차원적으로 모든 것을 성취하셨기 때문에 우리 안에 모든 것이 있으며 그것을 현실에 나타내기 위해 목표에 이끌림을 받는 것입니다.

결핍과 부족에 기초한 수단적 목표는 스스로 성취하는 것이지만, 하나님에 의해서 주어진 소원적 목표를 이루어가는 것은 창조에 속하는 것(하나님께서 나를 위해, 나를 통해 행하는 것을 즐기며 동참하는 것)입니다. 전자는 노력과 의지를 쏟아야 하지만, 후자는 하나님의 능력과 지혜 가운데 이끌림을 받는 것입니다. 소원적 목표는 불확실성 속에서 믿음을 가지고 행함으로 은혜와 호의를 경험하는 것입니다.

수단적 목표를 추구할 때에는 목표를 달성하기 위한 계획과 구체적인 예측이 없으면 늘 불안합니다. 왜냐하면 내 지혜와 능력 안에서 이루어져야 할 목표이기 때문입니다. 늘 이 목표가 옳은 것이지 아닌지를 따지는 데 많은 시간을 할애합니다.

그러나 소원적 목표를 추구하는 것은 그리스도 안에서 하나님께서 주시는 생각을 더 알아가는 것이지, 내가 만들어낸 생각을 발전시키는 것이 아닙니다. 하나님의 이끄심을 따라가면 갈수록 더 많은 것들을 생각나게 하시고 보여주시는 것입니다. 즉 소원적 목표를 이루어가는 동안 하나님의 위대하심과 놀라운 지혜와 능력을 더 경험하게 되고, 그분께 감사와 찬양과 경배를 드릴 수밖에 없습니다. 이것이 하나님께서 창조 때부터 인간에게 받기 원하셨던 것입니다.

> **엡 1:6** 이는 그가 사랑하시는 자 안에서 우리에게 거저 주시는 바 그의 은혜의 영광을 찬송하게 하려는 것이라

❸ 소원적 목표는 하나님께서 주신 창조적 행위로 이루어집니다

하나님에 의해서 주어지는 목표와 그 일을 이루는 것은 무조건적인 창조에 해당됩니다. 어떤 조건과 이유도 존재하지 않습니다. 무조건적인 창조는 다른 목적이 개입할 여지없이, 단지 자기가 그것을 원한다는 이유로 무언가를 창조하는 순수한 행위를 말합니다. 그 목적을 이루는 것이 다른 목적을 이루는 수단이 되지 않는다는 것입니다. 조건이나 이유 없이 무언가를 창조하는 순간, 우리는 그토록 원했던 영혼의 기쁨을 느끼게 됩니다. 행하는 자체가 기쁨이 되는 이유는 온전함과 '있음 의식'에서 나오는 창조이기 때문입니다.

소원적 목표를 어떻게 발견하는가?

거짓자아로 살아가는 모든 사람들은 지금 이 순간에도 무언가를 생각해야 하고, 어떤 목표를 만들고, 그것을 추구해야만 온전한 삶을 살 수 있다는 강박감 속에서 살고 있습니다. 우리는 생각을 통해서 하나님을 나타내는 존재이지, 그 생각을 가지고 자신을 유지하는 존재가

아니라는 사실에 늘 깨어 있어야 합니다. 물론 엄밀하게 말하면, 생각 없이, 목표 없이는 살 수가 없습니다. 하지만 중요한 것은 '어떤 내가 생각하는가?'[거짓자아인가? 그리스도 안에 있는 참자아인가?(주체 파악)] 그리고 '어떤 목표를 이루고자 하는가?'(욕구에 기초한 수단적 목표인가? 갈망에 기초한 소원적 목표인가?)입니다.

자신의 생각과 목표가 수단적 목표인지 소원적 목표인지를 어떻게 알 수 있을까요? 첫째, 수단적 목표는 반드시 해내야만 자신의 필요를 채울 수 있고 일시적인 만족감을 누릴 수 있는 것입니다. 반면에 소원적 목표는 자신 안에 모든 것이 있고 만족한 상태에서 행하는 것이기 때문에 행위 자체로 내 존재가 풍성해지는 것입니다. 둘째, 수단적 목표는 목표를 이룰 계획을 생각하면 먼저 불가능한 이유가 떠오르고 심리적 저항감이 발동합니다. 반면에 소원적 목표는 가능 여부를 떠나서 계획과 상관없이 이루고 싶은 것이며, 내가 이루는 것이 아니라 하나님께서 개입하심으로 성령님을 통해서 이루어지는 것입니다. 셋째, 수단적 목표는 목표를 추구하기 위해서 자신이 가진 에너지를 다 짜내어야 한다는 느낌이 드는 반면, 소원적 목표를 행할 때에는 하나님의 개입하심으로 인하여 그분으로부터 오는 초자연적인 에너지가 느껴집니다.

하나님께서 당신에게 주시는 소원적 목표는 다음 세 가지 기준으로 가질 수 있습니다.

■ 무한한 돈을 가졌고, 두려워할 일이 없으며, 인정받지 않아도 되고, 아무 불안도 없다면, 지금 무얼 하고 싶나요? 모든 것이 다 있다는 가정하에 하고 싶은 일이 무엇인지 생각해보십시오. 모든 것을 다 이루고 모든 것이 다 있다면 더 이상 욕구에 기초해서 할 것은 없습니다. 바로 그때 하

고 싶은 일이 바로 소원적 목표입니다. 소원적 목표에 따라 살아갈 때 성령님의 인도하심을 받는 삶을 살 수 있게 됩니다.

■ 내가 기뻐하는 일이 아니라 하나님께서 기뻐하시는 일이 무엇일까를 생각해보십시오. 그리고 그 일을 이루기 위한 목표를 지금 생각해보십시오. 그것은 내가 내 만족을 위해서 만든 목표가 아니라 하나님께서 이루시고자 하는 목표입니다.

요 8:29 나를 보내신 이가 나와 함께 하시도다 나는 항상 그가 기뻐하시는 일을 행하므로 나를 혼자 두지 아니하셨느니라

■ "어떻게 이룰 것인가"라는 계획과 "목표를 꼭 이루어야 한다"라는 생각에서 완전히 자유하다면 당신이 정말 원하는 목표가 무엇인가요?

이 세 가지 기준으로 당신의 소원적 목표가 무엇인지 깊이 묵상해봄으로써 하나님께서 주시는 목표를 발견하고 그에 따른 삶을 살아보십시오. 당신은 성령님의 인도하심을 받게 되실 것입니다. 인간이 누릴 수 있는 최고의 인생은 하나님께서 나에게 주신 소원적 목표에 따라 내 삶의 모든 영역에서 그분을 나타내며 영원히 현존하시는 그분과 함께 지금 이 순간 여기에서 함께 살아가는 것입니다. 삼위일체 하나님 안에서 그분과 함께 풍성한 삶을 누리며 하나님의 때에 하나님께서 시키시는 일만 하며 살아가는 것입니다.

다음 질문에 답하면서 오늘 내용을 자신에게 적용해보세요.

1. 그동안 당신의 존재는 지금 이 순간 여기에 있었나요? 아니면 당신의 존재를 미래에 두고 '지금은 아니지만 좀 더 노력하면 미래에는 언젠가 좋아지고 행복해질 거야'라고 생각하셨나요? 그러한 생각으로 살아온 이유가 무엇인가요?

2. 당신의 인생에서 가장 큰 성취감과 행복을 주었던 순간은 어떤 목표를 달성했을 때인가요? 그 목표가 준 성취감과 행복이 얼마나 지속되었나요? 그 목표가 수단적 목표였나요? 아니면 소원적 목표였나요? 앞으로는 어떤 삶을 살기를 원하는지요?

3. 소원적 목표를 발견할 수 있는 세 가지 기준에 따라 하나님께서 당신에게 주시는 소원적 목표가 무엇인지 발견해보세요. 그리고 하나님께서 그 소원적 목표를 당신을 통해 어떻게 이루어가시는지 지속적으로 기록해보세요.

더보기

영상 – 다람쥐 쳇바퀴 도는 삶에서 이젠 벗어나라

Welcome Holy Spirit

성령님의
인도하심 받기
실전편

—

성령님은 하나님의 자녀를
어떻게 인도하시나요?

성령님에 대해 관심이 있는 분이라면 '하나님의 음성 듣기'라는 표현을 한 번쯤은 들어보셨을 것입니다. 그리고 그분과의 친밀함을 간절히 소망했던 분이라면 하나님 음성 듣기에 대한 다양한 책도 읽고, 심지어 그런 훈련 프로그램에 참여한 분도 있으리라 생각됩니다. 오늘날 성령의 역사를 인정하는 오순절 은사주의에서는 이 표현에 대한 거부감이 없지만, 말씀을 중요시하는 개혁신학이나 성령의 역사에 대체로 부정적인 세대주의 신학에서는 해당 표현을 부정적으로 보거나 그중 일부는 '직통계시'라는 라벨을 붙여 비성경적이라고 비판하기도 합니다. 하지만 우리가 거듭나 하나님의 자녀가 되었다면 그분의 음성을 듣는 것은 너무나 당연한 것입니다.

한편으로 우리가 신약시대를 살아가는 하나님의 자녀라면 '하나님의 음성 듣기'라는 표현은 다음과 같은 이유에서 제한된 표현이라는 것을 알아야 합니다. 첫째, '하나님의 음성 듣기'라고 하면 하나님께서 우리와 대화하는 방식이 마치 "누구야"라고 말하는 것처럼 들리는 음성에 국한된다고 여겨질 수 있기 때문입니다. 물론 예외적으로 하나님께서 귀로 들리는 음성으로 말씀하실 수도 있지만, 대부분 다른 방법으로 우리와 교제하십니다. 둘째, '하나님의 음성 듣기'는 우리가 하나님의 음성을 제대로 들을 수 없다는 것과 어떻게 해야 하나님의 음성을 들을 수 있는가를 전제로 하고 있습니다. 그래서 일반적으로 하나님의 음성을 듣는다고 할 때 하나님과 분리된 내(거짓자아가 주체)가 듣는 것으로 이해되기 쉽습니다. 셋째, 하나님의 음성은 어떤 방법을 배운다고 들을 수 있는 것이 아니라 하나님과의 생명적 관계를 가질 때 자연스럽게 들리기 때문입니다. 거짓자아로는 하나님의 음성을 들을 수 없습니다. 자기부인과 자기 십자가를 통해 자신을 포기할 때 나를 통치하시고 인도하시기 위해서 말씀하시는 하나님과 교제할 수 있게 되는 것입니다.

하나님나라 복음의 관점에서 그분의 자녀로서 하나님의 음성을 듣는다는 것은 하나님께서 말씀하시는 대로 생각하고 느끼고 보는 것이지, 내가 하나님의 음성을 듣는 것이 아닙니다. 따라서 '하나님의 음성 듣기'보다 더 포괄적인 내용을 포함하고 있는 용어는 '성령님의 인도하심 받기'입니다. Day 29에서는 성령님께서 하나님의 자녀를 어떻게 인도하시는지에 대해 살펴보겠습니다.

롬 8:14 무릇 하나님의 영으로 인도함을 받는 사람은 곧 하나님의 아들이라

하나님의 자녀라면 누구나 성령님의 인도하심을 받을 수 있다

하나님께서는 예수 그리스도 안에 있는 자녀들에게 늘 말씀하십니다. 하나님께서는 우리를 통하여 그분의 뜻을 이루기를 원하십니다. 따라서 하나님의 자녀라면 거짓자아는 죽고 그리스도가 사는 삶을 살아야 합니다(갈 2:20 ; 마 16:24). 그렇다면 하나님과의 분리를 전제로 한

이원성에 기초하여 "어떻게 내가 하나님의 음성을 들을 수 있는가?"보다 더 중요한 것은 하나님과의 온전한 연합을 전제로 한 하나 됨에 기초하여 지금도 우리 안에 울려 퍼지는 그 음성대로 생각하고 느끼고 살아내는 것입니다. 이러한 삶이 자연스러운 삶의 방식이 되도록 하기 위해서 우리는 Day 23부터 Day 28까지 단계적으로 우리 자신을 변화시켜 온 것입니다.

구약에서는 특별한 경우에(특별한 장소와 시간에서) 하나님의 임재가 있었지만, 신약에 있어 하나님 자녀에게는 언제나 주의 임재가 함께합니다. 흔히 하는 오해는 우리가 하나님의 임재를 느껴야만 하나님께서 우리와 함께하신다고 생각하는 것입니다. 이는 잘못된 믿음입니다. 우리가 하나님의 임재를 느끼지 못하더라도 삼위일체 하나님은 물과 성령으로 거듭난 자에게 언제나 함께하십니다.

> **마 28:20** 내가 너희에게 분부한 모든 것을 가르쳐 지키게 하라 볼지어다 **내가 세상 끝날까지 너희와 항상 함께 있으리라 하시니라**

> **고후 4:6-7** 6 어두운 데에 빛이 비치라 말씀하셨던 그 하나님께서 예수 그리스도의 얼굴에 있는 하나님의 영광을 아는 빛을 우리 마음에 비추셨느니라 7 **우리가 이 보배를 질그릇에 가졌으니** 이는 심히 큰 능력은 하나님께 있고 우리에게 있지 아니함을 알게 하려 함이라

설령 우리가 온전한 삶을 살지 못하더라도 함께하십니다. 하나님께서 우리를 새로운 피조물로 거듭나게 하셨기 때문에, 성령님 안에서 말씀으로 우리의 육체를 새롭게 하기를 원하십니다. 즉 삼위일체 하나님

께서는 우리를 통치하시고, 우리를 통하여 그분의 일을 행하길 원하십니다.

혼히 오해하는 것처럼 우리가 죄를 지었기 때문에 하나님께서 말씀하시지 않는 것이 아니라 죄를 지어 혼이 거짓자아에 묶여버렸기 때문에 하나님께서 말씀하시는 것을 듣지 못하는 것입니다. 하나님께서는 오히려 우리가 죄를 지었기 때문에 성령님을 통하여 말씀하심으로 우리가 회개하기를 원하시며 우리로 하여금 다시 그분의 뜻을 이루기를 원하신다는 것을 알아야 합니다.

우리는 매일의 삶에서 내 경험과 지식에 기초한 감정으로 주님을 느끼는 것이 아니라 하나님의 영이 우리를 통치하심으로 인하여 느껴지는 감정(Day 25에서 알아본 본래적 감정)을 체험해야 합니다. 그것은 자기가 주인인 삶을 포기할 때 성령님에 의해 경험되는 것입니다. 우리가 스스로 생각하기를 포기할 때 우리의 혼이 하나님의 영 안에 거하게 되고, 자연스럽게 하나님의 임재를 체험하게 되고, 내 혼이 그리스도 의식을 더 체험하게 됩니다. 느낌이 진리보다 절대 앞서서는 안 되지만, 참 진리는 반드시 체험(느낌)이 따라오며 그 진리가 참 진리임이 체험에 의해 확증된다는 것을 알아야 합니다.[18]

> **살전 1:5** 이는 우리 복음이 너희에게 말로만 이른 것이 아니라 또한 능력과 성령과 큰 확신으로 된 것임이라 …

---

[18] 하나님의 임재에 대해서 더 구체적으로 알고 체험하기를 원하면 《킹덤빌더의 영성》(규장, 2022) 10장 "임재 호흡으로 하나님과 생명적 관계를 가져라"를 읽어보시기 바랍니다.

롬 14:17 하나님의 나라는 먹는 것과 마시는 것이 아니요 오직 성령 안에 있는 의와 평강과 희락이라

성령님의 인도하심을 받기 원하는 동기를 점검하라

오늘날 안타깝게도 그리스도인들이 하나님의 음성을 듣기 원하는 동기(숨은 속내)는 그리스도 안에서 하나님의 창조목적에 따라 자신에게 주신 소명을 이루어가기 위해서라기보다는 내가 악한 세상에서 죄짓지 않고 늘 축복받는 삶을 살기 위해서인 경우가 더 많은 것 같습니다. 그만큼 우리 스스로 살아가기에 벅찬 현실이기 때문이기도 하지만, 우리의 신앙과 신학이 하나님나라의 복음에 기초하지 못하고 있기 때문이기도 합니다. 우리는 어떠한 동기로 성령님의 인도하심을 받기 원해야 할까요? 하나님의 경륜에 따라 나에게 주신 소명, 즉 하나님의 창조목적을 이루기 위해서 성령님의 인도하심을 받기 원해야 합니다. 자존자의 삶이 아니라 의존자의 삶을 살기 위해서, 수단적 목표가 아니라 소원적 목표로 살기 위해서 성령님의 인도하심 받기를 원해야 합니다.

말씀을 모르면 성령님의 인도하심을 제대로 받을 수 없다

성령님의 인도하심을 받기 위해서는 무엇보다도 성경을 통해서 하나님의 성품과 예수 그리스도를 통한 그분의 경륜을 알아야 합니다. 그것은 말씀을 제대로 알 때 깨닫게 되는 것입니다. 말씀에 대한 지식과 정보가 없는데도 하나님의 영에 인도함을 받는다는 것은 불가능한 일입니다. 말씀의 깊이가 없는데 매번 하나님의 음성을 들었다고 말하고 성

령님의 인도하심을 받는다고 말하는 사람만큼 위험하고 잘못될 확률이 높은 사람은 없습니다.

말씀이 단순히 지식과 정보가 아닌 영이요 생명으로 체험될 때 자신이 받은 감동이나 인도하심이 성령님께서 주시는 것인지, 아니면 다른 영에 의해서 주어지는 것인지를 알 수 있게 됩니다. 또한 성경(로고스)에 기록되지 않은 말(레마)도 성경에 기초해서 말씀하시는 성령님의 인도하심으로 경험하게 됩니다. 예를 들어 "지금 그곳에 가지 마라", "이 일을 해라", "무엇을 하지 말라" 등의 레마의 말씀을 들을 수 있습니다. 성령님께서 주신 감동(레마의 말씀)을 로고스를 통해 분별함으로 순종할 수 있는 것입니다. 우리가 말씀을 알 때 비로소 우리는 성령님의 인도하심을 제대로 받을 수 있게 됩니다.

우리는 성경의 말씀과 성령님의 인도하심이 모두 필요합니다. 말씀만 있고 성령님을 경험하지 못하면 비록 말씀(로고스)은 진리이지만 그 말씀이 우리에게 지식과 정보만 될 뿐이지, 우리를 변화시키는 영이요 생명인 살아있는 말씀(레마)이 될 수 없습니다(Day 23 참조). 그 말씀이 살아서 역사하기 위해서는 진리의 영이신 성령님께서 그 말씀을 우리의 심중에 심어주셔야 합니다. 그때 비로소 우리는 그 말씀대로 생각하고 느끼고 말하고 행동하게 됩니다. 이것이 바로 성령님의 인도하심을 받는다는 뜻입니다. 이처럼 우리가 성령님의 인도하심을 받기 위해서는 성령만이 아니라 성령과 말씀이 늘 함께해야 합니다.

고후 6:7 진리의 말씀과 하나님의 능력으로 의의 무기를 좌우에 가지고

성령님의 인도하심을 받을 때 체험되는 일

성령님은 우리의 내면을 하나님의 관점에서 볼 수 있도록 해주시는 분이십니다. 말씀이 살아 역사한다는 것은 진리의 영이 함께한다는 것을 의미합니다.

히 4:12 하나님의 말씀은 살아 있고 활력이 있어 좌우에 날선 어떤 검보다도 예리하여 혼과 영과 및 관절과 골수를 찔러 쪼개기까지 하며 또 마음의 생각과 뜻을 판단하나니

성령님은 어떤 상황과 처지에 있어서 우리에게 필요한 하나님의 말씀을 알려주시는 분이십니다.

막 13:11 사람들이 너희를 끌어다가 넘겨 줄 때에 무슨 말을 할까 미리 염려하지 말고 무엇이든지 그 때에 너희에게 주시는 그 말을 하라 말하는 이는 너희가 아니요 성령이시니라

요 16:13 그러나 진리의 성령이 오시면 그가 너희를 모든 진리 가운데로 인도하시리니 그가 스스로 말하지 않고 오직 들은 것을 말하며 장래 일을 너희에게 알리시리라

그리고 성령님은 성경의 말씀이 무엇을 뜻하는지를 알게 해주시는 분이십니다.

요 14:26 보혜사 곧 아버지께서 내 이름으로 보내실 성령 그가 너희에게 모

든 것을 가르치고 내가 너희에게 말한 모든 것을 생각나게 하리라

그리고 성령님은 우리를 통하여 하나님의 말씀을 이루시는 분이십니다.

렘 1:12 여호와께서 내게 이르시되 네가 잘 보았도다 이는 내가 내 말을 지켜 그대로 이루려 함이라 하시니라

시 89:34 내 언약을 깨뜨리지 아니하고 내 입술에서 낸 것은 변하지 아니하리로다

사 55:11 내 입에서 나가는 말도 이와 같이 헛되이 내게로 되돌아오지 아니하고 나의 기뻐하는 뜻을 이루며 내가 보낸 일에 형통함이니라

성령님이 하나님의 자녀를 인도하시는 다양한 방법

행 2:17 하나님이 말씀하시기를 말세에 내가 내 영을 모든 육체에 부어 주리니 너희의 자녀들은 예언할 것이요 너희의 젊은이들은 환상을 보고 너희의 늙은이들은 꿈을 꾸리라

인간은 자아가 형성된 후에는 오감에 입각한 생각과 감정으로 살아갑니다. 그리고 인본주의적 사고방식에 사로잡혀 언어, 개념, 논리, 합리적 사고 등이 인간답게 사는 수단이라고 믿어왔고, 거기서 벗어나는

것을 마치 인간이기를 포기하는 것처럼 여겨왔습니다. 하지만 성령체험을 통해 혼이 몸의 종노릇에서 벗어나 그리스도 안으로 들어가 성령님의 인도하심을 받게 되면, 소위 말하는 오감의 영역을 벗어나는 '육감'(the sixth sense)을 통한 예언, 환상, 꿈이 나타나게 됩니다. 또한 하나님께서 레마로 말씀하시고, 내적 음성으로 말씀하시고, 신체를 통해서도 말씀하시는 것을 알게 됩니다. 즉 인본주의적 사고방식을 초월하는 방법으로 우리와 대화하십니다. 성령님께서 우리를 인도하시는 대표적인 방법들은 다음과 같습니다.

❶ 말씀을 주심으로 (로고스가 레마로)

같은 성경 말씀을 읽더라도 성령님께서 그 말씀을 조명해주시고 내 눈을 열어주셔서 그 말씀을 보게 해주실 때 그 말씀이 나에게 적용되고, 지금 나에게 하시는 말씀인 것을 알게 됩니다. 또한 어떤 상황에서 자연스럽게 말씀이 떠오릅니다. 그것은 내가 끄집어내는 것이 아니라 그리스도 안에서 어떤 상황을 맞이할 때 하나님께서 그것에 대해서 말씀(레마)을 말하시는 것입니다.

> **시 119:18** 내 눈을 열어서 주의 율법에서 놀라운 것을 보게 하소서

> **마 4:4** 예수께서 대답하여 이르시되 기록되었으되 사람이 떡으로만 살 것이 아니요 **하나님의 입으로부터 나오는 모든 말씀**(헬, 레마)으로 살 것이라 하였느니라 하시니

2 내적 음성으로

내적 음성은 자신의 심중으로부터 올라오는 것입니다. 이것은 성령님께서 기록된 말씀(로고스)에 기초하여 기록되지 않은 말씀(레마)을 하시는 것입니다. "내가 너를 사랑한다", "그 일을 하지 않으면 좋겠구나", "그 일을 하면 좋겠구나", "무엇에 대해서 알아보아라" "네가 그 사람에게 가서 격려해라" 등으로 말씀하십니다. 우리는 흔히들 이러한 내적 음성을 들을 때 성령님의 감동하심을 받았다고 표현합니다.

행 8:29-30 29 **성령이 빌립더러 이르시되 이 수레로 가까이 나아가라** 하시거늘 30 빌립이 달려가서 선지자 이사야의 글 읽는 것을 듣고 말하되 읽는 것을 깨닫느냐

3 예언을 통하여

하나님께서 좀 더 구체적으로 말씀하시고자 할 때 예언을 사용하십니다. 예언은 주로 다른 사람의 덕을 세우기 위해서, 또는 다가올 미래에 대비하기 위해서 주어집니다. 어떤 상황에 하나님의 영이 임하시면 그분의 말씀을 전하게 됩니다. 또한 방언을 하다보면 통변이 나오고 그것이 예언적일 때가 많습니다.

고전 14:1,3 1 사랑을 추구하며 신령한 것들을 사모하되 특별히 예언을 하려고 하라 … 3 그러나 예언하는 자는 사람에게 말하여 덕을 세우며 권면하며 위로하는 것이요

4 환상으로

환상은 하나님께서 우리의 마음판에 보여주는 것을 마음의 눈(성령님에 의해 소생케 된 혼)으로 보는 것입니다. 때로는 정지된 이미지를 보여주시기도 하며, 때로는 이미지가 계속해서 움직이고 바뀌는 동영상을 보여주시기도 합니다. 우리의 혼이 스스로 생각하기를 멈추고 그리스도 안에서 성령님의 통치 가운데 있을 때 자신이 전혀 의도치 않은 이미지와 동영상이 자신의 마음판에 재생되는 것입니다(깨어 있는 상태에서 꾸는 꿈이라고 생각해보십시오). 그 환상의 의미는 성령님만이 아시기 때문에, 성령님께 그 의미를 여쭤보아야 합니다.

■ 엘리사의 사환이 본 환상

왕하 6:17 기도하여 이르되 여호와여 원하건대 그의 눈을 열어서 보게 하옵소서 하니 여호와께서 그 청년의 눈을 여시매 그가 보니 불말과 불병거가 산에 가득하여 엘리사를 둘렀더라

■ 베드로가 본 환상

행 10:9-11 9 이튿날 그들이 길을 가다가 그 성에 가까이 갔을 그 때에 베드로가 기도하려고 지붕에 올라가니 그 시각은 제 육 시더라 10 그가 시장하여 먹고자 하매 사람들이 준비할 때에 황홀한 중에 11 하늘이 열리며 한 그릇이 내려오는 것을 보니 큰 보자기 같고 네 귀를 매어 땅에 드리웠더라

■ 사도 바울이 본 환상

행 16:9-10 9 밤에 환상이 바울에게 보이니 마게도냐 사람 하나가 서서 그에게 청하여 이르되 마게도냐로 건너와서 우리를 도우라 하거늘 10 바울이

그 환상을 보았을 때 우리가 곧 마게도냐로 떠나기를 힘쓰니 이는 하나님이 저 사람들에게 복음을 전하라고 우리를 부르신 줄로 인정함이러라

5 꿈을 통하여

그리스도인이라면 꿈을 통해서 하나님께서 말씀하신다는 것은 성경을 통해 익히 잘 알고 있습니다. 벧엘에서 야곱이 꾼 꿈 이야기, 요셉의 꿈 이야기, 꿈을 통해 지혜를 받은 솔로몬 이야기, 다니엘이 직접 꾼 꿈과 느부갓네살 왕의 꿈을 해석해준 이야기 등 셀 수 없이 많습니다. 우리의 꿈은 잠재의식, 즉 심중에 들어 있는 것을 바탕으로 재생되는 경우가 많습니다. 심중을 깨끗하게 함으로써 하나님께서 주시는 꿈을 더 잘 꿀 수 있습니다. 또한 어떤 부분에 대한 하나님의 뜻을 알고 싶을 때에는 자기 전에 하나님께 꿈을 통해 말씀해달라고 기도할 수도 있습니다. 그리고 무엇보다 중요한 것은 꿈에서 깨어났을 때 영적인 꿈, 하나님이 주신 꿈이라는 마음이 들면 잊어버리기 전에 기록하거나 녹음하는 습관을 들이는 것이 좋습니다.

> **욥 33:14-17** 14 하나님은 한 번 말씀하시고 다시 말씀하시되 사람은 관심이 없도다 15 사람이 침상에서 졸며 깊이 잠들 때에나 꿈에나 밤에 환상을 볼 때에 16 그가 사람의 귀를 여시고 경고로써 두렵게 하시니 17 이는 사람에게 그의 행실을 버리게 하려 하심이며 사람의 교만을 막으려 하심이라

> **단 7:1** 바벨론 벨사살 왕 원년에 다니엘이 그의 침상에서 꿈을 꾸며 머리 속으로 환상을 받고 그 꿈을 기록하며 그 일의 대략을 진술하니라

6 신체를 통하여

성경의 말씀에 명시적으로 나와 있지는 않지만, 저의 경우 제가 어떤 잘못된 선택을 할 때 온몸에 힘이 빠지게 하십니다. 그리고 치유사역 시 다른 사람의 아픈 곳을 알려주시기 위해서 잠깐이지만 제 몸에 그 부위가 아픈 것을 느끼게 됩니다. 그렇지만 그 통증은 잠시이고 신체를 통해 주신 감동에 순종하여 말씀을 선포할 때 곧 사라지게 됩니다.

> 고전 6:19-20 19 너희 몸은 너희가 하나님께로부터 받은 바 너희 가운데 계신 성령의 전인 줄을 알지 못하느냐 너희는 너희 자신의 것이 아니라 20 값으로 산 것이 되었으니 그런즉 너희 몸으로 하나님께 영광을 돌리라

7 감정을 통하여

우리가 하나님의 인도하심을 받지 않고 자신의 욕심대로 행할 때 성령님께서 근심하는 것을 느끼게 하십니다.

> 엡 4:30 하나님의 성령을 근심하게 하지 말라 그 안에서 너희가 구원의 날까지 인치심을 받았느니라

8 주변 환경과 사물을 통하여

모세가 불타는 떨기나무를 통해 하나님을 만난 사건, 불기둥과 구름기둥으로 이스라엘 백성들을 인도하신 사건, 하나님께서 나귀의 입을 여셔서 발람을 책망하신 사건 등 하나님께서는 때로 초자연적으로 주변 환경과 사물을 통해서 우리에게 말씀하시고 우리를 인도하시기도 합니다.

9 다른 사람을 통하여

하나님께서는 다른 사람을 통해서도 말씀하십니다. 저는 어떤 일로 주님의 뜻을 구할 때 다른 사람과 대화하는 동안에 '하나님께서 저 사람의 말을 통해 나에게 말씀하시는구나' 하고 알게 되는 경우가 많습니다.

지금까지 살펴본 9가지 방법들 외에도 다양한 방법들로 하나님께서는 우리에게 말씀하심으로 우리를 인도하십니다. 성령님의 인도하심에 민감하기 위해서는 그분이 우리를 인도하시는 방법을 아는 것도 중요합니다. 하지만 그보다 더 중요한 것은 인간의 이성을 초월하여 다양한 방법들을 통해서 우리와 소통하시는 '삼위일체 하나님'과 매 순간 교제함으로 그분을 더 깊이 알아가는 것입니다.

질문과 적용

다음 질문에 답하면서 오늘 내용을 자신에게 적용해보세요.

1. 하나님의 음성 듣기에 대한 책을 읽거나 훈련 프로그램에 참여해본 적이 있으신가요? 하나님의 음성 듣기와 성령님의 인도하심 받기 사이에 가장 큰 차이가 무엇일까요?

2. 성령님의 인도하심을 받기 원하시나요? 그렇다면 그 동기가 무엇인가요?

3. 성령님이 인도하시는 다양한 방법들 중 어떤 것들을 경험해보셨나요? 그 경험들을 통해 하나님께서 이루신 일은 무엇인가요? 그 가운데 어떠한 은혜를 누리셨나요?

더보기

영상 – 손기철 장로의 하나님 음성 듣기 비밀 과외

Welcome Holy Spirit

DAY

30

—

성령님의 인도하심 받기는
어떻게 훈련하나요?

Welcome Holy Spirit

우리가 하나님의 자녀라면 성령님의 인도하심을 받는 것은 당연합니다. 하지만 혼이 몸의 종노릇에서 벗어나 그리스도 안에 거하는 법을 훈련하지 않은 상태에서 성령님의 인도하심을 받으려고 하면 마귀의 음성이나 자신의 거짓자아의 음성에 속아 잘못된 미혹의 길로 빠지기가 매우 쉽습니다. 실제로 성령님의 인도하심 받기 훈련은 양날의 칼과 같다고 할 수 있습니다. 의사의 손에 들린 칼(메스)은 사람을 살리지만, 강도에 손에 들린 칼은 사람을 죽입니다. 그래서 우리는 Day 23-28까지 6일에 걸쳐서 성령님의 인도하심을 받기 위해 꼭 깨닫고 체험해야 하는 중요한 진리들에 대해 함께 살펴본 것입니다.

여러 차례 강조한 것처럼 성령님의 인도하심을 받는 삶은 단순히 '노하우'를 익힌다고 되는 것이 아닙니다. 세상의 초등학문에서 벗어나고, 우리의 혼이 몸의 종노릇에서 벗어나 하나님의 사랑을 체험함으로써 그리스도 의식을 가지고, 자존자의 삶이 아니라 의존자의 삶을 배우게 되고, 자신이 정한 목적을 추구하는 삶이 아니라 하나님께서 주시는 소원함으로 행하는 삶을 살아갈 때 성령님의 인도하심을 받는 삶은 너무나 자연스러운 것이 됩니다. 즉 하나님의 말씀대로 생각하고 느끼고 말하는 삶을 사는 것입니다.

그러나 우리가 깨어서 이런 삶을 살지 못할 때는 거짓자아로 돌아와 살게 됩니다. 그때 자신의 성령충만했던 삶을 되돌아보면 하나님께서 자신에게 늘 말씀하시고 이끌어 오신 것을 깨닫게 되는 것입니다. 그것을 더 많이 경험할 때마다 나는(거짓자아는) 점점 더 사라지는 것입니다. 즉 하나님의 음성을 듣는다는 생각조차 없어지는, 성령님의 인도하심을 받는 자녀의 삶을 살게 되는 것입니다. Day 30에서는 마지막으로 성령님의 인도하심을 받는 실제적인 훈련 방법에 대해 함께 살펴보겠습니다.

하나님과 어떻게 교제하는가?

하박국서 2장 1-2절 말씀은 하나님과 어떻게 교제해야 하는지, 그분이 감동을 주실 때 어떻게 해야 하는지 잘 설명합니다.

합 2:1-2 1 내가 내 파수하는 곳에 서며 성루에 서리라 그가 내게 무엇이라 말씀하실는지 기다리고 바라보며 나의 질문에 대하여 어떻게 대답하실는지 보리라 하였더니 2 여호와께서 내게 대답하여 이르시되 너는 이 묵시를 기록하여 판에 명백히 새기되 달려가면서도 읽을 수 있게 하라

합 2:1 I will stand at my watch and station myself on the ramparts; I will look to see what he will say to me, and what answer I am to give to this complaint. NIV

먼저 성벽 위로 올라가 망루에 섭니다. 그리고 그곳에서 자신의 상황을 하나님께 올려드립니다. 그리고 하나님께서 무엇을 말씀하실지 기다리고 바라봅니다. 하나님께서 말씀하신 것을 듣습니다. 하나님께서 말씀하신 것을 기록합니다.

우리가 하나님과 교제하는 방법으로 이 원리를 적용해볼 수 있습니다. 하나님과 대화할 수 있는 조용한 장소로 갑니다. 그곳에서 잠잠히 머무릅니다(혼이 스스로 생각하기를 멈춥니다). 자신의 상황과 문제 등을 주님께 아룁니다. 그리고 주님께서 그것에 대해 무엇이라 말씀하시고 감동을 주실지 기다리고 바라봅니다. 하나님께서 내적 음성, 환상, 레마 등으로 말씀하시고 감동 주시는 것을 듣고 받아서 그것을 기초로 다시 주님과 대화합니다. 그리고 주님께서 주신 말씀과 감동을 기록합니다.

여기서 중요한 것은 하나님과 교제할 때 구약에서처럼 하나님과 분리된 상태에서 '내'가 하나님께 나아가려고 하는 것이 아니라, 하나님과의 하나 됨을 전제로 하여 이미 '내 안에 계신 그분'께서 말씀하시고 감동 주시는 것을 듣고 받아내는 것입니다. 하나님께서는 그분의 영이신 성령님을 통해서 우리의 심중에 말씀하십니다.

고전 2:9-10 9 기록된 바 하나님이 자기를 사랑하는 자들을 위하여 예비하신 모든 것은 눈으로 보지 못하고 귀로 듣지 못하고 사람의 마음으로 생각하지도 못하였다 함과 같으니라 10 **오직 하나님이 성령으로 이것을 우리에게 보이셨으니** 성령은 모든 것 곧 하나님의 깊은 것까지도 통달하시느니라

고전 2:12 우리가 세상의 영을 받지 아니하고 **오직 하나님으로부터 온 영을**

받았으니 이는 우리로 하여금 하나님께서 우리에게 은혜로 주신 것들을 알게 하려 하심이라

요 7:38 나를 믿는 자는 성경에 이름과 같이 **그 배에서**(out of his heart or inner most being) **생수의 강이 흘러나오리라** 하시니

혼 : 심중을 볼 수 있는 눈

에베소서 1장 17-19절은 성령님께서 심중에 말씀하실 때 일어나는 일을 잘 보여주고 있습니다.

엡 1:17-19 17 우리 주 예수 그리스도의 하나님, 영광의 아버지께서 지혜와 계시의 영을 너희에게 주사 하나님을 알게 하시고 18 **너희 마음의 눈을 밝히사**(the eyes of your heart may be enlightened, 우리의 심중을 볼 수 있는 눈을 밝힌다는 뜻임) 그의 부르심의 소망이 무엇이며 성도 안에서 그 기업의 영광의 풍성함이 무엇이며 19 그의 힘의 위력으로 역사하심을 따라 믿는 우리에게 베푸신 능력의 지극히 크심이 어떠한 것을 너희로 알게 하시기를 구하노라

성령님은 지혜와 계시의 영이십니다. 그 영이 우리에게 임하실 때, 우리의 혼이 하나님의 영 안에 거하게 됨으로써 하나님의 임재를 체험하게 되고 하나님을 의식하게 됩니다. 하나님께서는 성령님을 통하여 지혜와 계시를 우리의 심중에 부어주십니다. 18절에서 마음의 눈이 밝혀진다는 것은 심중을 볼 수 있는 눈인 우리의 혼이 다시 소생케 된다는 의미입니다. 혼이 다시 살아날 때 성령님께서 심중에 심겨주신 것을 볼 수 있게

된다는 것입니다. [19]

심중을 볼 수 있는 눈인 혼이 소생케 될 때 우리는 성령님께서 우리를 통하여 이루시고자 하는 일들을 알게 되고, 우리 심중에 주시는 소원(소원적 목표)을 품게 됩니다. 그리고 믿음으로 그 일을 행할 때 성령님께서 놀랍게 역사하셔서 하나님의 영광이 우리의 삶을 통해 나타나는 것을 체험하게 됩니다. [20]

심중을 성결하게 하라

성령님의 인도하심을 받는 삶을 살려면 먼저 우리의 심중이 변화되어야 합니다. 이를 위해 하나님께서는 성령님을 통하여 우리의 심중을 살피시고 하나님의 생명과 뜻을 우리의 심중에 부어주십니다. 우리가 알아야 할 가장 중요한 사실은 우리의 혼이 자신의 몸의 종노릇에서 벗어날 때, 하나님께서는 성령님을 통해서 우리의 심중에 그분의 생명을 주시고, 심중을 새롭게 하신다는 것입니다. 이처럼 성령님의 인도하심을 받는 데에 가장 우선되는 훈련은 심중을 성결하게 하는 것입니다.

> **약 1:21** 그러므로 모든 더러운 것과 넘치는 악을 내버리고 너희 영혼을 능히 구원할 바 **마음(심중)에 심어진 말씀을** 온유함으로 받으라

---

19 Day 27에서 'GPS-내비게이션 시스템' 비유를 통해 GPS 신호를 받아내는 안테나의 역할을 하는 것이 '혼'이었다는 것을 다시 한번 생각해보세요.

20 Day 24-25에서 살펴본 예수님의 삶의 핵심 키워드인 '사랑-의탁-영광'을 생각해보세요.

약 4:8 하나님을 가까이하라 그리하면 너희를 가까이하시리라 죄인들아 손을 깨끗이 하라 **두 마음**(헬, 딥쉬코스 : 두(듀오) + 혼(프쉬케) = 두 혼)을 품은 자들아 **마음**(헬, 카르디아 : 심중)을 성결하게 하라

야고보서 4장 8절에서 "두 마음"으로 번역된 헬라어 딥쉬코스는 "두 혼"을 의미합니다. 혼이 몸에 종노릇했다가 하나님의 영 안에 들어갔다가 이렇게 왔다갔다 하는 것을 멈춰야 한다는 것입니다. 이를 위해 Day 25에서 "혼이 스스로 생각하기를 멈추는 것"을 집중적으로 살펴본 것입니다. 우리가 해야 하는 일은 심중을 성결하게 하는 것입니다. 하나님 자녀의 삶을 사느냐 못 사느냐는 심중에 달려 있다고 해도 과언이 아닙니다. 그래서 삼위일체 하나님께서 우리에게 행하시는 일은 혼을 소생시킨 후 우리의 심중을 변화시키시는 것입니다.

1 성령님을 심중에 보내주십니다

고후 1:22 그가 또한 우리에게 인치시고 보증으로 **우리 마음**(심중)**에 성령을 주셨느니라**

갈 4:6 너희가 아들이므로 하나님이 **그 아들의 영을 우리 마음**(심중) **가운데 보내사** 아빠 아버지라 부르게 하셨느니라

2 하나님은 심중을 살피시고 감찰하십니다

롬 8:27 **마음**(심중)**을 살피시는 이가 성령의 생각을 아시나니** 이는 성령이

하나님의 뜻대로 성도를 위하여 간구하심이니라

살전 2:4 … 오직 **우리 마음**(심중)**을 감찰하시는 하나님을** 기쁘시게 하려 함이라

3 하나님의 사랑이 심중에 부어집니다

롬 5:5 소망이 우리를 부끄럽게 하지 아니함은 우리에게 주신 성령으로 말미암아 **하나님의 사랑이 우리 마음**(심중)**에 부은 바 됨이니**

4 하나님의 평강이 심중을 주장해야 합니다

골 3:15 **그리스도의 평강이 너희 마음**(심중)**을 주장하게 하라** 너희는 평강을 위하여 한 몸으로 부르심을 받았나니 너희는 또한 감사하는 자가 되라

5 하나님의 영광을 아는 빛을 심중에 비추십니다

고후 4:6 어두운 데에 빛이 비치라 말씀하셨던 그 하나님께서 예수 그리스도의 얼굴에 있는 **하나님의 영광을 아는 빛을 우리 마음**(심중)**에 비추셨느니라**

6 하나님의 법(말씀)을 심중에 두십니다

히 10:16 주께서 이르시되 그 날 후로는 그들과 맺을 언약이 이것이라 하시고 **내 법을 그들의 마음**(심중)**에 두고** 그들의 생각에 기록하리라 하신 후에

7 하나님의 말씀은 심중에 심겨져야 열매 맺습니다

눅 8:15 좋은 땅에 있다는 것은 착하고 좋은 마음(심중)으로 말씀을 듣고 지키어 인내로 결실하는 자니라

우리의 혼이 몸의 종노릇을 할 때 우리는 자신의 심중에 심겨진 것을 이루고자 하는 욕구에 시달립니다. 그동안 우리의 심중에 심겨진 것은 결핍과 부족, 상처와 쓴뿌리, 공허함과 상실감, 부정적인 감정들에 기초한 육신적인 것입니다. 그런데 우리의 혼이 몸의 종노릇에서 벗어나 그리스도 안에 거할 때 우리의 심중에 하나님의 생명, 사랑, 말씀, 평강, 빛 등이 임하게 됩니다. 그때 성령님에 의해 우리의 심중이 성결하게 되며, 이를 통해 우리는 심중에 새롭게 기록된 것을 만족시키고자 합니다. 그것은 욕구에 기초한 수단적 목표가 아니라 하나님을 나타내고자 하는 갈망에 기초한 소원적 목표입니다. 성경에서는 이것을 소원을 두고 행하게 한다고 말합니다. 이것은 기존의 삶과는 완전히 다른 삶입니다.

빌 2:13 너희 안에서 행하시는 이는 하나님이시니 자기의 기쁘신 뜻을 위하여 너희에게 소원을 두고 행하게 하시나니

이를 통해 우리가 깨달아야 할 진리는 다음과 같습니다. 물과 성령으로 거듭난 하나님의 자녀인 우리에게 성령님이 임하셔서 우리의 혼과 몸을 통치하시면 혼이 하나님의 영 안에 거하게 되고 그때 하나님의 말씀이 성령님을 통하여 심중에 부어진다는 것입니다. 이것은 우리가 어떤 의지를 가지고 생각할 때는 주어지지 않습니다. 혼이 자신의 생각을

붙들지 않을 때(스스로 생각하기를 멈출 때) 성령님을 통해서 자연스럽게 나타나는 계시의 흐름입니다. 심중의 눈인 혼은 예수 그리스도 안에서 하나님의 생명이 심중으로 흘러 들어오는 성령님의 자연스러운 계시의 흐름을 잠잠히 볼 줄 알아야 합니다. 이것이 성령님의 인도하심을 받는 핵심입니다.

성령님의 감동하심을 받으라

우리는 성령의 감동하심을 받을 때 하나님 아버지께서 성령님을 통하여 말씀하시는 것을 듣고 볼 수 있습니다.

> **계 1:10-11** 10 **주의 날에 내가 성령에 감동되어** 내 뒤에서 나는 나팔 소리 같은 **큰 음성을 들으니** 11 이르되 **네가 보는 것을** 두루마리에 써서 에베소, 서머나, 버가모, 두아디라, 사데, 빌라델비아, 라오디게아 등 일곱 교회에 보내라 하시기로

"성령에 감동되어"라는 말은 성령님께서 우리의 혼과 몸을 통치하신다는 말입니다. 그때 그분께서는 우리를 통해서 행하실 일들에 대해 말씀하십니다. Day 29에서 살펴본 것처럼 그분께서는 다양한 방법을 통해서 말씀하실 수 있습니다. 또한 성령님 안에서 주님과 교통할 때는 인간이 배워온 언어와 개념을 사용하시지 않습니다. 언어와 문자는 어떤 대상이나 이미지를 표현하는 수단으로 인간이 서로 소통하도록 하기 위해서 하나님께서 주신 것입니다. 그러나 우리의 언어와 개념으로서는 어떤 상황을 다 설명할 수 없기 때문에 하나님께서는 주로 환상이나

내적 음성 그리고 직관을 사용하시고 비유와 이야기를 사용하셔서 풀어 설명해주십니다.

예를 들어 깜깜한 방에 문을 열고 들어가서 전등 스위치를 켰다고 생각해보십시오. 우리는 방 안을 한눈에 볼 수 있고 각 사물을 있는 그대로 인지할 수 있습니다. 그런데 만약 누군가 그 방 안에 있는 것을 다 묘사해보라고 한다면 우리는 말로써 언어와 개념을 통해 설명하지만, 그것은 있는 그대로가 아니라 자신의 경험과 지식에 기초한 부분적인 설명일 뿐입니다. 또한 우리는 가까운 사람에게 사랑한다고 표현하지만, 우리 머리에 있는 언어와 그에 따른 개념으로 그 사랑을 다 표현할 수 없습니다. 사랑은 생명이고 실재이지 우리 머릿속에 존재하는 개념이 아니기 때문입니다. 사랑의 깊이, 넓이, 높이, 길이를 어떻게 표현할 수 있을까요? 사랑을 알 수 있는 가장 좋은 방법은 서로 사랑을 주고받는 것입니다. 이처럼 하나님께서 말씀하시고 감동 주시는 것도 마찬가지로 설명을 통해서가 아니라 우리로 하여금 실재를 경험하게 하시는 것입니다.

성령님의 인도하심 받기 7단계 훈련

성령님의 인도하심을 받는 7단계 훈련은 다음과 같습니다.

■ 조용한 환경

환경에 우리의 몸(즉, 마음과 신체)이 영향을 받지 않도록, 너무 덥거나 춥거나, 바람이 불거나, 시끄러운 소리가 나지 않는 곳을 찾습니다.

② 자기부인하기

자신의 생각이 나도 아니고 실재도 아니고 진리도 아니라는 것을 깨닫는 것입니다. 즉 혼이 생각의 내용에 더 이상 붙들리지 않음으로써 몸의 종노릇에서 벗어나 자신의 상황과 문제를 주님께 온전히 맡기고자 하는 것입니다.

③ 자기 십자가 지기

혼이 스스로 생각하기를 멈춤으로써 내 생각으로 만들어진 거짓자아를 포기하는 것입니다. 그리고 진정한 자기의식을 가짐으로써 그동안 몸의 종노릇에서 고생하던 혼이 해방감을 맛보는 것입니다. 자신 안에 있는 것을 투사하고 인식하는 것이 아니라 지금 이 순간 여기에서 모든 것들을 있는 그대로 온전하게 보는 것입니다.

④ 그리스도 안에 거하기

혼이 하나님의 영 안에 거함으로써 하나님과 생명적 관계를 통하여 임재의식(그리스도 의식)을 가지는 것입니다. 하나님 자녀로서 자기의 새로운 정체성을 의식하며 하나님으로부터 주어지는 혼의 본래적 감정을 느끼는 것입니다.

⑤ 성령님의 자연스러운 계시의 흐름 보기

"성령님, 생각나게 하시고 듣게 하시고 보여주옵소서"라고 기도하고 잠잠히 기다리는 것입니다. 혼이 하나님의 영 안에 거할 때 하나님께서 말씀, 이미지, 내적 음성, 환상을 성령님의 자연적 계시의 흐름을 통하여 우리의 심중에 부어주시는 것을 허용하는 것입니다. 그리고 그것대로 생각하고 상상하고 느끼는 것입니다.

6 질문하기

하나님께서는 우리와 대화하기를 원하시고 즐거워하십니다. "그것은 무엇입니까?", "왜 이것을 보여주십니까?", "구체적으로 어떻게 해야 합니까?"라고 질문해보세요. 이때의 질문은 입술의 소리로 말하는 것이 아니라 혼으로 하나님과 대화하는 것입니다. 하나님의 영에 붙들린 혼은 언어가 아닌 영으로 대화합니다.

> **요 11:40–42** 40 예수께서 이르시되 내 말이 네가 믿으면 하나님의 영광을 보리라 하지 아니하였느냐 하시니 41 돌을 옮겨 놓으니 예수께서 눈을 들어 우러러 보시고 이르시되 아버지여 내 말을 들으신 것을 감사하나이다 42 항상 내 말을 들으시는 줄을 내가 알았나이다 그러나 이 말씀 하옵는 것은 둘러선 무리를 위함이니 곧 아버지께서 나를 보내신 것을 그들로 믿게 하려 함이니이다

7 하나님과의 대화 기록하기 그리고 나누기

'저널링'(journaling)[21]은 오늘날 많이 알려지고 행해지는 '영성일기'와는 다릅니다. 이것은 하나님께서 내게 주신 말씀을 쓰는 것입니다. 대부분의 경우 하나님께서는 나를 격려하시고 세워나가심으로써 새로

---

21 일기나 저널링 모두 하루의 일을 기록하는 것입니다. 일기는 그날 일어난 일을 기록한다는 의미를 가지지만, 저널링은 자신의 내면을 기록하는 것에 초점을 둡니다. 저널링(journaling)이란, 매일 주님 안에서 나를 찾아 떠나는 여정(journey)에서 심중에 주어진 생각과 감정들을 기록하는 것입니다.

운 육체를 경험하도록 하십니다. 그리고 앞으로 있을 일에 대한 소원함을 품게 하시고 어떤 일들이 일어날 것인지에 대해서 보여주십니다. 때로는 부족한 부분에 대해서 말씀하시지만, 잘못된 것을 지적하고 꾸중하시는 것은 상대적으로 드문 일입니다. 저널링은 하나님께서 나를 통해서 이루신 것과 이루시고자 하는 것을 기록하는 것입니다. 그 기록은 나에 대한 그분의 이야기이자 나와 그분의 사랑을 나눈 이야기이며, 나를 통해서 그분께서 이루시고자 하는 이야기입니다.

하나님의 말씀인지 아닌지를 알 수 있는 방법은 내 생각으로 판단하지 않고 말씀하신 대로 기록하는 것입니다. 판단하기 전에 하나님의 말씀이라고 믿고 주시는 대로 기록해보십시오. 그때 하나님께서 자신의 삶을 어떻게 인도하고 계신지를 볼 수 있으며 과정과 열매를 보고 내가 어떤 부분을 정확히 들었는지, 혹은 잘못 들었는지를 알 수 있습니다.

정리하면 성령님의 인도하심을 받는 핵심은 우리가 예수 그리스도 안에서(즉 우리의 혼이 하나님의 영 안에서 잠잠히 거하며) 하나님의 말씀이 우리의 심중에 들어오는 것을 보는 것입니다. 그것은 성령의 자연스러운 계시의 흐름입니다. 이것은 로고스(성경 말씀)로부터 레마(자신에게 주신 음성과 감동)를 듣는 것과 같습니다. 그렇지만 그 레마가 진리인지 알기 위해서는 레마를 로고스(저널링)로 바꿀 줄 알아야 합니다. 그것이 기록하는 이유입니다.

또한 신뢰할 수 있는 사람들과 기록한 것을 나눔으로써 하나님과의 대화를 검증해볼 수 있습니다. 성령님의 인도하심을 받는 삶을 살아가기 위해서는 '노트'와 '친구'가 있어야 합니다. 항상 기록하고 주기적으로 나누어야 합니다. 내 삶을 알고, 내 처지를 알고, 내 수준을 아는 사람과 나의 기록을 나눌 때 그것이 인간의 생각에서 나온 것인지, 아니면 하나님께로부터 나온 것인지를 알게 됩니다. 우리는 실수를 통해서 성숙하게 됩니다. 거기에 더불어 영적 멘토에게 기록한 것을 바탕으로 멘토링을 받을 수 있다면 더없이 좋을 것입니다.

질문과 적용

다음 질문에 답하면서 오늘 내용을 자신에게 적용해보세요.

1. 이 책을 통해서 당신의 심중의 눈인 혼이 밝아진 경험을 하신 적이 있나요? 있다면 적어보시고, 그 경험을 통해 자신과 세상을 바라보는 것이 어떻게 변화되었는지 적어보세요.

2. 심중을 성결하게 하기 위해서 당신이 매일 할 수 있는 것은 무엇이 있을까요? 이 책을 통해 깨닫게 된 것을 바탕으로 심중을 매일 새롭게 하며 하나님 말씀을 심기 위한 당신만의 소원적 목표를 세워보세요.

3. 지금 성령님의 인도하심 받기 7단계 훈련을 한 단계씩 해보시고 하나님께서 당신을 통해 이루신 것과 이루고자 하시는 것을 노트에 기록해보세요.

더보기
영상 – 손기철 장로의 하나님 음성 듣기 비밀 과외

Welcome Holy Spirit

다가오는 성령의 새바람과 부흥

포스트 코로나 이후 기독교는 이 사회에 별다른 영향을 미치지 못하고 있습니다. 게다가 세상 사람들에게 교회는 단순히 그리스도인들의 종교활동 장소로 여겨지고 있습니다. 반면에 전 세계적 조직과 위계질서를 가진 가톨릭은 교회통합 및 종교통합에 더 앞장서고 있으며, 동성애를 합법화하는 등 하나님의 창조질서를 무너뜨리는 데 앞장서고 있습니다. 또한 세상이 점점 더 어두워져가고 있음을 온 몸으로 체감하고 있습니다.

지금 이 시대에 교회가 깨어나 외치지 않는다면 하나님께서 예수 그리스도를 통하여 계획하신 일들이 더뎌지게 되고, 인간의 고통과 괴로움은 더 커지게 될 것입니다. 그야말로 이 시대는 예수님께서 말씀하신 종말의 마지막 때를 알려주고 있습니다.

마 24:20-21 20 너희가 도망하는 일이 겨울에나 안식일에 되지 않도록 기도하라 21 이는 그 때에 큰 환난이 있겠음이라 창세로부터 지금까지 이런 환난이 없었고 후에도 없으리라

기독교 내에서도 지금까지 사로잡혀왔던 성장주의, 제도주의, 사사

주의[22], 물질주의, 개인주의에서 탈피해야 한다는 위기의식이 고조되고 있습니다. 이에 대한 반대급부로 깨어 있는 개신교에서는 앞으로 이 사회에 무언가를 해야 한다는 압박감 속에서 새로운 움직임이 일어나게 될 것입니다. 여전히 잠자고 있는 교회를 제외하고, 크게 두 부류의 교회들이 떠오르고 있습니다.

첫째는 오직 예배에 전념하는 교회입니다. 이러한 교회는 타락, 부패, 음란, 이데올로기에 사로잡힌 세상에서 '하나님께서는 예배하는 자를 찾으시며, 그들을 통하여 영광 받으신다'라고 생각합니다. 그래서 찬양과 경배, 말씀 선포에 집중합니다. 그곳에는 많은 젊은이들이 모입니다. 그렇지만 그러한 교회는 세상에는 큰 관심을 두지 않습니다. 교회는 세상의 일이나 정치적인 일이 아니라 오직 하나님을 높이는 일에만 관심을 두어야 한다고 생각하기 때문입니다. 그러나 예수님께서 이 땅에 오신 이유를 생각하면 그런 생각이 정말 성경적일지 의문이 듭니다.

요 3:16-17 16 하나님이 세상을 이처럼 사랑하사 독생자를 주셨으니 이는 그를 믿는 자마다 멸망하지 않고 영생을 얻게 하려 하심이라 17 하나님이 그

---

22 사사기 때처럼 자기의 소견대로 주장하고 행하는 주의

아들을 세상에 보내신 것은 세상을 심판하려 하심이 아니요 그로 말미암아 세상이 구원을 받게 하려 하심이라

둘째는 이 말씀에 기초하여, 예배도 중요하지만 세상 도피적인 입장을 취할 것이 아니라 점점 더 악해져가는 세상에 나가 싸우고 투쟁해야 한다고 생각합니다. 교회가 아무 목소리도 내지 않기 때문에 세상이 이 지경이 되었고 점점 더 악해진다고 주장하며 사회적 영성, 혹은 공적 영성을 실천해야 한다고 말합니다. 그래서 교회끼리 연합해서 세상을 변화시키는 데 모든 자원과 역량을 투입해서 거리에 나가 시위도 하고, 정치적인 목소리도 냅니다. 그리고 그 일에 동조하지 않고 아무 목소리도 내지 않는 교회를 무시하기도 합니다. 한편으로는 그들의 마음이 이해가 되지만, 예수님께서 이 땅에 오신 이유를 생각하면 그 방법이 정말 하나님이 주신 최선일지 의문이 드는 것도 사실입니다.

눅 4:43 예수께서 이르시되 내가 다른 동네들에서도 하나님의 나라 복음을 전하여야 하리니 나는 이 일을 위해 보내심을 받았노라 하시고

각자의 주장과 행동에 일리가 있어 보이지만 한쪽으로 치우쳐 있으

427

며, 온전하지 못함을 느끼게 됩니다.

현재적 하나님나라를 살아가라

하나님께서 원하시는 교회는 어떤 교회일까요? 우리가 이 질문에 대한 하나님나라의 복음적 관점에서 답을 얻기 위해서는 다음 세 가지 질문에 대한 답을 먼저 얻어야 합니다.

첫째, "세상을 바꾸는 것이 하나님께서 주신 교회의 가장 중요한 사명인가? 교회가 정말 세상을 바꿀 수 있는가?"입니다. 현재적 하나님나라는 예수 그리스도 안에 있는 자에게 임했지만, 세상은 여전히 마귀의 통치 아래 있습니다. 또한 성경은 마지막 때는 세상이 노아의 때와 롯의 때처럼 점점 더 악해질 것이라고 예언하고 있습니다. 따라서 교회나 그리스도인들이 간절히 원하고 열심히 전도하고 선교한다고 해서 세상을 바꿀 수 있는 것은 아닙니다. 만약 그리스도인들에 의해 세상이 다 바뀌고 유토피아가 올 수 있다면, 예수님께서 재림하실 필요가 없을 것입니다.

둘째, "하나님께서 현재적 하나님나라에서 원하시는 것은 무엇일까?"입니다. 그것은 바로 이 세상에서 하나님의 통치를 받는 자녀가 하나님의 의를 이루는 삶을 보여주는 것입니다. 그 말은 자신의 삶을 통해 살아계신 하나님을 증거하는 것입니다. 다른 말로 이 세상에서 새로

428

운 세상이 무엇인지를 보여주는 것입니다. 그 결과로 예수님께서 재림하시기 전까지 한 생명이라도 더 예수 그리스도를 믿고 하나님나라로 침노하도록 하는 것입니다.

마 24:14 이 천국 복음이 모든 민족에게 증언되기 위하여 온 세상에 전파되리니 그제야 끝이 오리라

셋째, "어떻게 해야 그런 삶을 살 수 있나요?"입니다. 구원받은 하나님의 자녀는 성령체험을 통해서 하나님의 영에 인도함을 받는 삶을 살아야 합니다. 거짓자아에서 벗어나 예수 그리스도 안에서 성령님의 인도하심을 받는 자만이 그 삶을 살아낼 수 있습니다.

하나님나라 복음의 관점에서 하나님의 자녀는 자신의 삶을 통하여 이 땅에 살아계신 하나님이 나타나도록 해야 합니다. 물론 각자 안에 임한 하나님의 통치가 일터와 삶터에서 나타날 때 자연스럽게 사회의 공적 영성이 나타나겠지만, 복음은 이 사회에 공적 영성을 실천하기 위한 것이 아니며, 하나님의 자녀는 공적 영성을 위해서 살아가는 자가 아니라는 것을 알아야 합니다.

그렇다면 현재적 하나님나라에서 하나님의 자녀들이 해야 할 일은

무엇일까요? 하나님의 자녀는 교회생활과 일상생활을 분리하는 이원론적 사고방식에서 벗어나 예배와 일의 본질을 회복시켜야 합니다. 이를 통해 예배와 일 모두가 하나님을 나타내는 것임을 자신의 삶을 통해 보여주어야 합니다. 예배에는 하나님의 영광의 임재가 있어야 합니다. 단지 예식에 따른 설교와 최선을 다하는 경배만이 있는 것이 아니라 하나님의 임재 안에서 하나님과의 생명적 교제가 이루어지는 예배가 되어야 합니다.

일은 먹고 살기 위한 수단이 아니라 하나님을 나타내는 수단이 되어야 합니다. 따라서 각자의 삶터에서 성령님의 인도하심을 받는 자녀들이 뜻이 하늘에서 이루어진 것같이 땅에서 이루어지도록 하는 삶이 무엇인지를 보여주어야 합니다. 그것은 좀 더 나은 세상이 아니라 새로운 세상을 보여주는 것입니다. 그러한 삶을 온 세상에 있는 모든 민족과 열방에 보여줌으로써 그들에게 예수 그리스도를 증거하고 그들도 하나님의 자녀가 되도록 해야 합니다.

안타깝지만 오늘날 우리는 언약에 기초한 구속사적 신학체계로 인하여 어떻게 현재적 하나님나라를 살아가야 할지 모르고 있습니다. 전통적 세대주의 신학은 '교회시대이자 은혜시대'에서는 이 땅에서 할 일이 없다고 생각합니다. 단지 예수 그리스도를 믿고 열심히 신앙생활을 하면 환난 전에 휴거될 수 있다고 가르칩니다. 한편으로 급진적 개혁주의는 지금이 천년왕국 시대이기 때문에 우리가 이 세상을 변화시키고 바꾸어야 한다고 믿고 있습니다.

하나님나라 복음의 핵심은 우리가 세상을 변화시키는 것이 아니라 우리가 먼저 하나님의 자녀로 변화되는 것입니다. 다른 존재로 변화되어 다른 삶을 사는 것을 경험하고 그것을 온 세상에 보여줘야 합니다. 자신이 변화되지 않으면 결코 세상에 영향을 줄 수 없다는 것을 알아야 합니다. 그렇지 않으면 우리도 알지 못하는 사이에 불법을 행하고 배도의 길을 걷게 될 것입니다. 현재적 하나님나라에서는 마귀가 여전히 이 세상을 통치하기 때문에 우리는 고난 가운데서도 예수 그리스도 안에서 승리하는 삶을 살아가야 합니다.

롬 8:17 자녀이면 또한 상속자 곧 하나님의 상속자요 그리스도와 함께 한 상속자니 우리가 그와 함께 영광을 받기 위하여 고난도 함께 받아야 할 것이니라

킹덤빌더로의 부르심

하나님께서는 오래전부터 예수 그리스도의 재림 후에 그분과 함께 이

땅에 새 창조를 함께할 수 있는 자녀들을 계획하셨습니다. 그들을 킹덤빌더라고 부릅니다. 킹덤빌더는 하나님과의 생명적 관계를 통하여 자녀의 정체성을 체험한 자가 성령과 말씀으로 자신 안에 있는 하나님나라를 이루어감으로써, 자신의 일터에서 예수 그리스도의 대위임령에 기초한 제자적인 삶을 사는 자를 말합니다.

그들은 더 이상 자신의 혼이 몸의 종노릇하지 않고 하나님의 영 안에 거함으로써 하나님의 생명의 말씀이 자신의 심중에 심겨지는 것을 보는 자들입니다. 그 결과로 말씀대로 생각하고 느끼고 말하고 행동하는 자입니다. 그것을 통하여 자신 안에 계신 예수 그리스도를 나타내는 자들입니다.

벧전 2:25 너희가 전에는 양과 같이 길을 잃었더니 이제는 너희 영혼(헬, 프쉬케 : 혼)의 목자와 감독 되신 이에게 돌아왔느니라

히 10:38-39 38 나의 의인은 믿음으로 말미암아 살리라 또한 뒤로 물러가면 내 마음(헬, 프쉬케 : 혼)이 그를 기뻐하지 아니하리라 하셨느니라 39 우리는 뒤로 물러가 멸망할 자가 아니요 오직 영혼(헬, 프쉬케 : 혼)을 구원함에 이르는 믿음을 가진 자니라

그들은 말씀과 성령과 삶이 일치되는 신앙생활을 하는 자들입니다. 성령님을 통하여 킹덤 패밀리의 삶이 무엇인지를 알고, 서로, 항상, 함께 사랑하며 섬기며 변해가는 자들입니다. 그리고 일터에서 하나님의 사랑과 지혜와 능력을 통해 탁월함을 나타내는 자들입니다. 주님께서는 지금 각 일터에서 이런 사람들을 찾아내어 훈련시키고 계십니다.

그들은 성령님의 인도하심을 받는 자들이며, 단지 예수 그리스도를 믿기만 하는 종교적 신자들과는 존재도, 삶터도, 삶의 목적도 다른 자들입니다. 그들은 새로운 피조물로서 자신 안에 있는 신성과 원복을 나타내는 자들입니다. 그리고 보이는 세계에 살지만 보이는 것에 묶이는 자들이 아니라 보이지 않는 세계에 주의 말씀대로 이루어진 실상을 보고 선포하며 살아가는 자들입니다. 그리고 그들은 죄를 짓지 않는 거룩한 삶을 추구하는 자들이 아니라 각자의 소명에 따른 하나님의 창조목적(하나님의 의)을 차원적으로 이루어가는 자들입니다.

마 6:9-10 9 그러므로 너희는 이렇게 기도하라 하늘에 계신 우리 아버지여 이름이 거룩히 여김을 받으시오며 10 나라가 임하시오며 뜻이 하늘에서 이루어진 것 같이 땅에서도 이루어지이다

과거와는 다른 부흥이 오고 있다

마지막 때는 교회의 부흥이 아니라 교단과 교파를 초월하여 하나님의 이끌림을 받는 킹덤빌더를 통한 일터 부흥이 일어날 것입니다. 과거에는 '부흥'이라고 하면 모두 교회의 부흥을 말했습니다. 함께 모여서 회개하고 기도할 때 교회에 성령 하나님께서 임하시고 역사하셔서 살아계신 하나님을 보여주시는 것이 대부분이었습니다. 그때 많은 사람들이 자신들의 죄를 회개하고 거룩한 삶을 살고자 하며, 불신자들이 회심하고 예수 그리스도를 받아들이는 일들이 일어났습니다. 그러나 이제는 교회 안이 아니라 성령님의 인도하심을 받고 각자 일터에서 하나님을 나타내고자 하는 자들을 통한 '일터 부흥'이 일어나게 될 것입니다. 킹덤빌더들이 자신의 일터에서 그의 나라와 의를 구할 때 주어지는 부흥입니다. 이것은 과거처럼 예수 그리스도를 전하는 것이 아니라 먼저 예수 그리스도께서 전하신 하나님나라가 무엇인지를 보여주는 부흥입니다. 그 결과 수많은 불신자들과 믿는 자들이 킹덤빌더의 입이 아니라 삶을 통하여 살아계신 하나님을 보게 될 것입니다.

지금 이 땅 곳곳에 킹덤빌더들이 세워지고 있습니다. 그들은 하나님나라의 사고방식과 삶이 무엇인지를 보여주고 있습니다. 기름부으심을 받은 자들이 성령님의 인도하심을 받는 삶을 살아감으로써 하나님의 사랑과 지혜와 능력을 나타내고 하나님께서 계획하신 창조목적의 회복과 확장을 향해 나아가는 것입니다.

벧전 2:9 그러나 너희는 택하신 족속이요 왕 같은 제사장들이요 거룩한 나라요 그의 소유가 된 백성이니 이는 너희를 어두운 데서 불러 내어 그의 기이한 빛에 들어가게 하신 이의 아름다운 덕을 선포하게 하려 하심이라

요일 4:17 이로써 사랑이 우리에게 온전히 이루어진 것은 우리로 심판 날에 담대함을 가지게 하려 함이니 주께서 그러하심과 같이 우리도 이 세상에서 그러하니라

하나님께서 그들을 통치하시고 개입하심으로써 그들의 삶과 관계와 일에서 인간의 판단이나 추측으로는 이해할 수 없는 기사와 표적들이 일어나는 것을 보여주고 있습니다. 이것이 이 시대의 성령의 새바람이며 일터 부흥입니다. 그들을 통하여 불신자들이 다시 교회로 돌아오게 됩니다.

시 107:8-9 8 여호와의 인자하심과 인생에게 행하신 기적으로 말미암아 그

를 찬송할지로다 9 그가 사모하는 영혼에게 만족을 주시며 주린 영혼에게 좋은 것으로 채워주심이로다

또한 그들을 통해 새로운 패러다임의 전도와 선교가 일어나게 될 것입니다. 새로운 패러다임의 전도 및 선교 방식은 지금까지 전통적으로 해왔던 방식과는 다릅니다. 복음을 전하는 선교사 또는 복음을 전하기 위한 사업가로 나아가는 것이 아니라 킹덤빌더들이 각자의 삶과 사업을 통하여 새로운 라이프스타일과 하나님나라의 문화를 보여주는 것입니다. 그럼으로써 불신자들도 그 삶을 누리기를 원하게 만드는 것입니다. 그리고 그 모든 것이 예수 그리스도 때문임을 알게 해주는 것입니다. "너도 예수를 믿어라"가 아니라 "나도 예수를 믿고 싶다"로 전하는 복음입니다.

마지막이 가까이 오면 올수록 세상은 더 어두워지겠지만, 킹덤빌더들을 통하여 하나님의 영광은 더 나타나게 될 것입니다. 그들을 통하여 일터(각자의 일터를 합치면 세상)에서 역사하시는 하나님을 보게 될 것입니다. 하나님께서 찾으시는 교회는 현실에서 도피하거나 현실에 무관심하거나 반대로 현실에 타협하거나 현실에 맞서 투쟁하는 교회가 아닐 것입니다. 교회는 더 나은 세상을 만들고자 애쓰는 곳이 아니라 새로운

세상을 보여주는 곳이 되어야 합니다. 그 새로운 세상이 바로 하나님나라입니다.

하나님의 자녀인 우리는 각자 자신 안에 임한 하나님나라를 통해서 이 세상에서 새로운 문화, 새로운 사고방식, 새로운 질서를 보여주어야 합니다. 그것은 세상을 바꾸기 위해서가 아니라 세상 어두움 속에 있는 백성들을 빛 가운데로 인도하기 위해서입니다. 또한 킹덤빌더를 통한 새로운 킹덤 생태계(kingdom ecosystem)가 만들어지게 될 것입니다. 킹덤빌더들은 세상을 등지는 삶을 사는 것이 아니라 바벨론과 같은 세상 한복판에서 교단과 교파를 초월하여 하나님의 친백성으로서 서로 사랑 안에 하나 되어 서로의 삶을 나눔으로써(spirit-faith networking system 을 구축함으로써) 머리 되신 예수 그리스도를 영화롭게 하는 것을 보여주게 될 것입니다.

엡 4:16 그에게서 온 몸이 각 마디를 통하여 도움을 받음으로 연결되고 결합되어 각 지체의 분량대로 역사하여 그 몸을 자라게 하며 사랑 안에서 스스로 세우느니라

인간의 관점에서 볼 때 세상은 점점 더 악해지고 종말의 끝자락으로

가지만, 하나님의 관점에서는 킹덤빌더들을 통해 하나님나라가 이 세상에 최고조로 임하게 될 것입니다. 그때 예수님께서 재림하시게 됩니다.

사랑하는 형제자매님 여러분, 지금 성령의 새로운 바람이 불어오고 있습니다. 지금 주님께서는 이 새로운 바람에 인도함을 받을 그분의 자녀들을 찾고 계십니다. 우리를 킹덤빌더로 부르시는 그분의 징집 명령에 이사야처럼 "주님! 제가 여기 있습니다. 저를 사용해주세요"로 화답합시다.

대하 16:9 여호와의 눈은 온 땅을 두루 감찰하사 전심으로 자기에게 향하는 자들을 위하여 능력을 베푸시나니…

사 6:8 내가 또 주의 목소리를 들으니 주께서 이르시되 내가 누구를 보내며 누가 우리를 위하여 갈꼬 하시니 그 때에 내가 이르되 내가 여기 있나이다 나를 보내소서 하였더니

Soli Deo Gloria

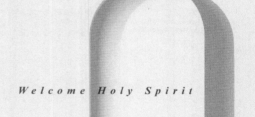

Welcome Holy Spirit

환영합니다 성령님

초판 1쇄 발행   2024년 5월 22일
초판 7쇄 발행   2024년 6월 10일

지은이   손기철

펴낸이   여진구
책임편집   안수경 김도연
편집   이영주 박소영 최현수 김아진 정아혜
책임디자인   이하은 조은혜 | 마영애 노지현
홍보 · 외서   진효지
마케팅   김상순 강성민   마케팅지원   최영배 정나영
제작   조영석 허병용   경영지원   김혜경 김경희

303비전성경암송학교 유니게 과정
이슬비전도학교 / 303비전성경암송학교 / 303비전꿈나무장학회

펴낸곳   규장

주소 06770 서울시 서초구 매헌로 16길 20(양재2동) 규장선교센터
전화 02)578-0003   팩스 02)578-7332
이메일 kyujang0691@gmail.com   홈페이지 www.kyujang.com
페이스북 facebook.com/kyujangbook   인스타그램 instagram.com/kyujang_com
카카오스토리 story.kakao.com/kyujangbook
등록일 1978.8.14. 제1-22

ⓒ 저자와의 협약 아래 인지는 생략되었습니다.
이 출판물은 저작권법에 의해 보호를 받는 저작물이므로 무단 전재와 무단 복제를 할 수 없습니다.

책값 뒤표지에 있습니다.
ISBN 979-11-6504-529-6   03230

규 | 장 | 수 | 칙

1. 기도로 기획하고 기도로 제작한다.
2. 오직 그리스도의 성품을 사모하는 독자가 원하고 필요로 하는 책만을 출판한다.
3. 한 활자 한 문장에 온 정성을 쏟는다.
4. 성실과 정확을 생명으로 삼고 일한다.
5. 긍정적이며 적극적인 신앙과 신행일치에의 안내자의 사명을 다한다.
6. 충고와 조언을 항상 감사로 경청한다.
7. 지상목표는 문서선교에 있다.